하나님께서
말씀하시기를

GOD SPEAKS

GOD
SP

김형규
선교 에세이

하나님께서
말씀하시기를

[교회와 성도에게 제자도를 전하는 목회서신]

샘솟는
기쁨

한국 교회 개혁과 아프리카 회복

흑인이든 백인이든 다른 색깔의 피부를 가진 사람이든 피부 아래 붉은 피가 흐르고 있다. 그들의 마음속에는 인간이 불완전하기 때문에 가지는 천형과 같은 두려움이 있다. 하늘의 형벌이기도 한 두려움은 죽음이라는 것으로 가장 구체화될 것이다. 미래에 관한한 무수히 많은 사람들이 절망 또는 체념으로 살아간다. 영원한 미래, 영원한 가치, 영원한 삶의 의미는 알 수 없다고 믿는다. 이것은 미신이다. 잘못된 것을 믿고 있기 때문이다.

콜럼버스가 함께 항해하던 뱃사람들에게 바다의 끝이 낭떠러지가 아니고 지구가 둥글다는 사실을 어떻게 믿게 할 수 있었을까? 그들을 깨우치는 것은 보통 어려운 일이 아니었을 것이다. 사람들이 절망하는 미신을 어떻게 벗어나게 할 수 있을 것인가?

그것은 하나님의 말씀으로 가능하다. 그리스도 복음의 능력이다. 복음대로 살아가는 사람들의 생활이 사람들을 절망에서 구원의 길로 인도할 것이다. 복음의 능력이 나타나서 복음을 믿게 되고, 믿음의 생활을 보고 또 다른 사람들이 믿게 되는 믿음의 역사는 성령의 구체적인 인도하심으로 이루어진다.

살아 있는 말씀에 대한 확신은 말씀을 따라 사는 가운데 누리는 영생의 체험 때문에 더욱 깊은 자리에 이르게 된다. 이 말씀에 대한 확신이 교회의 원동력이며 교회가 세상의 빛이 되게 하는 것이다.

지금 조국교회가 술 취한 사람처럼 비틀거리는 것은 살아 있는 말씀에 대한 확신이 지도자들 가운데 부족하기에 일어나는 현상일 것이다. 이러한 현상은 교회사에 끊임없이 나타났다. 교회의 지도자들은 하나님의 말씀으로 교인들의 양심에 무거운 짐을 올려놓는다.

그러나 정작 그들 자신은 말씀에 대한 확신이 없다. 여전히 물욕, 명예욕 등 세상의 욕심에서 벗어나지 못한다. 이것은 그리스도가 이 땅 위에 교회를 세운 이후 수없이 중단없이 나타난 모습이다. 그래서 우리는 하나의 이념을 가지게 된다. 교회는 항상 개혁되어야 하고 개혁되어진 교회는 개혁되어야 한다는 사상이다.

나는 한국에서 필리핀에서 그리고 아프리카에서 많은 교회의 지도자들을 보았다. 그들이 목사가 되지 않았다면, 장로가 되지 않았다면, 집사가 되지 않았다면 훨씬 더 좋은 신자가 되어 풍성한 삶을 살았을 것이다. 교회의 지도자이기에 더욱 범죄하는 모습을 보았다. 그를 위하여, 그의 교회를 위하여, 그가 속한 사회를 위하여 슬픈 일이다.

그래서 우리는 모든 사람이 각각 지고 있는 그 고통스러운 십자가의 거룩한 의미를 다시 생각하게 된다. 영원한 삶의 의미를 가질 수 있는 유일한 길, 그것은 십자가를 통하여 이루어진 구원의 길이다.

한국 교회의 개혁과 아프리카의 회복을 위한 기도는 항상 나로부터 시작된다. 내가 한 걸음이라도 주 앞에 더 가까이 나아가면 한국 교회는 그만큼 더 개혁되는 것이고 아프리카는 그만큼 더 회복되는 것이다. 나는 한국 사람이고 또 아프리카를 위하여 부르심을 받은 사람이기 때문이다.

나의 자랑스런 사람들에게

소피아, 그레이스, 에스더, 에즈라, 이진, 서진, 이레, 이슬. 이 아이들을 위하여 이 책을 낸다. 아이들은 아직 한글로 된 할아버지의 글을 자유롭게 읽을 만큼 자라지 못했다. 이 아이들이 성장했을 때, 그들을 축복하며 살았던 할아버지가 있었다는 것을 알게 되기 원한다. 그들은 먼 후일에 읽게 될 것이다.

언젠가 그들이 이 책을 읽고 삶의 내용이 더욱 풍성해지고 하나님을 더 사랑하게 되는 안내서가 되기를 바란다. 할아버지가 얼마나 하나님을 좋아했는지 보여 주고 싶다. 나의 아이들이 하나님을 사랑하는 기쁨을 발견할 것을 생각하면 한없는 희열을 느낀다.

또한 1987년 이후 나의 선교사역을 위하여 함께 기도해 온 분들을 위하여 이 글을 쓴다. 얼마 전에 어떤 목사님께서 평생 써 놓은 글을 한데 모아 책을 내자고 했다. 제안을 받고 내 마음에 빚을 지고 있는 사람들을 떠올렸다.

지난 26년 동안, 내게는 수많은 선교 후원자가 있었다. 선교 후원자들은 나와 함께 일해 온 사람들이다. 그중에는 1987년부터 지금까지 계속해서 후원금을 보내는 교회도 있고, 먹을 것과 입을 것을 아껴서 후원한 이들도 있었다. 나는 그들에게 해주고 싶은 말을 다하지 못했다. 이제 그들을 위해 글을 쓸 것이다.

땅 위에는 선교를 위하여 기도하는 많은 사람이 있다. 이름 모를 선교사를 고맙게 생각하고 그를 위하여 기도하는 성도들을 위하여 쓰고 싶었다. 내 마음과 내 생각을 풀어내고자 했다.

이 글을 읽고 하나님을 더 사랑하게 된다면 그리스도 안에서 깊은 교제를 나눈 고마운 사람들에게 조금이나마 보답이 될 것이다.

선교지에서 일하는 선교사의 모든 것을 공유할 자격이 있는 여러분들에게 이 글이 읽히기를 원한다. 함께 일을 한 식구들에게 고마움을 표하고 싶다. 우리에게는 하나님의 일을 같이하는 기쁨이 있기 때문이다.

영웅적인 선교의 결과를 기대하는 사람들에게 이 책은 실망스러울 것이다. 수백 개의 교회를 세웠다든지 수만 명을 개종시켰다는 이야기는 다른 선교사들의 이야기이다. 나는 사람들에게 지워지지 않는 그리스도의 흔적을 남기려는 열망을 가지고 일했다. 사람들이 그리스도를 사랑하게 되기를 바랐다.

나의 삶에 얼마나 아름다운 로맨스가 있었는지 말하지 않을 것이다. 인간적인 사랑의 이야기가 너무 짙은 색채로 나타나서 정작 내가 말하고 싶은 부분이 옅어지는 것을 원치 않는다. 그것은 입을 통해 전해지는 것으로 충분하다.

한 가지 분명한 것은, 그리스도를 사랑하는 마음으로 나를 위하여 자신들의 많은 부분을 희생한 사람들이 있었다. 그들의 눈물과 한숨 그리고 뜨거운 사랑이 있었기에 오늘의 내가 있을 수 있다.

이 책은 그저 밋밋하게 써 내려 간 평범한 한 선교사의 이야기이다.

대부분 문장은 일인칭 단수로 되어 있다. 그러나 후원자들 그리고 나의 아이들을 한 번도 평범한 사람들이라고 생각하지 않는다. 그들은 모두 나의 자랑스러운 사람들이다. 이 글은 평범한 사람이 비범한 사람들에게 들려주고 싶은 삶의 이야기이다.

나의 이야기는 땅속에 파묻혀 있는 원석과도 같았다. 이 원석은 많은 성도들의 믿음과 사랑의 결정이었다. 이것을 채굴할 수 있도록 그리고 다듬고 가공하는 일을 위해 도움을 주신 분들이 있었다.

여러 해 동안 글을 쓰라고 격려하시고 정성을 다하여 도와주신 울산시민교회와 이종관 목사님, 책을 만드는 계기를 만들어 주신 고현교회와 박정곤 목사님, 처음 글을 전부 읽고 일정한 방향을 가지도록 조언을 주신 문선희 선생님, 소제목 윤문을 위하여 수고해 주신 양봉식 목사님, 교정을 위하여 많은 시간을 바친 박영선 양, 그리고 출판사 샘솟는 기쁨의 강영란 사장님이 그런 분들이다.

이 책은 선교를 위하여 후원해 오신 여러분들의 책이다.

저자 김형규

* 성경은 개역개정판을 기준했습니다.

광야에 내리는 비 소리

제1부
하나님의 말씀

젊은 시절 나는 내 마음의 빈들에
비가 내리는 소리를 들었다.
그리고 바람이 지나간 흔적을 알고 있다.

01
십자가의 그리스도가
아주 가까이

박손혁 목사님은 옛날 목사이다. 해방 전에 평양신학교에서 신학 공부를 했고 해방 후에는 영도제일교회에서 목회를 하셨다. 목회하시면서 고려신학교 교수로 지냈고 학장까지 지낸 분이다. 나는 박 목사님 때문에 신앙의 눈을 뜨고 이분에게 세례를 받았다.

박손혁 목사님에게는 아주 유능한 조사(부교역자)가 있었다. 최해일 전도사님이었는데 신학생이면서 교회의 부교역자로 일했다. 한 주간의 설교 횟수를 보면 박 목사님보다 최해일 전도사님의 설교가 더 많았던 것으로 기억된다.

수요일 예배, 주일 저녁 예배 때는 전도사님이 주로 설교하셨다. 박 목사님이 내 신앙의 눈을 뜨게 하셨다면 최 전도사님은 내 손을 잡고 신앙의 걸음 걷는 것을 가르쳐 준 분이다. 두 분은 모두 성경 본문에 충실한 설교를 하셨다. 그러나 설교 방법은 서로 달랐다.

학습 교인이 되었을 때 박 목사님이 "성경을 한 번 읽었느냐?"고 물으셨다. 통독은 해 본 적이 없다고 말씀드렸다. 그러자 성경을 한 번 읽은 후에 세례를 받아야 한다고 하셨다.

내가 세례를 받고 싶었던 것은, 어느 날 박 목사님이 기도하시는 것을 들으면서부터였다. 그날 예배에 대학 입학시험을 보는 학생들을 위하여 기도하셨다. 그해 목사님에게 대학 입학시험을 치루는 자녀가 있었다.

기도하는 동안에 목사님의 간절한 마음이 내 마음에 충격적으로 전해졌다. 마치 높은 전압의 전류가 잠시 내 몸을 지나가는 것 같았다. '이분은 정말로 하나님을 믿고 계시는구나' 라고 생각했다.

설교를 들으면서 같은 생각이 가득했다. 박 목사님은 당신이 하시는 말씀을 믿고 선포하신다는 것을 느낄 수 있었다. 성경을 하나님의 말씀인 줄 알고 그대로 믿는 사람을 발견한 것이다.

천국이 있다고 믿는 사람들

어린 시절부터 교회에 다녔다. 집이 부민동이었고, 부민교회와 서부교회에 출석했다. 서부교회는 할머니를 따라, 부민교회는 어머니를 따라 다녔다.

서부교회는 어른 예배에 참석하여 할머니 옆에 앉아 있었다. 예배 시간이 무척 길고 힘이 들었지만 그렇게 해야 하는 줄 알았다. 부민교회는 어린이 여름성경학교 때나 주일학교에 가끔 출석했는데, 주일학교 선생님 중에는 이북 말씨를 쓰는 사람이 꽤 많았다.

성인이 될 때까지 기도, 찬송, 설교는 교회에 다니는 사람들이 삶의 습관으로 여기고 지내는 줄 알았다. 성경이나 하나님에 대해 말하는 바가 확신을 가지고 말하는 것인지 아닌지 관심을 두지 않았다.

목사님들은 목사이기에 해야 하는 말씀으로 당연하게 생각하며 자랐다. 학교에서 선생님의 말씀을 잘 들어야 훌륭한 사람이 되는 것처럼 교회에서 목사님의 말씀을 잘 들어야 한다는 생각 외에는 다른 의미를 두지 않았다.

그런데 그날 박 목사님은 자신의 설교 그대로 믿는다는 것을 느낄수 있었다. 설교가 진행될수록 그것이 사실이라고 더욱 확인되었다. 이제 나도 확실히 믿어야 한다는 생각이 내 마음에 가득 찼다. 교회에서 가르치는 도리가 사실이라면 그것은 중대한 문제이고, 그렇다면 너무나 좋겠다고 생각했다.

천국이 있다고 정말로 믿고 있는 사람들을 발견하게 된 것이다. 뜻밖에 이런 사람들이 많았다. 그런 믿음을 갖지 않으면 신앙생활을 하는 것이 아니라는 것도 알게 되었다. 예수를 믿으면 좋을 것만 같았다.

돌이켜 보면 아주 어릴 적부터 예수를 믿었다. '예수쟁이'라고 아이들이 놀릴 때도 부인하지 않았다. 그렇게 사는 것이 나의 삶인 줄 알았다. 하지만 나 자신을 전부 다 드릴 만큼 그분을 온전히 신뢰하지는 않았던 것 같다. 이것이 열여덟 살까지의 내 모습이다.

그날 박 목사님의 참된 모습을 본 이후 진지하게 나의 신앙생활을 짚어 보았다. 참으로 위대한 신앙의 유산을 물려받았다는 자각을 하게 되었다. 지금까지 교회에서 배워 온 모든 것이 온전히 나의 것이 되어 마음속에 자리를 잡았던 것이다. 삶의 모든 것이 그분의 것이라는 확신이었다.

그러던 어느 날 잠을 자다가 깨어 구원받은 감격에 어쩔 줄 모르며 날이 밝아오기를 기다린 적이 있었다. 큰 기쁨 가운데 눈물이 솟았다. 끊임없이 회개할 것들이 떠올랐다. 십자가의 그리스도가 아주 가까이 계신 것을 알게 되었다.

길을 걷다가 문득 하나님의 크신 사랑 가운데 있고 영원한 삶을 살아간다는 것이 좋았다. 너무 좋아서 얼굴에 저절로 웃음꽃이 피어올랐다. 맞은편에서 여학생이 걸어오고 있었으나 표정을 통제할 수 없었다. 여학생이 이상한 사람으로 여겼겠지만 웃으면서 지나갈 수밖에 없었다.

그 후 여러 해 동안 구원의 즐거움이 표정에 드러나는 것을 감출 수 없었다. 이 때문에 곤욕을 치른 적도 있었다.

군대 신병시절에 선임병들로부터 호되게 얼차려를 받았다. 졸병이 겁 없이 웃고 다닌다는 것이다. 상관을 만나면 모두 긴장하던 당시의 부대 정서에서 이등병이 항상 웃고 다녔으니 선임들의 눈에 거슬렸을 것이다.

구원을 체험한 이후로 예배가 기다려졌다. 예배 때마다 성경 말씀 중에 새롭게 알게 되는 것이 있었다. 날마다 새벽예배가 있다는 것이 좋았다. 새벽에 기도보다 말씀을 새롭게 이해하는 기쁨이 더 컸다.

수요일 저녁에 예배가 있고 주일에는 두 번씩이나 예배가 있다는 것도 좋았다. 간혹 외부 강사가 제목 설교를 하면 소득 없이 시간을 보낸 것만 같았다. 이런 형편에 있는 나는 당시 교인들의 눈에 특별한 신앙을 가진 청년으로 보였을 것이다.

감출 수 없는 구원의 기쁨

성경을 처음부터 끝까지 읽어야 세례를 받을 수 있다는 박 목사님의 말씀을 들은 그때부터 다시 성경을 읽기 시작했다. 읽은 내용을 물어 보겠다고 하지 않고 한 번 읽으면 된다고 하셨기에 계속 읽기만 했다. 잠자는 시간, 밥 먹는 시간 외에는 성경을 읽었다.

성경에서 이해가 되지 않는 부분도 있었지만 질문할 필요를 느끼지 않았다. 그저 성경의 페이지가 넘어가는 것이 좋았다. 세세하지는 않았지만 성경에 어떤 이야기들이 있다는 것이 머리에 남았다. 중복되는 부분들이 있는 것도 알게 되었다.

성경을 읽느라 친구들도 만나지 않았고 학교 공부도 하지 않았다. 교회에서 정해진 예배만 참석하고 성경을 읽었다. 집에 들어와서 책상에 앉아 읽고, 엎드려서 읽고, 누워 읽고, 잠이 들었다가 깨어나면 다시 읽었다. 구약에서 신약에 넘어가기가 힘이 들었는데 신약이 훨씬 덜 지루했다.

요한계시록을 읽고 마지막 페이지를 넘기자 새벽 두 시였다. 잠깐 눈을 붙이고 일어나서 새벽기도회에 참석했다. 이렇게 작심하고 성경을 읽기 시작해서 이십팔 일째가 되는 날에 끝이 났다. 새벽기도 후에 목사님을 만나고 싶었다. 하지만 그날 새벽에는 목사님을 만나지 못했다. 목사님이 혼자 기도하는 시간이 너무 길었다. 아침을 먹고 목사님 사택으로 다시 가서 통독이 끝난 것을 말씀드렸다.

내가 세례를 받는 날에 교회의 모든 성도들로부터 축하를 받았다. 그렇게 사람들이 기뻐해 주는 것이 너무나 좋았다. 나의 성경 수업은 그때부터 더욱 본격적으로 발전했다. 성경에서 이해되지 않은 부분들은 다음에 성경을 읽을 때 혹은 설교를 들으면서, 어떤 때에는 묵상하면서 알게 되었다.

그때부터 목사가 되고 싶었다. 영혼 구원에 대한 간절한 마음이 앞섰던 것은 아니다. 하나님께서 목회자의 길을 가도록 특별히 부르신다는 생각이 있었던 것도 아니다. 평생 성경을 읽으면서 살 수 있는 직업이 목사직이어서 이 길을 걷고 싶었다.

그 당시 우리 교회에는 목사가 되고 싶은 청년이 한 사람 더 있었다. 정홍권 형이다. 이분은 당시 군 복무를 마친 상태였다. 우리 둘은 박 목사님을 함께 찾아갔다. 박 목사님은 우리에게 대학을 마치고 신학을 하라고 조언하셨다. 대학에서 무슨 공부를 해도 좋지만, 영문학이나 역사학을 공부한다면 신학 공부에 도움이 될 것이라고 하셨다. 우리는 그 말씀에 따르기로 했다.

우리 교회는 두 달에 한 번 저녁 예배를 청년회 헌신예배로 드렸다. 박 목사님은 이 예배 때 교회의 청년들이 설교하도록 하셨다.

장로교회에서는 하나님 말씀 전하는 것을 예배에서 아주 중요하게 생각한다. 그래서 신학교를 졸업하지 않으면 교회에서 강도(설교)를 할 수 없다. 신학교를 졸업하고 나서 시험에 합격한 사람만이 강단에서 설교할 자격을 준다. 이 사람을 '강도사'라고 부른다. 강도사가 된 사람 중에서 목사가 되는 시험을 칠 수가 있다. 장로교회에서는 이렇게 교회 강단에 서는 것을 중요하게 생각한다.

박 목사님은 신학교에서 교장을 지낸 분인데도 당신이 시무하는 교회에서는 청년들이 설교할 수 있도록 허락한 것이다. 너무나 파격적인 조치였다. 박손혁 목사님은 모든 면에서 철저하고 또 겸손한 성품을 가진 신사 목사였다. 고루하거나 완고하지 않은 분이었다. 그러한 면이 목회 모습에 나타났다.

일 년 동안 설교문을 고치고 또 고치고

청년회의 임원 중 회장이나 부회장은 교회의 집사가 되었다. 청년회에는 부서가 많아서 모든 임원이 집사로 되는 것이 아니었는데, 나는 세례를 받자마자 임원이 되었다. 그러다 보니 연말쯤에 설교할 차례였다.

내 경우 설교 순서가 연초에 정해져서 한 편의 설교를 위하여 한 해 동안 준비할 수 있었다. 삼십 분 동안에 할 수 있는 설교를 일 년 내내 교정하고 다시 읽는 일을 반복했다. 교회 목사님의 설교를 들으며 설교문을 고치고 또 고쳤다. 그러자 성경을 전체적으로 이해하는 눈이 열리게 되었다.

처음 교회 강단에서 설교한 것은 예수님이 열두 살 때 이야기였다. 부모가 예수님을 잃어버리고 다시 찾아가는 내용이었다. 나는 이 부분을 얼마나 많이 읽었는지 모른다. 참고할 수 있는 책은 몇 번이고 읽었다. 내 설교를 몇 번이고 읽고 고치기를 반복했다. 그리고 나서 연말에 설교하게 되었는데 설교 내용을 셀 수 없을 정도로 읽어서 모두 외우고 있었다.

그해 설교를 준비하는 동안 큰 공부가 되었다. 첫 번째 설교를 하고 나자 목사님이 칭찬하셨다. 그 다음 주일 아침 예배에 설교하시면서 아주 이례적으로 내 설교를 언급하고 그중에 한 부분을 교인들에게 상기시켜 주었다.

그 다음 해에도 기회가 있었다. 이번에는 이사야서 2장을 읽고 회개에 대하여 설교했다. 예배 후 박인순 선생님(여전도사님)이 찾아와서 나를 끌어안을 듯이 하며 기뻐하던 모습이 기억난다. 특히 이 설교에 대해 최해일 전도사님이 교인들에게 여러 번 언급한 것을 들었다.

이분들은 한없이 마음이 넓은 분들이었다. 교회의 청년을 키워 보려는 사랑과 열정을 가지고 있었다.

두 번의 설교는 나의 평생에 말할 수 없이 큰 유익이 되었다. 이렇게 박순혁 목사님은 옛날 목사지만 열린 마음으로 목회한 분이었다. 젊은이들을 가르친 최해일 전도사님은 열정과 충성의 사람이었다. 그런 분들이 있어서 우리는 십자가의 도리를 한없이 넓게 그리고 열정적으로 배울 수 있었다.

본문 주해 설교 잘하는 목회자 되기를

한국 교회의 '설교의 선생님'은 단연 박윤선 목사님이다. 그분은 한국 교회의 목회자들을 염두에 두고 성경의 모든 책을 주석한 분이다. 주석을 쓰면서 박윤선 자신의 장점을 특별히 나타내는 책을 쓰지 않았다. 학자로서 자신의 특별한 연구 업적이 될 목적을 가지고 책을 쓰려고 하지 않았다.

새로운 나라의 새로운 교회에 꼭 필요한 책을 내려고 하신 것이다. 당시 한국 교회의 형편에 맞게, 한국 교회의 목회자들에게 꼭 있어야 할 주석 책이었다. 이것이 박윤선 박사의 위대한 점이라고 생각한다. 그는 기도를 아주 많이 하는 분이셨다. 하나님께서 그의 기도를 듣고 이렇게 그의 일을 인도하신 것으로 믿는다.

나는 아는 것이 많지 못하여 한국 교회에서 본문 주해 설교자로서 어느 분이 가장 훌륭한지 말할 수 없다. 설교자들에 대하여 두루 잘 알지 못한다. 그러나 가장 감동을 받은 사람이 누구냐고 물으면 '양승달 목사님'이라고 대답할 것이다. 그는 내가 신학 공부를 할 때 설교학을 가르친 분이다.

학교에서 같이 있으면서 그분의 설교를 들었다. 그분이 돌아가시던 해의 설교는 많은 사람의 마음에 오래 남았을 것이다. 북서울교회를 담임하고 있었는데, 미국에서 집회하고 돌아와서 얼마 지나지 않아 소천하셨다.

내가 미국으로 떠난 것은 양승달 목사님이 마지막 설교를 하시고 몇 년이 지나서였다. 그분이 미국에서 마지막 설교를 하실 때의 감동을 교인들이 오랫동안 간직하고 있다고 들었다. 교인들이 나에게 이렇게 말했다.

"양 목사님은 천국을 설명하면서 마치 저 방에서 보고 이 방에서 말하는 사람처럼 생생했습니다."

그리고 다른 집사님이 말했다.

"그때 우리는 참석하지 못한 교인들을 생각하고 마음 아파했습니다. 그렇게 감동적인 설교를 듣지 못했습니다. 양 목사님은 숙소에서 링거를 맞으면서 건강을 유지하고 있었습니다."

그분은 설교문을 미리 작성하고 설교하셨다. 나는 그분의 설교를 들을 때마다 한 편의 설교를 수없이 교정했다는 생각이 들었다.

세월이 흘러 나는 신학교에서 가르치게 되었다. 신학교에 있으면 종종 채플을 인도해야 한다. 정해진 시간에 해야 하고 어떤 때는 외부 강사가 사정으로 오지 못하면 교수 중 한 사람이 채플을 맡아야 했다. 이것은 교수가 해야 할 의무 중의 하나여서 누구나 정성껏 준비하여 설교했다.

이 시간은 내게 학생들에게 본문 주해 설교를 가르치는 시간이었다. 한 번은 누가복음을 본문으로 설교하고 내려오자 오병세 교수님이 말했다.

"오늘은 김 교수가 본문 주해를 아주 잘해서 기뻤습니다."

신학교에서 봉사한 날 중에 가장 기쁜 날이었다. 단 한 편의 설교지만 마땅히 해야 할 일을 하고 그 방면의 권위자에게서 인정을 받았기 때문이다.

학생들은 채플에서 들은 설교를 중심으로 주말에 자기 교회에서 설교하는 경우가 있다. 이것이 잘못되었다고 생각하지 않는다. 나는 채플을 준비하면서 이것을 예상하고 준비하곤 했다. 학생들이 은혜 받고 또 교회 성도들에게 전해진다면 좋다는 마음이었다.

가끔 주말에 학생들이 봉사하는 교회에 가서 설교할 경우가 생긴다. 그때 우리 신학생인 그 교회 전도사에게 내가 설교할 본문을 말해 주고 어떤지 물어본다. 내가 할 설교가 그 교회의 형편에 맞는지 물어보는 것이다. 혹시 같은 설교가 같은 교회에서 두 번 반복되지 않을까 하여 질문하는 것이기도 하다. 만일 학생이 이미 내 설교를 했다면 다른 설교를 하면 된다.

이것을 선교지의 학생들에게 가장 중요하다고 가르치고 있다. 본문 주해 설교를 잘해서 성도들의 속사람이 무럭무럭 자라게 하는 현지인 목회자들이 되기를 바라는 마음이 오늘도 간절하다.

강원도 횡성군 소초면 둔둔리에는 간이 미군 비행장이 있었다. 원주에 있는 미 군사 고문단에서 사용하던 군용 간이 비행장이었다. 몇 년이 더 지나서 필요가 없어지자 이 비행장은 흔적도 없이 사라졌다. 1960년대 초반에 있었던 일이다.

내가 근무하던 부대는 비행장 옆에 있었다. 건설공병대에 속한 한 중대로 군인들보다 중장비가 훨씬 더 많은 부대였다. 그곳은 사방이 산으로 둘러싸여 있는 골짜기였다. 그곳에서 여름, 가을, 겨울, 그리고 봄을 보냈다.

논산 훈련소에서 전반기 후반기 훈련을 마치고 신병으로 그곳에 투입되었다. 부대에서 일어나는 일을 매일 평택에 있는 상급 부대에 보고하는 일이 나의 주된 일과였다. 보고서는 매일 '사고 없음', '탈영자

없음'을 알리는 정도였다.

벌판에 부대가 있고 부대 안에는 바퀴 달린 장비들이 많았다. 우리 중대는 한국 군인이 사십 명, 미군이 백이십 명 정도로 구성되어 있었다.

알퐁스 도데의 별 그리고 회개

밤에 보초를 서는 일이 자주 있었다. 깊은 밤중에 일어나 두 시간 동안 밤하늘의 별을 보았다. 별을 보며 알퐁스 도데가 쓴 단편 「별」의 주인공을 떠올렸다. 그는 앉아 있고 그의 어깨에는 아가씨의 잠든 머리의 무게가 있다.

나는 서 있고 차디찬 소총이 어깨를 눌렀다. 두 시간이 무척 길게 느껴졌다. 그때까지 내가 살아오면서 기억되는 일들을 몇 번이고 생각해 보았다. 그것은 곧 회개의 기도로 이어졌다.

태어나서부터 기억할 수 있는 모든 것을 떠올렸다. 밤중에 보초를 설 때마다 반복하는 일이었다. 나중에 이 일이 너무 익숙해서 이십 분이면 다 끝나 버렸다. 이십 년 동안 살아온 과거의 일을 모두 기억하는데 걸리는 시간이 고작 이십 분이었다.

사람은 이렇게 많은 것을 잊어버린다. 환희와 비애, 감격과 실망, 소망과 절망의 시간이 무수히 반복되었지만 이것들을 기억할 수 있는 것은 단 한 시간도 되지 않는다. 썰물처럼 스러져 간 일들이었다.

너무나 많은 시간이, 충실하지 못했다는 후회가 밀물처럼 왔다. 과거는 없어진다. 모든 것을 잃어버렸다는 상실감이 주는 아픔이 뼛속까지 저며 왔다. 과거는 기억 속에 까마득한 흔적만 남아 있다. 나에게는 그렇게 많은 일이 있었지만 지금 기억하는 것은 너무나 짧은 시간에 끝나 버린다. 삶의 무게가 한없이 가벼워지는 슬픔을 느꼈다.

겨울 방한복 깊은 곳까지 찾아오는 차디찬 추위는 이 상실감 때문에 내 영혼을 더욱 아프게 했다. 질문으로 나의 삶을 추궁했다.

"너는 누구인가?"

'모든 육체는 풀과 같고 그 모든 영광은 풀의 꽃과 같다'고 했다. 풀은 시들고 꽃은 떨어진다. 우리의 기억 속에서 사라지고 또 세월과 함께 모두 없어져 버린다.

한겨울 밤중에 느끼는 강원도의 추위는 이렇게 나의 몸과 영혼을 짓눌렀다. 썰물처럼 과거가 사라지는 것을 보면서 미래를 영원하신 그분에게 맡길 수밖에 없다. 너무 추워서 기도가 얼어붙는 것 같았다. 내 눈에 도착한 창백한 별빛은 아득한 옛날의 빛일 것이다. 그보다 더 무한히 크신 분의 흔적이 별빛에 남아 있다.

식사 메뉴판의 성경 구절

부대장은 미국인 육군 대위였다. 우리 사무실에는 다섯 사람이 근무했다. 미국인 상사, 한국인 중사, 미국인 사병 둘, 그리고 나였다. 이 야전 공병 중대에 장교는 이 부대장과 그의 부관뿐이었다.

언제부터인가 일과 외의 일이 내게 맡겨졌다. 식당을 책임진 중사가 월요일마다 내게 와서 한 주간 메뉴를 타자해 달라고 했다. 이 사람은 주방 일에는 능숙하지만 글 쓰는 것을 두려워했다.

무슨 일인지는 모르나 미국인 행정병이 있는데도 굳이 그 일을 내게 부탁했다. 그가 메뉴 책에 표시하면 타자해서 깨끗하고 딱딱한 종이에 붙여 주는 일이었다.

이 메뉴판은 식탁마다 놓았다. 군인들은 이 메뉴판을 보고 한 주간 먹을 음식을 미리 알게 되는 것이다. 그때 우리 부대는 모두 한 식당에서 같이 식사했다. 식탁은 항상 깨끗한 천으로 덮여 있었다. 토요일 저녁을 제외하고는 하루 세 끼를 따뜻하게 먹었다.

나는 기쁜 마음으로 이 일을 시작했다. 가끔 한국 군인들이 사고를 내기 때문에 이런 일이라도 정성껏 해서 한국 군인에 대해 좋은 이미지를 심어 주고 싶었다. 우리가 가난했던 그 시절에는 미군 부대에서 오렌지 하나를 가지고 가도 시골에 있는 식구들에게는 좋은 선물이 되었다.

사병들은 휴가 때가 다가오면 식사 때 제공되는 오렌지를 모아서 집으로 가지고 갔다. 그런 지경이다 보니 식자재가 엄청나게 풍부한 주방 창고에서는 가끔 식자재를 숨겨서 가지고 나가는 일이 있었다. 이런 식품류를 미군이 가지고 나가면 아무런 문제가 되지 않았다. 그러나 한국 군인이 가지고 나가면 문제가 되곤 했다.

메뉴를 타자해 주는 것만은 너무나 밋밋한 작업이었다. 그래서 식사 메뉴판 아래에 성경 구절을 넣었다. 그러다 보니 계절과 상황에 따라서 연관되는 말씀을 찾아내는 것이 나의 일과 중 하나가 되었다. 시간만 있으면 성경을 읽으며 그날의 적절한 말씀을 찾았다.

이렇게 메뉴판을 만들어 주자 식당 책임 중사가 내게 몇 번이나 고맙다는 말을 했다. 이것이 자신의 업적인 것처럼 말하고 다녔다. 몇몇 미국 사병들이 식당에서 메뉴를 읽는 것이 새로운 기쁨이라고 내게 말해 주기도 했다. 신앙생활을 하는 군인들이었다. 한 번은 중대원이 다 모인 자리에서 부대장이 식당 책임 중사에게 칭찬했다. 부대의 사기를 높인 일이라 하여 상급 부대에 보고했다고 한다.

대전 근처로 이동한 부대

겨울이 지나고 봄이 되었다. 진달래, 철쭉, 개나리가 피어오르고 산 등성이에 아지랑이가 아른거렸다. 부대 이동이 시작되었다. 우리 부대는 대전 근처로 이동하였다. 그동안 강원도에서 야전 비행장 보수와 군용도로 유지 사업을 하던 것을 중단하고 회덕에 있는 탄약 보급 부대에서 시설 확장하는 것을 우리 부대가 맡았다고 한다.

강원도 원주 근처에서 대전 쪽으로 부대가 이동했다. 사람과 장비만 가는 것이 아니고 이곳에 있는 집과 모든 시설을 완전히 분해하여 옮기는 작업이었다. 몇 달이 걸렸다. 날마다 사람과 장비가 조금씩 빠져나가고 허물어져 가는 부대에서 마지막으로 떠나는 게 내 임무였다.

점점 잠잘 곳도 간소화되어가는 부대에서 전화기와 타자기만 가지고 일을 보게 되었다. 마지막 몇 주간은 야전 음식(C 레이션)을 먹으며 지냈다. 마지막까지 남은 지휘관은 미국에서 금방 온 부관 장교이었다. 키가 훤칠하게 크고 아주 잘 생긴 미소년이었다.

그가 자리를 비울 때에는 나를 전화통 앞에 앉혔다. 낮에는 진달래

꽃이 아름답고 밤에는 별빛이 더욱 영롱했다. 우리가 떠나자 그곳에는 부대가 있었던 흔적도 모두 사라졌다.

조국이 산으로 이루어졌다고 알게 된 것은 군대생활을 하면서였다. 비포장인 산길을 얼마나 굽이굽이 돌았는지 모른다. 대전 가까이 회덕에서 산을 넘으면 장동이라는 곳에 큰 캠프가 있었다. 캠프 에임스 Camp Ames라고 기억하고 있다.

우리 부대는 큰 부대 안으로 들어갔기 때문에 보초 설 필요가 없었다. 매일의 일과가 훨씬 수월해지고 또 편리해졌다. 캠프에는 군인들을 위한 편의시설도 훌륭했다. 주말이면 대전에 나갈 수 있어서 나의 군대생활은 전혀 새로운 삶이 전개되었다. 여기서 우리 중대는 신탄진으로 가는 길을 만들었다.

대전에 쉽게 갈 수 있어서 식구들이 있는 부산이나 서울에도 마음만 먹으면 갈 수 있게 되었다. 계급도 높아서 과거보다 훨씬 더 자유로운 시간을 보냈다.

한국 군인이 미군과 함께 지낼 수 있는 기간은 십팔 개월이었다. 십팔 개월을 마친 후 한국군으로 전입되었다. 새로운 부대는 서빙고에 있었는데 주말이면 외출을 나갈 수 있었고 식구들과 함께 서울에서 새로 개척된 교회에 출석했다. 여의도에서 공군부대의 군목으로 봉사하던 한학수 목사님이 장영애 전도사와 함께 개척하였다.

그 당시 이 교회는 '영일교회'라는 이름을 가지고 있었다. 서울중앙교회를 담임하던 윤봉기 목사님이 영등포에 교회가 많이 설 것을 기대하고 지은 이름이었다. '영등포에서 제일교회'라는 뜻일 것이다. 한

학수 목사님의 군종 사병으로 일하던 강승삼 공군하사가 이 개척교회의 성가대를 지휘했다.

나는 군 복무를 끝낸 이후에도 이 교회를 섬겼다. 군 복무를 마치고 대학 삼 학년에 복학한다. 그해에 결혼하지 않은 나를 교회는 집사로 세웠다. 다음 해 이 교회에서 아내를 맞이했고 또 세월이 많이 지나서 이 교회에서 며느리도 얻었다. 훗날 이 교회는 장소를 옮기고 이름도 '남서울교회'로 바뀌었다.

말씀하시면 들어라

제2부
새 생명의 환경

나는 새롭게 태어났다. 모든 것이 새롭게 보인다. 하나님을
공부하는 것은 가슴이 떨리는 일이다. 내 생각이 감당할 수
없는 세계가 내 앞에 나타난다. 만일 하나님이 나의 아버지가
아니라면 나는 내가 감당할 수 없는 이 세계의 어느 곳에
함몰되어 버릴 것이다. 그러나 너무나 행복하게도
나는 그의 손을 잡고 따라갈 수 있었다.

03
고신 개혁주의
입문

그의 길을 따라가며 그를 경외할지니라 _신명기 8:6

아무도 말이 없었다. 한동안 침묵이 있은 후 한상동 목사님이 입을 열었다.

"김 선생님은 주일학교에서 교사도 한 적이 없습니까?"

나의 성경 시험 답안지를 보고 하는 말씀이었다.

그때 나는 신학교 입학을 위하여 면접 시험을 치루고 있었다.

송도 바다에서 불어오는 바람이 창에 큰소리를 내며 부딪쳤다. 이월이지만 아직 추운 겨울날이었다. 교장실 구석구석에 햇볕이 들어와 있었다. 난로가 있어서 더욱 따뜻했다.

감당할 수 없는 수치심으로 온몸이 뜨거워지는 것을 느꼈다. 열 명이 넘는 교수들이 둘러앉아 있었고 면접자는 나 한 사람이었다. 무슨 말이든지 해야 했다. 이미 나의 성경 답안지가 0점에 가깝다는 것을 알고 있었다. 사람들은 그것을 보고 있었던 것이다.

"입학을 시켜 주시면 열심히 공부하겠습니다."

나는 그렇게 대답했다.

이것이 신학교 입문의 장면이다. 지금으로부터 사십 년도 더 된 일이다.

사람은 하나님의 길을 걸어야

한국은 산업 전반에서 아주 많이 발전되었다. 직종도 다양해지고 분야마다 전문가가 많다. 한 가지 분야에서 일을 열심히 오래 해서 놀랄 만한 수준의 사람들도 많다.

"사람이 저렇게까지 할 수 있을까?"

이런 사람들을 '달인'이라고 부른다.

그렇다면 사십 년 전에 신학교에 입문한 나는 그 분야에서 상당한 수준에 도달해 있어야 할 것이다. 그러나 그렇지 못하다. 수많은 세월을 보냈지만 이 분야에서 전문적이지 않고 많이 안다고 말할 수도 없다.

여전히 구도자의 수준을 벗어나지 못하고 있다. 달라진 것이 있다면 예전에는 옳다고 믿었던 일들이 지금은 나의 생명을 걸어야 할 만큼 확실하다는 정도이다. 평생 배운 것이 무엇이냐고 물으면 "사람은 하나님의 길을 걸어가야 한다는 것"이다. 이것은 지금으로부터 삼천 년도 더 되는 옛날에 모세가 한 말이다(신8:6).

하나님을 의지할 때 하나님이 이 길로 인도하신다는 것을 믿고 있다. 이것이 나의 길 전부를 말하는 것이다. 입문에서 지금까지 순례의 증언이다.

기독교에서 요구하는 것은 사람의 길이 아니라 하나님의 길이다. 하나님의 길이 있다. 모든 사람에게 그것이 가능하다. 그 길을 걸어가야 한다. 이스라엘 사람들은 아주 오래된 옛날에 이 말씀을 들었다.

먼저 입학시험에 대해 말해야 할 것 같다. 대학에서 신학 공부를 하지 못했다. 일반 대학에 입학해서 사 년 동안 영문학을 공부했다. 그러다보니 사 년 동안 신학을 공부한 사람들이 치르는 신학대학원 시험 답안지를 쉽게 쓸 수 없었다.

이것을 입학 이후에 알았다. 신학 공부를 하고 싶으면 당연히 입학시험을 위하여 따로 준비해야 하는데 소홀히 했던 것이다. 학교에서 나를 입학시킨 것은 은혜를 베푼 일이었다. 아마 조건부로 입학을 허락했던 듯하다.

신학 공부를 하는 삼 년 내내 엇박자가 계속되었다. 수업 첫 시간이면 교수들이 학과목을 설명하고 읽어야 할 책을 칠판에 가득 적었다. 대부분이 영어책이었다. 홍반식, 이근삼, 오병세 교수가 그분들이다.

한 과목을 제대로 공부하려면 적어도 천 페이지를 읽어야 했다. 한 학기에 과목마다 천 페이지씩 읽는다면 어마어마한 분량이었다. 더구나 책을 구하기도 어려운 형편이었다.

대학에서 신학을 한 사람들은 이런 훈련을 사 년 동안 받았다. 학생들은 지금 학생들에게 요구하는 수준이 아니라 그렇게 되기를 바라는 교수들의 목표라고 알고 있었다.

학생들이 최선을 다하면 교수들은 학생들을 진급시켰다. 학생들은 교수가 추천한 책을 다 읽을 수가 없었다. 그들이 할 수 있는 최선을 보여줄 뿐이었다. 그렇게 하는 것이 당시 대학이 신학의 수준을 유지하면서 동시에 학생들의 학업에 진전이 있도록 하는 최선의 길이었다.

그런데 나는 그런 이면을 전혀 알지 못했다. 과목마다 교수가 제시한 영어원서 천 페이지를 읽어야만 하는 줄 알았다. 내 형편으로는 어느 과목도 한 학기 동안 천 페이지를 읽을 수 없었다.

줄을 그어 가며 열심히 읽고 사전을 뒤졌다. 하지만 한 학기 동안 아무리 열심히 공부해도 그 결과는 교과서에 나오는 신학용어의 개념을 조금 이해할 수 있을 정도였다. 너무 힘이 들어 학기마다 그만두어야겠다는 마음이 들었다.

강의실에서 가르치는 것을 중심으로 수업을 따라가야 하는 것을 모르고 원서부터 읽으려고 했으니 나의 신학교 생활은 삼 년 내내 엇박자일 수밖에 없었다. 거기에다가 교회 봉사하는 일을 했다. 삼 학년 때에는 서울에서 교회 봉사를 하고 부산에서 학교를 다녔기 때문에 도저히 할 수 없는 일을 한 것이다.

불행인지 다행인지 서울에서 대학생들이 자주 데모를 했다. 그 때문에 가을 학기를 마칠 때까지 한 번도 제대로 수업을 하지 못했다. 걸핏하면 휴교령이 내려 수업이 중단되고 기말시험은 리포트로 대체되었다. 그래서 나 같은 사람도 졸업할 수 있었다. 수업에 대한 부담

없이 책을 읽을 수 있었다.

한국적 개혁주의 전통을 아프리카에

한상동 목사님은 내가 입학할 때부터 졸업할 때까지 교장 선생님이었다. 지금 같으면 학장이나 총장이라고 불러야 하겠지만, 그 당시는 학교의 최고 책임자이며 경영자인 선생님 중의 선생님이라는 뜻으로 '교장 선생님'이라고 불렀다.

그분은 위인이다. 이 말은 우리가 좀처럼 만날 수 없는 경지의 사람이라는 뜻이다. 많은 학생이 감히 저렇게 되었으면 좋겠다는 마음을 가지고 흠모하는 분이었다. 그 시절 신학교에서는 매일 예배가 있었지만 한 목사님이 설교하는 경우는 거의 없었다. 그분은 늘 조용히 앞자리에 앉아 있었다.

내가 졸업반일 때 그분은 목회학을 강의하셨다. 교회 봉사하는 일에 대해 당신 경험을 말씀하신 기억이 난다. 강의실에서 학생들을 '형님'이라고 불러서 학생들이 난처했던 적이 있었다.

"여러분은 어떻게 생각하십니까?"

이렇게 물어야 할 때 그분은 이렇게 물었다.

"형님들은 어떻게 생각하십니까?"

간혹 교인들이 있는 자리에서도 나이 어린 목사들에게 '형님'이라고 해서 당황스러운 분위기가 만들어지기도 했다. 목사들이 그렇게 부르지 말아 달라고 할 정도였다.

"나이는 당연히 내가 많지요. 그러나 요사이는 세상이 발전해서 여러분이 아는 것이 저보다 훨씬 많으니 형님이라고 해야지요."

한 목사님은 목사들의 요구에 그렇게 대답했다. 나이가 어린 사람에게도 하대하지 않고 높임말을 사용하셨다.

우리가 졸업하던 해 선생님은 육신의 힘을 잃으셨고 얼마 뒤인 1976년 1월에 소천하셨다. 그해 3월부터 나는 그 신학대학에서 가르치는 일을 했다. 그분이 개척하여 마지막까지 섬긴 부산 삼일교회는 최해일 목사님이 담임하게 되었고, 나는 그 교회 교역자로 대학부를 담당하였다.

1975년 12월 마지막 주간에 서울 서문교회의 봉사를 그만두고 학교 봉사를 위해 부산으로 이사할 때 한 목사님이 마지막 얼마 동안 계셨다는 방에서 짐을 풀었다. '유영수'라는 분의 집이었다. 방바닥 구석까지 골고루 군불이 잘 들어오는 따뜻한 방이었다. 부산에 와서 한 목사님이 거처하던 곳에서 살 생각을 하니 감개무량하였다.

다시 이십 년이 흘러서 나는 스텔른보쉬대학교에서 「한상동 목사와 한국 개혁주의 영성에 관한 연구」라는 주제로 논문을 제출하고 마지막 학위 공부를 마쳤다. 한상동은 '여주동행與主同行의 신앙'을 실천하여 한국 교회사에 아름다운 믿음의 증거를 남긴 분이다.

나는 여기에 주남선의 '지사충성至死忠誠의 신앙'과 주기철의 '일사각오一死覺悟의 신앙'을 묶어서 이것을 고신 교회의 중심에 있는 한국 개혁주의 영성으로 이해했다. 이러한 영성을 교단 정신으로 이해할 때 그것을 '순교자적인 정신'이라고 표현한다. 이러한 집단적인 영성과 정신이 개인의 신앙생활에서 어떻게 구체화하는가를 삶에서 설명할 수 있어야 한다.

나의 삶이 이러한 것들을 얼마나, 그리고 어떻게 나타내었는지 말할 수 없다. 나는 심히 부족하고 하나님의 은혜를 사모할 뿐이다. 간절한 소원은 내가 배운 이 아름다운 한국적 개혁주의 전통을 아프리카 사람들에게 알려 주고 싶다.

04
너희는
들어야만 한다

성경은 하나님의 말씀이다. 그것은 성령의 감동으로 기록된 말씀
이므로 하나님이 성경의 저자이시다. 그러므로 성경 말씀은 그
자체가 권위를 가진다. 성경은 그 내용이 그 원리를 스스로 증거
하고 있다. _이근삼,「개혁주의 조직신학 개요」1, 37

신학교에서 처음 봉사한 것은 내가 고신대학교 강단에 서기 훨씬
이전인 1968년이었다. 서울 성원교회에서 경기지방의 신학 지망생들
을 위하여 서울신학교를 하고 있을 때였다.

오종덕 목사님이 학교의 책임자로 있었다. 나는 영어 수업을 맡았
고 이화여자대학교를 졸업하고 결혼을 준비하고 있던 여동생(김영숙)
이 여직원으로 사무 일을 돕고 있었다. 학생들은 십여 명 내외의 전도
사들이었는데 서울에서 개척 교회를 하는 사람들이었다. 학교는 가족
적인 분위기였다.

학교에서 국어와 국문학을 가르칠 사람이 있어야 한다는 말에 내가
공부하는 대학의 임옥인 선생님을 모셔 왔다. 이분은 장편소설『월남
전 후』를 쓴 여류 작가이다. 선생님은 당시 왕십리교회에서 권사로 섬

기고 있었다. 병치레를 많이 해서 하루하루를 매우 소중하게 여기고 사셨다. 학생들과 단 한 번의 만남도 무척 소중하다는 분이었다.

한 번은 이 신학교에서 강의를 요청할 기회가 있어서 사정을 말씀 드렸다. 선생님은 쾌히 하겠다고 하셨다. 한 학기 동안만 출강하셨지만 학생들에게는 큰 격려가 되었다. 그해 말 대학교 사 학년이었던 나는 결혼하였다.

그 후 1970년, 부산 고려신학대학 강단에 선 일이 있었다. 이 년 후 내가 신학교 대학원에 들어가자 이때 학생들은 동급생이 되었고 목회자의 길을 함께 걷는 친구들이 되었다.

신학 수업의 시작

대학에서 전임으로 가르치는 일을 시작한 것은 1976년이었다.

나는 첫 수업에서 늘 이런 질문을 한다. 한국에서와 마찬가지로 필리핀 그리고 아프리카 신학생들에게 똑같이 질문한다.

"하나님이 말씀하신다God speaks는 말은 무슨 뜻인가?"

성경에는 이런 형태로 쓴 구절이 있다.

"너희 주 여호와께서 이르시되"

"하나님께서 말씀하시기를"

"주께서 말씀하시기를"

"예수께서 가라사대"

학생들에게 여러 형태로 나타나는 이 말이 무엇을 말하는가 물어보는 것이다. 이 질문에 대한 나의 대답은 "너희는 들어야만 한다"는 것이다. "하나님이 말씀하신다"는 말은 '너희는 반드시 들어야만 한다'는 뜻이기 때문이다.

더욱 그 의미를 강조하면 '너희는 듣고 순종해야만 한다.' 그분은 창조주이고 우리는 피조물이기 때문이다. 이것은 우주의 모든 공간이 모두 그분의 것이라는 뜻을 포함한다. 그래서 우리는 어느 곳에 있든지 마땅히 그분의 메시지를 들어야만 한다. 또한 그분은 처음이고 또 마지막이다. 이렇게 역사의 모든 시간이 다 그분의 것이기에 피조물인 우리는 당연히 들어야만 한다.

무엇보다 그분은 죄로 타락한 우주에 새로운 질서를 세우셨다. 그분은 우리의 구속주이시다. 그래서 새로 탄생한 인간은 그분의 메시지를 들어야만 한다. 어린아이도 알아들을 수 있는 "하나님이 말씀하신다"는 말은 우리의 육신의 귀에 울려와서 영혼에 이르는 하나님의 말씀이다. 이 말씀이 삶의 본질을 만들어 가기 때문에 예수님은 이것을 생명의 떡이라고 하셨다.

"하나님께서 말씀하신다"는 말은 우리가 그의 말씀을 듣고 영원한 삶(영생)을 살아가야 한다는 말이다.

나의 신학 수업은 항상 여기서 시작한다. 말씀하시는 하나님을 공부하는 것이다. 인간의 문제 해결을 위하여 신학적인 탐구를 시작하는 것보다 말씀하시는 하나님에 대해 공부하는 것이 바른 순서라는 생각이다.

이것을 한국의 개혁주의자 이근삼 박사에게 배웠다. 그리고 박윤선 박사의 책을 읽으면서, 청교도 신학을 공부하면서 확인하게 되었다.

이근삼 박사는 조직신학에서 이것을 가르쳐 주었고, 박윤선 박사는 계시의존사색을啓示依存思索가르쳐 주었다.

청교도들의 신학은 인간 영혼의 상태를 파악하고 치료하는 면에서 교회에 탁월한 이바지를 한 신학이라는 평가를 받는다.

하늘 언어 듣는 감각은 선물이다

세상에는 모를 일들이 너무 많다. 그래서 사람들은 예사로 거짓말을 한다. 참과 거짓이 좀처럼 밝혀지지 않는다는 것을 영악한 인간들은 경험으로 잘 알고 있다. 거짓이 드러날 것 같으면 그 상황을 아주 복잡하게 설명한다.

아무도 무슨 말인지 알아듣지 못하게 만든다. 심지어 거짓말을 한 자신도 앞의 말을 잊어버리고 자주 엉뚱한 소리를 하게 된다. 이것이 인간 사회의 언어의 흐름이다.

교회에서도 이러한 인간의 언어 흐름이 있었다. 성경을 번역했다고 하면서 교회가 사람을 죽이는 일을 했다고 한다면 믿을 사람이 있겠는가?

영국의 위클리프John Wycliffe나 틴데일William Tyndale 같은 사람들이 모두 성경을 번역하고 가톨릭교회에서 죽임을 당했다. 필리핀에서도 처음 성경을 가지고 온 신부들이 수난 당한 역사를 가지고 있다. 그 과정에는 복잡한 인간의 언어들이 있다.

사람들이 사는 땅 위에 인간의 언어가 아닌 '하나님께서 말씀하시는 언어'가 있다는 것은 감사한 일이다. 여기에는 인간의 소망과 구원이 있기 때문이다.

하나님의 아들이 이 땅에 오셨을 때 그분은 말씀이 육신이 되어서 우리 가운데 거하시는 분이라고 성경은 말한다. 사람에게 가장 소중한 것은 이 말씀을 들을 수 있는 감각이다. 이 감각은 하나님의 선물이다.

내가 도착한 1987년의 필리핀은 '성경의 해'였다. 거리에 '성경의 해'라는 현수막이 보였다. 천주교회에서 드디어 성경을 신자들이 볼 수 있도록 열어 놓은 것이다.

필리핀에 가 보면 한국과 달리 서로 다른 교단이 천주교 안에 얼마나 많은지 발견하게 된다. 필리핀에는 바티칸과 관계를 갖지 않는 독립 천주교회도 있다. 이 교회의 교세가 로마 가톨릭보다 더 우세한 때도 있었다. 필리핀 천주교 안에 있는 '엘 샤다이'라는 교단에서는 대중 집회를 하고 사경회를 자주 한다.

어떤 사람들은 필리핀이 아시아의 유일한 기독교 국가라고 한다. 전 국민의 대부분이 로마 가톨릭 신자이기 때문에 그렇게 말을 하는 것이다. 이 필리핀 교회는 오랜 세월 말씀을 교회에 가두었다.

종교의 자유가 있어서 누구나 자유롭게 하나님의 말씀을 읽을 수 있다는 것만으로 말씀이 자유로운 것은 아니다. 인간의 영혼이 하나님의 말씀을 갈구하는 곳에 말씀의 자유로운 흐름이 있다. 이렇게 되기 위하여 교회의 지도자들에게 하나님의 말씀이 자유롭게 흐르는 분위기가 먼저 이루어져야 한다.

성경 먼저 읽어라

박윤선 박사는 고려신학교에서 학생들에게 로마서를 백 번 읽도록 가르쳤다. 그 결과 졸업생들은 로마서를 자유자재로 인용하였다.

장차 교회의 목회자가 될 사람들을 양성하는 신학교에서 말씀을 중심으로 학생들을 가르치는 것은 교회가 하나님의 말씀을 들어야 하기 때문이다. 사람이 하나님의 말씀을 듣고 하나님의 은혜를 깨닫는 축복은 쉽게 흔하게 일어나는 일이 아니다.

백 사람이 들어서 그중에 하나가 깨달아도 전하는 사람은 정성을 다하여 전해야 한다. 혹은 머리로만 이해하지만 언젠가는 온 마음으로 이해할 날이 있을 것을 기대하고 학생들을 대하게 된다.

학생들이 질문하는 것을 들어 보면 얼마나 수업을 잘 이해하고 있는 지 아닌지 쉽게 알 수 있다. 그래서 나는 수업 시간에 학생들이 질문하는 것을 중요하게 생각한다. 가끔 학생들은 수업 시간에 엉뚱한 질문을 하는 경우도 있다. 그럴 경우 못 들은 척하거나 웃기만 하고 수업을 진행한다.

"하나님은 천지를 창조하기 전에 무엇을 하셨습니까?"

학생들은 진지하게 묻지만, 사실 이 질문은 수업을 하지 말고 지나가자는 의도였다. 오후에 졸음이 오거나 수업 진도가 너무 많이 나가면 시험 범위가 많아질 경우를 우려해서 그런 것이다.

"하나님은 그때 참나무를 깎고 있었습니다."

의외의 내 대답에 학생들은 멍하니 바라보다가 다시 물어본다.

"왜 참나무를 깎고 계셨습니까?"

"그런 질문을 하는 사람 머리통을 때리기 위해서입니다."

그리고 모두 한바탕 웃는다. 거기에 한마디 덧붙인다.

"이 대답은 미국의 조직신학 교수 존 머레이가 이런 질문에 대하여 준비한 대답입니다."

필리핀에서는 수업 중에 학생들이 하는 질문을 알아듣기가 어려웠다. 배운 내용을 잘 모르고 하는 질문이기 때문에 어려울 때도 있었지만, 사실 이들이 사용하는 영어에 익숙하지 않았기 때문이다.

질문을 대충 짐작하고 대답하는 일이 많았다. 그러나 그렇지 않다면서 다시 물어 오는 경우는 드물었다. 대부분 학생들은 포괄적으로 이해하는 것으로 만족하는 것 같았다. 이러한 혼란을 피하고자 내가 먼저 질문해서 학생들이 강의 내용을 이해하고 있는지 확인하고자 했다.

어느 날 신학생들인데도 불구하고 성경 지식이 너무 산만하다는 것을 발견했다.

"성경을 한 번이라도 다 읽어 보았습니까?"

신학생들에게는 실례가 되는 질문을 한 것이다.

그런데 학생들은 뜻밖에 성경을 통독해 본 적이 없다고 했다. 게다가 졸업할 학생 전원이 그렇다는 것이다. 지금까지 읽은 성경 구절을 다 합치면 성경을 다 읽은 것이 되겠지만, 처음부터 끝까지 통독한 경험은 없다는 것이 학생들의 대답이다.

목사가 될 사람들이 성경을 통독한 경험이 없다는 사실은 내게 큰 충격이었다.

그날 오후 바로 교수회의를 소집했다. 필리핀 교수들에게 이 상황을 말해 주었더니 그들은 신학생들의 일반적인 상황이라고 했다. 나는 다른 어떤 수업보다 성경을 읽게 하는 것이 중요하다고 했다. 성경 통독이 무엇보다 먼저 해야 할 일이었다.

졸업하기 전에 모든 학생이 성경을 통독하기 위하여 어떻게 해야 할 것인가 하는 문제가 여러 시간 논의되었다. 가장 확실한 해결책은 전교생이 모여 함께 읽자는 의견에 일치하였다.

전교생 첫 성경통독의 은혜

다음 학기가 시작되는 첫 주간은 성경을 읽는 주간으로 정했다. 여기에 참석하지 않는 사람은 장학금을 신청할 수 없다는 강제 조항을 넣었다.

다음 학기가 시작되었다. 그런데 개학하기 하루 전에 전교생이 등교한 것이다. 이런 일은 학교가 생기고 처음 있는 일이었다. 민다나오, 이푸가오 등 워낙 먼 곳에서 학생들이 오기 때문에 학기가 시작되고 한두 주간이 지나야 정상적으로 수업이 진행되었던 것이다.

태풍이 불어 교통 사정이 좋지 않을 경우 학생들이 제때 출발하여도 며칠씩 늦게 학교에 도착하는 것이 보통이었다. 그런데 이번 학기에는 학생들이 늦지 않으려고 아주 빨리 집에서 출발한 것이다.

학생 중에 글을 빨리 읽고 발음이 분명한 학생을 열 사람 선정하여 돌아가면서 성경을 읽고 다른 사람들은 이들의 소리를 귀로는 듣고 눈으로는 성경을 따라가는 방법을 택했다.

학교 강당은 잘 지은 건물이었다. 바닥은 돌로 되어 있고 창문이 많아 선선했다. 밤에는 조명이 잘 되어서 어두운 새벽부터 한밤에 이르기까지 성경을 읽는 데 조금도 불편함이 없었다.

교수, 직원, 학생들이 모두 한자리에 앉았다. 성경 읽기는 새벽 여섯 시에서 밤 열한 시까지 계속되었다. 식사하는 한 시간을 제외하고는 계속 성경 읽기가 진행되었다. 커피는 언제든지 마실 수 있도록 준비했다. 화장실에 갈 사람은 다녀 오더라도 그동안 읽기를 계속했다. 하루종일 앉아 있기가 쉽지 않았다. 그러나 전교생은 별 동요 없이 성경 읽기를 진행했다.

학생들이 돌아가면서 읽는 것보다 녹음된 것을 듣는 것이 좋지 않겠느냐는 제안이 있었다. 그렇게 하는 것이 좋을 것 같아서 NIV 성경 테이프를 구해 녹음기로 듣기 시작했다.

이제 성우가 녹음한 것을 들으니 더욱 안정적이었다. 진행 상황을 예측할 수 있었다. 이틀을 읽고 나니 학생들은 다 읽을 수 있겠다는 자신감을 갖게 되었다. 목요일까지 구약 읽기가 끝이 났다.

교수들이 자리를 뜨지 않고 하루종일 앉아 있었기 때문에 학생들은 동요할 수가 없었다. 또한 말씀이 주시는 영감과 감동 때문에 빠른 속도의 낭독에도 불구하고 사람들은 기다리는 마음으로 계속하여 읽게 되었다. 금요일 점심시간에 어떤 학생이 말했다.

"교회가 멀리 있는 사람은 토요일 아침에 학교에서 출발해야 합니다. 그러므로 금요일은 밤새도록 말씀을 읽도록 했으면 좋겠습니다."

이것은 내가 하려던 말이었다. 자발적으로 밤새워 읽자는 의견이

나오니 매우 기뻤다.

"그렇다면 너무 피곤할 것이니 오늘 저녁과 밤참은 특별히 준비해 주겠다."

나는 학생들에게 이렇게 말하고 다시 광고했다.

"오늘은 밤새도록 성경 읽고 내일 오전에 모임을 마칠 것입니다."

저녁식사를 넉넉하게 먹이고 밤참으로 발룻을 준비했다. 마지막까지 남은 사람은 사십 명 정도였고 백 개가 넘는 발룻을 준비했다.

발룻은 부화하기 위하여 품은 달걀을 십팔 일 되었을 때 꺼내어 삶은 것이다. 달걀껍질 속은 병아리의 모습이 다 만들어진 상태이다. 필리핀 사람들은 이 음식을 아주 좋아한다. 강장식으로 생각한다.

윗부분의 껍질을 벗기면 얇은 막이 나온다. 이것을 벗기면 물이 고여 있다. 소금을 조금 뿌리고 이 물을 마신다. 그리고 조금씩 껍질을 벗겨 가며 소금에 찍어서 먹는다. 맨 아래에 흰자였던 부분이 남아 있지만, 이것은 너무 질기고 아무 맛이 없다.

우리는 밤새워 말씀을 읽고 커피를 마시고 발룻을 먹었다. 그리고 여명이 밝아 오는 가운데 성경의 마지막 책인 요한계시록에 이르렀다. 책의 마지막과 함께 말씀이 주는 감격이 찾아왔다. 눈물을 흘리는 사람들이 하나씩 늘어 갔다. 마지막 장을 읽었을 때 우리는 말씀 전체가 주는 메시지에 전율하였다.

우리는 오랫동안 서로 부둥켜안고 찬송했다. 밝게 빛나는 아침 태양 속에서 이미 과거의 우리가 아님을 발견했다. 피곤한 줄도 모르고 내일 주일 봉사를 위하여 각자 섬기는 교회를 향했다. 이렇게 한 주간 동안 학교는 큰 은혜를 체험했다.

그 후 이푸가오의 교역자들은 자기들끼리 날을 정하여 교인들과 함께 성경 읽기 모임을 가졌다고 한다. 평소에 몰랐던 부분을 듣고는 교인들이 "성경에 그런 이야기가 다 있었느냐?"면서 성경을 더 알기를 원했다. 이로 인해 교인들이 성경을 더 사랑하게 되었다고 한다.

어떤 곳에서는 성경 읽기를 하는 중에 기적이 일어나서 난치병에 걸린 사람들이 치료되기도 했다. 선교사 중에는 다른 사역을 할 것 없이 녹음기 들고 다니면서 성경 읽기 사역을 하려고 결심한 사람들도 있었다.

다음 학기부터 학교에서는 성경 읽기 프로그램을 정착시키기로 했다. 한 주간에 다 마치는 것은 너무 힘이 든다는 중론에 따라 학기마다 나누어서 졸업하기 전에는 한 번 이상 다 읽도록 했다.

비사이야스에서 시작된 신학교에서도 성경 읽기의 중요성을 생각하고 기도원을 빌려 한 주간씩 교역자들이 모두 모여서 성경 읽기를 하였다.

날마다 말씀을 묵상하고, 또 배를 타고 가면서도 성경을 읽는 필리핀 신학생들을 보면서 주의 귀한 백성들이 더운 산호섬에도 많이 일어날 것을 기대하고 기쁨에 잠긴다. 하나님의 말씀을 들을 수 있는 사람들이 필리핀에서 일어날 것이다.

한국 교회와 필리핀 교회가 동아시아의 두 기둥이 되어, 동북아에서 서쪽으로, 동남아에서 서쪽으로 나아가는 쌍벽이 되었으면 좋겠다. 사람이 할 수 없는 일을 하나님께서는 하실 것이다.

청교도와 신학과 존 오웬

대학 시절에 영문학사를 공부한 적이 있었다. 김충선 선생님이 가르쳤다. 세월이 지나서 그 선생님에 관한 일들을 많이 잊어버렸다. 기억나는 것은 수업 시간을 꼭 지키시는 분이며 가르치실 때는 차근차근 교과서에 있는 대로 아주 성실하게 수업을 진행했다.

그분은 이미 노년이었고 또 몸이 조금 큰 분이어서 더위를 많이 타는 것 같았다. 어느 여름날 강의실에 들어오시며 "살인적인 더위야"라고 하셨다. '젊은 우리보다는 더 힘들어 하시는구나'라고 생각했다.

이 말씀을 하실 때가 기억에 남아 있다. 셰익스피어가 떠난 이후 17세기는 영문학사에 중요한 작품이나 인물이 보이지 않는 것이 특징이라고 했다. 다작을 한 사람으로 리차드 벡스터를 기억하면 된다고 했다.

대학에 다니던 시절에 청교도 신학에 대한 이해가 전혀 없었다. 단지 교회에서 목사님들이 설교에서 인용하던 청교도들의 신앙을 단편적으로 듣고 자랐을 뿐이었다.

한국 교회사를 공부하면서 청교도 신학이 한국 교회에 미친 영향이 적지 않음을 알게 되었다. 이것은 초기 한국에 온 선교사들의 신앙에 깊이 뿌리 내리고 있었다. 또한 한국 교회가 일본의 신도주의와 싸울 때, 그리고 대한민국 건국 후 새 나라에서 한국 교회를 개혁하고자 노력한 신앙 엘리트들의 신학에 청교도가 중요한 자리를 차지하고 있었다.

영문학사에는 그다지 중요한 위치를 차지하지 않을지 모르지만 지금 나에게는 아주 중요한 인물이 그 시대에 있었다. 존 오웬John Owen이었다.

그는 셰익스피어가 죽던 해에 태어났다. 영국에서 왕정이 잠시 무너지고 호민관 크롬웰이 통치하던 이십 년이 그의 전성기이다. 그는 크롬웰 군대의 군목으로 여러 나라의 정복 전쟁에 종군하기도 했고 국회의 목사로서 의회가 열릴 때 국회에서 설교했다. 옥스퍼드 대학의 총장을 지내기도 했다. 많은 저서를 내었다. 신학자 중에는 그를 청교도 시절의 최고의 신학자로 꼽기도 한다.

"너희가 육신대로 살면 반드시 죽을 것이로되 영으로써 몸의 행실을 죽이면 살리니"(롬 8:13)

존 오웬은 이 한마디 말씀을 중심으로 하여 『죄 죽이기』(The Mortification of Sin, 1656)란 책을 썼다. 이 책은 그의 생전에 이미 재쇄를 거듭 출판했으며 그 이후 여러 나라의 말로도 번역 되었다.

영으로 몸의 못된 행실을 죽여야 한다. 이것은 죽느냐 사느냐의 문제이다. 행실을 고쳐서 더 나은 사람이 된다는 것이 아니다. 내가 살기 위하여 반드시 해야 할 일을 말하는 것이다. 그것은 나의 힘으로 되는 것이 아니다. 그러나 영으로써 몸의 행실을 죽일 수 있다는 말씀이다.

나는 존 오웬을 만나기 전에 이 말씀을 알고 있었다. 사람들은 나를 목사라고 불렀지만 나는 남보다 조금도 나은 점이 없는 것을 알고 있었다. 그것이 너무 고통스러웠다.

이 문제의 해결을 위하여 날마다 고통스럽게 살아가고 있었던 1979년에 세계일주를 할 일이 생겼다. 특별한 기회가 있어서 두 분의 목사님(박두욱, 옥복언)과 함께 여행했다. 이분들은 기도를 많이 하는 분들이었다.

나는 새로운 세계를 돌아보며 '영으로 몸의 행실을 죽이는 이 영혼의 문제'를 동시에 해결할 수 있기를 바라고 기도했다. 미국 서부, 로스앤젤레스, 남부 플로리다 잭슨빌, 동부 뉴욕에서 시작하여 보스턴으로 올라갔다가 다시 워싱턴 DC 그리고 로마 플로렌스, 폼페이, 이스라엘에서 한 주간, 다시 아테네를 둘러보고 동경을 거쳐 서울로 온 여행이었다.

가는 곳마다 영으로써 몸의 행실을 죽이는 것에 대하여 생각하고 또 생각했다. 로마의 성베드로성당이 있는 광장에서, 폼페이의 타락을 보여 주는 한 유적을 보면서, 로스앤젤레스의 태양 아래서, 맨하탄의 군중 가운데서, 인정 많은 미국 남부 지방의 사람들 틈에서, 아테네의 거리, 동경을 다니는 긴 비행기 속에서 영혼의 씨름을 했다.

처음 보는 광경에 새로운 지식이 누적되어 갔지만 떠나지 않고 해결해야 할 문제는 내 문제였다. 잘못된 행실을 어떻게 죽일 수 있느냐는 문제로 되돌아갔다. 해답은 여행의 광범위함이나 경험의 다양함에 있는 것이 아니고 그 말씀 가운데 있었다. 그것은 내가 할 수 있는 일이 아니고 하나님의 영이 하는 것이다.

"영으로써 몸의 행실을 죽이면 살리라."

인간의 의지나 노력에 선행하는 하나님의 사랑의 행위를 알고 인생을 새롭게 보게 된 것은 한참 이후의 일이다. '오직 은혜'로만 삶의 문제로 풀어가는 개혁주의 신학 사상에 익숙해 있었지만, 삶의 모든 순간에 나보다 먼저 일하시는 하나님을 발견하고 그 은혜를 체험하는 것은 포기를 배우면서 습득되는 지식이었다.

우리는 '지성이면 감천'이라든지 '수인사대천명'修人事待天命이라는 생각에 너무 익숙해 있었다. 이렇게 사람의 노력으로 하나님을 감동하게 해야 한다는 생각은 모든 종교의 일반적인 접근 방법이다.

그러나 처음부터 말씀하시는 하나님은 이것과는 다르다. 하나님의 은혜를 받으면 더욱 지성을 다하여 살 수 있고 사람이 할 수 있는 최선을 다할 수 있다는 진리를 가르쳐 주는 것이다.

우리에게는 살기 위하여 먼저 하나님의 말씀을 듣는 조용한 시간이 필요하다. 아주 조용한 시간, 하나님의 영이 나에게 주시고자 하는 것을 먼저 받는 시간이 필요하다.

하나님이 우리를 얼마나 사랑하시는지를 조금이라도 더 이해하면 우리는 영원한 생명의 의미를 발견하기 시작한다. 그러면서 땅 위에서 살아가는 동안 자연스럽게 죄와 싸우는 일을 할 것이다. 아주 자연스럽게 피를 흘리기까지 격렬한 싸움을 하는 자리까지 이르기도 한다.

존 오웬은 사람이 죄를 이기는 능력을 갖추는 근거에 대하여 집요하리 만큼 정성스럽게 설명하고 있다. 호흡이 있는 동안 이 세상은 전쟁터인 것을 발견한다. 이것이 그리스도 안에 있는 사람의 영적인 생활이다. 신학을 하는 것은 하나님을 배우는 것이고, 그것은 이 세상에서 거룩하게 살아가는 기쁨을 배우는 것이다.

여러 나라에 살다 보니 나는 여러 가지 이름을 가지게 되었다. 태어나서 호적에 처음으로 기록된 이름은 '청'이다.

김청. 이것이 어린 시절 나의 이름이다. 고등학교를 졸업할 때까지 이 이름이었다. 제일영도교회에서 세례를 받을 때도 이 이름으로 세례를 받았다. 이 이름은 우리가 나라를 빼앗겼을 때 외국인이 강압적으로 한국 사람의 이름을 바꾸던 시절에 영향을 받은 이름이다.

나를 '형'이라고 불렀다

초등학교 시절에 같은 반에 '김천'이 있었고 또 여학생 중에 '김청자'가 있었다. 하루는 우리 세 사람만 시험에 백 점을 받았다. 그래서 담임선생님이 "오늘은 청군의 날"이라고 말씀하신 기억이 난다.

성인이 되면서 문중의 항렬을 따라서 새로 지은 이름이 '형규'이다. 남동생들은 모두 마지막 글자가 '규'자이다. 나의 아이들은 모두 중간에 '진'자를 가지고 있다. 나의 손주는 마지막에 '연'자를 가지게 했다. 문중에서 정해 놓은 이름의 글자이다.

그 뒤 수십 년이 지나서 마흔에 미국 유학을 갔다. 미국 사람들이 내 이름을 이상하게 발음하는 것이 편하지 않았다. 특히 젊은 학생들이 이름을 함부로 부르는 것 같아서 가끔 무시당하는 기분이었다. 이 사람들은 친근하게 지낼 수 있는 사이가 되었다는 뜻으로 말 한마디에 한 번씩 이름을 불러대었다.

이렇게 지내서는 안 되겠다 싶어서 내 이름이 발음하기 어려우니 두 글자를 다 부르지 말고 앞자만 부르라고 했다. 그래서 미국에서는 나의 이름이 '형'이 되었다. 나보다 나이가 많으나 적으나 모두 나를 '형'이라고 불렀다.

나이 많은 교수님도 나를 '형'이라고 불렀다. 조금 친하게 된 사람들은 한 문장에 몇 번이고 '형'이라고 부르며 말을 했다. 듣기가 편하고 기분이 좋았다.

필리핀에 선교사로 갔을 때 내 이름은 '디오스다도Diosdado'였다. 라몬 씨닛Ramon Cenit 목사님이 지어 준 필리핀식 이름이다. '하나님이 주셨다'는 뜻으로 라틴어에서 유래한 것이다. 필리핀에는 이런 이름을 가진 사람들이 많이 있었다.

같은 뜻의 헬라 이름은 '데오도르'이다. 하도례 선교사의 이름이기도 하다. 우리는 필리핀장로교신학교에서 같이 일했다. 그래서 '디오스다도'와 '데오도르'가 같이 한 학교에서 일을 한 것이다. 한국 사람과 미국 사람이지만 이름만 들어보면 한 학교에 그리스와 로마의 전통이 함께 흐르는 듯하다. 이 이름에 성을 붙여 필리핀 사람들은 나를 '디오스다도 김'이라고 불렀다.

아프리카에 살다 보니 아프리카 사람이 쉽게 부르고 기억할 수 있는 이름이 필요했다. 이곳에서 얻은 이름은 '몬데Monde'이다. 코사말로 '인내'를 뜻하는 말이다. 흑인들은 나를 그렇게 부른다.

이렇게 여러 이름을 가지다 보니 현재는 편리한데 과거와는 연결되지 않는 것을 가끔 경험하게 된다. 나를 알고 있는 필리핀 사람과 아프리카 사람이 미국에서 만나서 서로 대화를 나누는 중에 그들을 가르친 한국 사람이 '몬데'와 '디오스다도'였고 같은 사람인 것을 알아차렸던 것이다. 모든 사람이 항상 알도록 나의 이름을 쓴다면 '몬데 디오스다도 형규 청 김'이라고 해야 할 것이다.

인류에게 최초로 주신 명령

아득한 옛날이야기이다. 우리나라의 역사로 말하면 아직 호랑이가 담배를 피던 시절이다. 고조선 시절이라고 말할 수 있겠다.

이때 이스라엘 사람들은 이집트에서 종으로 살았다. 그들은 사백 년이나 종으로 산 것이다. 그렇게 옛날 일이고 또 노예의 신분이었지만 그들은 모두 이름을 가지고 있었다. 놀라운 일이다.

그들은 이집트의 노역을 감당하고 있었다. 피라미드, 스핑크스, 수없이 많은 왕가의 무덤들이 모두 인력으로 만들어졌다. 노예처럼 살아간 수없이 많은 사람의 피와 땀으로 만들어진 것이다. 사백 년이라는 긴 세월 동안 이스라엘 사람들은 이집트 사람들을 위하여 집을 짓고, 도로를 만들며, 성을 쌓는 일을 했다.

이 사람들에게 새로운 시간이 다가오고 있었다. 모세라는 위대한 지도자를 통하여 이 민족이 나일강을 떠나는 대사건이 일어난다. 이것은 전적으로 하나님이 시작하신 일이다. 사람이 꿈도 꿀 수 없는 일을 하나님이 시작하셨다.

하나님께서 모세를 이 사건을 위하여 쓰시고자 할 때 모세는 하나님의 이름을 물어보았다.

"하나님 당신의 이름은 무엇입니까? 백성들에게 당신의 이름을 어떻게 가르쳐야 합니까?"

본래 이름을 짓는 것은 하나님이 사람에게 주신 위대하고 엄숙한 명령이었다. 만물의 이름을 짓는다는 것은 온 우주를 통치하고 다스리기 위하여 이 우주의 모든 것을 배우고 아는 것을 뜻하기 때문이다. 존재하는 이치와 다른 것과 구별이 되는 것을 모르고는 이름을 지을 수 없다.

우리의 선인들이 물고기 이름을 지을 때도 특별한 분류법을 가지고 지었다. 일반적으로 비늘이 있는 고기는 '어'라고 했다. 전어, 붕어, 광어 등. 우리가 알고 있는 생선 이름이다. 길고 비늘이 없는 물고기는 '치'라고 불렀다. 멸치, 갈치, 참치, 가물치 등. 이렇게 보면 그 대상을 분류할 수 있는 능력이 있을 때 이름을 짓는 것이 가능하다는 것을 쉽게 짐작할 수 있다.

사람들은 이름을 짓기 시작하면서 많은 것을 배우게 되었다. 그리고 배우면서 점점 더 이름을 짓는 능력이 개발되었을 것이다. 최초의 인류에게 주신 이름을 지으라는 명령은 온 우주를 통치할 수 있도록 배울 수 있게 하시고 통치의 능력을 갖추게 하시는 명령이라고 말할 수 있다.

종류에 따라 이름을 달리 짓고 살던 인간은 그들이 만든 신에게도 이름을 붙였다. 알라, 바알, 아세라, 아테미 등 갖가지 신의 이름을 인간이 만들어 불렀다.

그러나 기독교 하나님의 이름은 사람이 지은 것이 아니고 하나님이 사람에게 가르쳐 주셨다. 모세가 물었고 하나님이 당신의 이름을 모세에게 가르쳐 주셨다.

인간은 모든 이름 위에 뛰어난 유일신인 하나님을 아는 순간, 이 하나님의 이름이 무엇인지 알아야 했다. 그분은 그들이 이름을 지을 수 있는 이해의 영역을 벗어나 있기 때문이다.

하나님이 그 이름을 가르쳐 주셨다. 야훼(여호와) 하나님, 그 이름은 스스로 존재하는 분, 어디서나 계시는 분, 영원히 계시는 분, 모든 존재의 근본이 되는 분 등의 뜻을 나타낼 수 있는 이름이다.

그 후 수천 년 동안 이스라엘 사람들은 그 이름을 감히 부를 수 없어서 거룩한 네 글자 'YHWH'라고 했다. 우리는 이름의 자음 네 글자를 알고 있을 뿐이다. 옛날 한글 성경에서는 이 글자를 '여호와'라고 읽었다. 지금도 '여호와 하나님'이라고 쓰여 있는 한국어 성경을 많이 가지고 있다.

구약 학자들이나 어떤 사람들은 이것을 '야훼'라고 읽어야 한다고 주장하기도 한다. 어떤 사람들은 한글로 분명히 '여호와'라고 적혀 있는데 이 글자를 읽을 때는 '야훼'라고 읽기도 한다.

이런 사람들은 한글로 '세례'라고 적혀 있는 부분은 반드시 '침례'라고 읽는 사람들과 같은 신념이 있는 것 같다. 글자를 그대로 읽기보다는 글자가 주는 의미에 자신의 확신을 덧붙여서 읽는 것이다.

하나님의 새로운 이름, 우리 아버지

구약에 나타나는 하나님의 이름도 하나님의 다른 부분처럼 신약에서 예수님은 더욱 분명하게 우리에게 가르쳐 주셨다. 구세주인 예수 그리스도는 그의 평생의 일이 이 이름을 가르쳐 주는 것이라고 했다.

"내가 아버지의 이름을 그들에게 알게 하였고 또 알게 하리니 이는 나를 사랑하신 사랑이 그들 안에 있고 나도 그들 안에 있게 하려 함이니이다"(요17:26)

이 이름은 호칭이 아니다. 예수님은 하나님의 어떤 새로운 이름도 사람들에게 가르치지 않았다. 그분은 그 이름의 내용을 가르친 것이다. 하나님이 어떤 분이심을 가르친 것이다. 예수님은 하나님의 이름이 "우리 아버지"라고 가르쳤다.

우리가 부르고 또 불러야 할 너무나 아름다운 이름, 그 이름은 아버지이다. 하나님의 이름은 '아버지'이다. 예수님은 이 이름 가르치는 일을 하셨고 마지막 순간까지 할 것이라고 하셨다. 그리고 기도를 가르치면서 "아버지"라고 부르라고 하셨다.

주기도문이 우리말로 할 때는 "하늘에 계신"으로 시작이 되지만 본래 가르치신 기도는 "아버지, 우리의, 하늘에 계신"이란 순서이다(파테르, 헤몬 우라누). 기도할 때 입을 열면서 먼저 "아버지"라고 부를 것을 가르치신 것이다. 하나님의 이름은 '아버지'이다.

이것을 가장 잘 설명한 사람이 존 칼뱅이라고 생각한다. 그는 『기독교 강요』라는 불후의 명작에서 수백 페이지에 이르도록 하나님을 설명했다. 그런데 그의 책 2권 6장에 이르면 이렇게 말한다.

> 예수 그리스도로 인하여 하나님이 우리의 아버지라는 사실을 우리가 알지 못한다면 내가 지금까지 말한 모든 하나님에 관한 지식은 아무 의미를 갖지 못한다.

이 글을 읽으며 칼뱅이란 분을 더욱 사랑하게 되었다. 하나님이 우리의 아버지임을 알지 못한다면 우리의 하나님 지식은 아무 쓸모가 없는 것이다.

나는 나의 아이들과 손자들과 함께 하나님을 "아버지"라고 부르게 된 것을 너무도 행복하게 생각한다. 나의 아버지 하나님이, 나의 아이들에게도 아버지가 되고 또 그들이 낳은 자녀들에게도 아버지가 되는 것이 너무도 좋다.

아이들이 하나님을 사랑할 수 있다면 나는 땅 위에 더 바랄 것이 없다. 아이들이 "하늘에 계신 우리 아버지 하나님"이라고 부를 때 나는 말할 수 없는 희열을 느낀다.

하나님은 우리에게 영원한 생명을 주는 아버지이다. 하나님은 우리를 사랑하는 아버지이다. 하나님은 우리를 예수님처럼 만들어 가는 우리의 아버지이다.

청춘은 아름다워라

제3부
하나님의 체온

나는 그의 손을 잡았다. 내 손이 모두 그의 손에 다 들어간다.
그의 손은 농부의 손처럼 단단하다.
그리고 따뜻하다.

06
아카시아 꽃이
피는 계절에

아무도 없는 밤길을 혼자 걸어간다. 오른쪽에는 강이 있고 왼쪽에는 산이 있는 곳이다. 뜨거운 눈물이 계속하여 뺨을 따라 흐른다. 나에게도 봉사해야 할 교회가 맡겨진 것이다. 그리스도의 교회를 섬기는 축복 때문에 흐르는 감사의 눈물이다. 버스에서 내려서 사십 분 정도를 걸으면 교회에 이른다.

첫 임지 주중리 대중교회

이곳에서 한 살 그리고 세 살 된 두 아이를 데리고 아내는 나를 한 주간을 기다린다. 나는 신학생이기 때문에 주간에는 학교 기숙사에서 지내고 주말에 집으로 돌아온다.

부산에서 김해로 가는 버스를 타면 강을 건너 선암이라는 곳에 차가 선다. 이곳에선 교회 쪽으로 가는 버스가 하루에 서너 번밖에 다니지 않는다. 밤에는 거기까지 가는 차가 전혀 없다. 걸어서 가야 한다.

나는 이 길을 걸으며 주일 설교를 생각했다. 그리스도의 은혜를 생각하면서 걸었다. 그러면 감사의 눈물이 자연스럽게 솟아오른다. 길가 언덕에는 온통 아카시아 꽃이다. 그 짙은 향기는 온몸을 적시고 나의 마음에 배어든다.

우리 식구가 거처하던 교회의 사택은 교회에 붙어 있었다. 주일에 출석하는 성도는 스무 명 남짓이었다. 어린아이들까지 합치면 오십명 정도였다. 김해군 대동면 주중리에 있는 대중교회가 그 이름이다. '술 가운데 있다'는 뜻을 가진 주중리 마을에 있는 교회이다. 이 마을 한가운데 흐르는 개천의 물이 너무 맑고 좋았다. 이 물로 술을 빚으면 그 술맛이 특별히 좋다는 자부심을 가지고 있는 마을이다.

처음에 교회의 이름을 정한 사람들이 마을 이름과 연관되어 '주중교회'라고 부를 수가 없어서 '대중교회'라고 이름을 지었다고 한다. 예배당은 나무로 지은 집이었다. 예배당 옆에는 공군들이 관리하는 물 공급소가 있었고, 김해 비행장 근처의 공군 부대가 이 물을 공급받았다. 두세 명의 군인들이 항상 근무하고 있는 조그마한 집이었다.

1972년, 신학교에 입학하면서 이 교회를 섬기게 되었다. 그 당시에는 목회자들이 많지 않아서 시골의 미자립 교회들은 전도사들이 시무하곤 했다. 근처의 큰 교회에 있는 목사님이 당회장이 되어 일년에 한번 둘러보는 정도이고 교회의 모든 일은 전도사에게 맡겼다.

날마다 새벽기도를 인도하고 주일마다 설교하는 것이 보통 어려운 일이 아니었다. 일을 제대로 하는지 나에게 말해 줄 사람은 아무도 없었다. 교회를 섬기는 첫해는 박윤선 박사의 설교와 주석을 많이 읽었다.

성찬식과 남은 포도주의 추억

성찬식은 성도들이 하나님의 은혜를 특별히 체험할 기회이다. 나는 어려서부터 성도들이 성찬식을 위하여 한 주간 금식하며 준비하는 것을 보아 왔다. 내가 처음으로 성찬식에 참여할 때의 두려움과 기대를 아직도 기억하고 있다.

그리스도께서 나를 위하여 당신을 모두 주신 것을 기억하게 하는 예식이다. 그리스도의 살을 먹고 피를 마신다고 표현한다. 주께서 친히 제정하신 예식이다. 이 성찬식은 그리스도께서 나를 살리시기 위하여 당신의 생명을 포기하신 사랑을 보게 하는 것이다.

그의 살을 먹고 피를 마신다는 것은 신학적으로 정확한 말이지만 정확하게 표현되었다고 하여 반드시 듣는 사람들이 정확하게 이해할 수 있는지 의문이다. 믿음이 없는 사람들에게는 당혹스러운 말로 들릴 것이다. 그러나 그리스도를 믿고 의지하는 사람들에게는 너무나 소중한 은혜의 방편이다.

스무 명도 안 되는 우리 교회의 성도들에게 성찬식을 처음으로 인도하면서 나는 내가 할 수 있는 모든 준비를 다하려고 했다. 예식서를 몇 번이고 읽고 또 모든 순서를 확인하였다. 수종들 집사님들이 준비할 것을 점검하고 성찬기와 떡과 포도주를 정성껏 준비했다.

첫 번 성찬식을 마쳤을 때 온몸에 땀이 얼마나 나던지 내의가 다 젖었다. 그런데 문제는 그 후에 발생하였다. 성찬식을 마치고 남은 떡과 포도주를 어떻게 해야 할지 알 도리가 없었다. 예식서에도 분명한 기록이 없다. 젊은 집사님에게 넌지시 물어보았다.

"정 집사님, 앞의 전도사님은 성찬식하고 남은 포도주를 어떻게 하시던가요?"

내가 이 문제를 어떻게 해야 할지 모른다는 것을 숨기기 위하여 과거에 이 교회를 섬기던 전도사님이 잘했는지 그렇지 않은지를 알고 싶다는 의미로 물어본 것이다.

"남은 떡과 포도주를 땅에다 파묻었습니다. 그리고 그 앞에 교역자들도 모두 그렇게 해요."

예기치 못한 대답은 나를 더욱 힘들게 했다.

나는 아무리 생각해도 그렇게 해서는 안 될 것 같았다. 정답은 더 공부하여 가르치기로 하고 지금 당장 해결해야 할 문제는 내 앞에 남아 있는 포도주를 처리하는 것이다.

집사님들을 다 돌려 보내고 이 문제를 내가 책임지고 해결하기로 마음을 먹었다.

나는 체질상 술을 먹지 못한다. 그런 사람이 남은 것을 모두 마셨으니 어떻게 되었겠는가? 강가에 사는 김 집사님이 성찬용으로 정성을 다하여 만든 포도주이다. 얼마나 알코올의 강도가 높은지 모르겠다.

방에 아무도 들어오지 못하게 하고 많은 시간을 혼자서 지내야 했다. 숨이 가쁘다. 온몸이 뜨겁다. 그리고 얼굴부터 발에 이르기까지 온

몸이 붉어진다.

　방 밖으로 나오지 않는 것을 보고 사람들은 내가 깊은 기도에 들어 간 것이라 생각했을 것이다. 술 취한 전도사가 화장실에 가고 싶은 데 죽을힘을 다하여 억지로 참고 있는 것을 누가 짐작할 수 있었을까?

　아카시아 꽃이 피는 계절이 되면 나는 대중교회를 생각한다. 나는 철이 없었고, 교인들은 나와 우리 식구들을 한없이 사랑하였다.

07
고기가
먹고 싶어요

내가 잘못 들은 것으로 생각했다. 이 여자는 그렇게 말할 사람이 아니다. 그런데 그렇게 말을 한 것이다.

"고기가 먹고 싶어요."

얼마나 먹고 싶었으면 나에게 그렇게 말을 했을까 하고 생각하니 무능함에 대한 슬픔이 무장한 군인처럼 나를 덮친다.

가난한 신학생과 아내

아내가 황우 도강탕을 구경한 지도 여러 달이 된 것 같다. 황우 도강탕은 과거에 군대에서 쓰이던 말이다. 고기가 한 점도 없는 멀건 쇠고깃국을 말한다. 황소가 강을 건너간 것 같은 국이라는 뜻일 것이다. 어떤 경우에는 황소가 장화 신고 건너간 국물이라는 말도 한다.

시집 올 때는 내가 신학을 하리라는 것을 몰랐던 사람이다. 1968년에 나에게 시집을 와서 너무 많이 고생한 사람이다. 아버지, 어머니 그리고 동생들이 있는 집에서 맏며느리로 살았다. 그동안 내가 충분히 생활비를 벌어온 것도 아니었다.

서울로 부산으로 이사다니며 힘들게 살았지만, 그녀는 한 번도 자기가 원하는 것을 분명히 말하지 않았다. 내가 해줄 수 없는 사람인 것을 알고 있었기 때문이다. 사람들은 그녀를 미인이라고 했다. 외모뿐만 아니라 마음씨가 넉넉하여 늘 사람들이 여유 있게 대할 수 있는 사람이었다. 궁색하지 않은 가정에서 잘 자라난 그녀는 나에게 시집와서 고생길에 들어선 것이다. 그런 그녀를 나는 지금 이 시골에까지 데리고 와서 앞이 보이지 않는 고생을 시키고 있었다.

내가 신학교에 다니면서 시골교회를 봉사하던 시절에 우리는 오로지 하나님의 은혜로 살았다. 그것은 가난한 성도들의 극진한 사랑이었다. 성도들이 주일마다 교회에 가지고 오는 쌀이 있어서 우리의 식생활에 많은 도움이 되었다. 성도들은 밥을 지을 때마다 조금씩 따로 쌀을 모아 두었다가 주일이면 교회에 가지고 온다. 이것을 '성미'라고 했다. 이 쌀은 아주 좋은 쌀이었다. 아내는 이것을 아껴서 부산에 있는 부모님에게 보내곤 했다. 시장에서 살 수 있는 다른 쌀보다 질이 월등하게 좋기 때문이다.

해마다 당회장 목사님이 순회를 오면 그해 전도사 사례를 결정해 준다. 교인들의 형편을 고려해서 적정한 수준에서 생활비를 정하는 것이다. 교회는 힘껏 사례를 정해 주지만 네 식구가 생활할 만큼 되지 못했다.

또 내가 학교에서 공부하고 있었기 때문에 학비를 감당할 수 없었다. 부모님의 도움을 받는 일이 많았다. 학교에 가 보면 학생들은 모두 어려운 환경 가운데 교회를 섬기고 또 공부하던 시절이다.

1972년, 신학교에 입학하던 그해에 불행한 일이 있었다. 졸업생이 졸업식장에서 쓰러졌다. 삼 년을 가난과 함께 공부하는 중에 영양실조 상태가 너무 깊었던 것이다. 병원으로 옮겼으나 며칠을 더 지나지 못하고 세상을 떠났다.

소식을 들은 사람들은 배고픈 가운데 공부하고 교회를 섬겼던 그 고된 삶을 생각하고 슬퍼했다. 공부를 마쳤는데도 더 견디지를 못하여 세상을 떠난 그의 안타까운 생애 때문에 많은 사람이 애달아했다.

당시 우리나라에서 독일에 광부와 간호사를 많이 보내고 있었던 시절이었다. 나라가 워낙 가난하다 보니 이들이 송금해 주는 돈이 나라 살림에 요긴했다.

독일에 있던 간호사들이 신학교의 소식을 전해 들었다. 복음간호대학을 졸업한 간호사들은 신학교의 일을 잘 알고 있었다. 캠퍼스를 같이 쓰고 있었고 같은 교단의 교회에 속해 있기 때문이었다.

먼 이국 독일에서 소식을 들은 이들은 너무 슬퍼서 기도회를 하면서 울었다고 한다. 이것을 알게 된 독일의 목사님 한 분이 한국 신학교 학생들의 극도로 가난한 모습을 주위에 알려서 신학생 돕기 캠페인을 벌였다.

그렇게 모금된 돈을 우리 학교에 보내 주었다. 이 목사님의 이름은 유트 목사님이다. 그래서 우리는 점심 식사 때마다 쇠고깃국을 먹을 수 있었다. 이것은 황우 도강탕이 아니었다. 쇠고기가 제대로 들어 있는 국이었다.

양동이에 담긴 고기

나는 학교에서 이렇게라도 고깃국을 먹었지만 시골구석에 사는 식구들은 전혀 그럴 형편이 되지 못한 채 살아가고 있었다. 그때 이미 셋째 아이 진아를 임신하고 있던 때였다.

돈이 있어도 고기를 사려면 두 시간을 걸어 가야 정육점이 있었다. 그만큼 고기가 귀한 때였다.

아내는 고기가 먹고 싶다는 말을 한 번만 하고는 다른 말을 했다. 그러나 나는 아무것도 할 수 없다. 내가 평생을 이렇게 살아야 하는가? 하는 자괴감마저 들었다.

어떻게 시간이 흘렀는지 모른다. 저녁이 되어서 하루의 일을 정리하고 식구들이 잠자리에 들었다. 조금 잠이 들었다고 생각되는 때에 밖에서 문을 두드린다. 밤중에 사람이 찾아오면 보통은 위급한 일이 생겼을 때이다. 그래서 밤중에 문을 두드리는 사람이 있으면 긴장이 된다.

문을 열어보니 강가에서 농사를 짓는 김 집사님이 찾아왔다. 얼굴을 보니 위급한 일은 아닌 것 같았다. 집안으로 들어오라고 했다. 이미 늦은 시간인지라 들어오지는 않고 양동이를 내밀었다.

"전도사님 드세요. 이것 드리려고 왔어요."

"무엇입니까?"

"마을에 갑자기 소가 한 마리 죽었어요. 마을 사람들끼리 나누어 먹기로 했습니다. 우리 집에서 산 고기가 너무 많아서 교회에 가지고 왔습니다."

김 집사님을 보내고 문을 닫았다. 덮은 것을 벗기자 그 귀한 고기가 양동이에 가득하다. 자그마한 체구를 가진 그 여인이 어떻게 무거운 것을 여기까지 가지고 왔을까 싶다. 우리는 갑자기 생긴 쇠고기를 보고 너무 놀라 한동안 서로 얼굴만 쳐다보고 있었다.

무슨 말을 해야겠는데 적당한 말이 생각나지 않는다. 말은 역시 여자가 잘하는가 보다.

"우리 하나님은 귀신 같아."

아내가 한 말이다.

그리고 삼십 년이 흘렀다. 지금도 신학생들은 먹는 문제와 영양실조의 환경 가운데 지내고 있다. 달라진 것은 내가 있는 곳이 한국이 아니고 아프리카라는 점이다. 그때 나는 신학교에 다니는 학생이었지만 이제는 신학교에서 가르치는 사람이다.

한국에서 십일 년, 필리핀에 가서 십 년을 신학생들을 가르쳤다. 나는 평생 배고픈 신학생들과 함께 지내고 있다. 이제 아프리카의 남아공화국에서 신학교 강단에 선다. 포트 엘리자베스에 있는 신학교에서 가르치기 시작했다.

학생들은 아무도 집에 가지 않았다

이 학교에 부임해서 첫 교수회의에 참석해 보니 어떻게 하면 오후에 학생들이 도서관에 남아 공부하도록 할 것인가? 라는 문제에 대하여 열심히 의논하고 있었다.

학생들은 집에 가면 공부할 수 있는 환경이 아닌데도 오후에 수업이 끝나면 모두 학교를 떠나 버렸다. 학교에는 좋은 도서관이 있어서 학생들이 얼마든지 공부할 수 있는데 이용하지 않았다.

교수회의 결정은 매일 교수 한 사람씩 남아 도서관에서 학생들의 공부를 도와주자는 것이었다. 순서를 정하여 오후에 교수가 도서관을 지키는데도 학생들은 아무도 남지 않고 모두 집으로 가 버렸다.

한 달 후 교수회의에서 같은 문제를 다루고 또 한 달 후에도 같은 문제가 나오고 있었다. 그 원인을 알아야겠다는 마음이 들었다.

학생 중에 잘 따르는 나이 든 학생에게 물어보았다.

"학교 시설이 이렇게 좋은데 왜 학교에 남아 공부하지 않는가?"

"우리도 학교에서 더 공부하고 집에 가기를 원합니다."

"그러면 남아서 공부하면 되지 않는가?"

"김 박사님은 아직 그 원인을 모르십니까?"

그리고는 물끄러미 나를 쳐다보았다.

"배가 고파 더 있을 수가 없습니다."

신학교는 흑인들 거주지에 있지 않고 백인들 지역에 있다. 따라서 학생들은 학교에 오기 위하여 일찍 집을 나서서 기차를 타거나, 승합차를 타거나 걸어서 학교에 와야 한다. 이들에게는 매일 들어가는 교통비는 엄청나게 큰돈이다. 이것을 위하여 다른 것들을 절약해야 한다.

학교에는 여러 나라에서 온 선교사들이 함께 일한다. 한국, 미국, 영국, 독일 선교사들이다. 그리고 남아공에서 목회하다가 은퇴하신 분들도 함께 일한다.

학교에서는 매일 오전 열한 시가 되면 차 마시는 시간이 있다. 이 시간에 학생과 교직원이 차를 마시며 쉬게 된다. 차와 커피, 우유 그리고 간단한 비스킷이 준비되어 있다. 학생들이 비스킷을 엄청나게 먹어서 비스킷 대신에 식빵을 내주었다. 이것도 너무 많이 먹어서 식빵과 함께 간단한 죽을 준비해 주었다. 이것이 내가 처음 갔을 때 학교의 티 브레이크 풍경이었다.

우리는 학생들이 티 브레이크에 많이 먹는 것만 생각했다. 그런데 알고 보니 이것이 그들의 아침이고 점심이다. 어떤 학생들에게는 저녁까지 이것으로 해결하고 있는 형편이다.

교장을 찾아갔다. 일년 동안 전교생 점심을 먹이자면 돈이 얼마나 드느냐고 물었다. 직원을 불러서 열심히 계산하더니 천 불이면 되겠다고 한다. 학생의 숫자가 오십 명 가까이 된다. 학교에서 점심으로 준비하는 식단은 간단하다. 우유, 식빵, 계란, 마가린, 피넛버터 그리고 사과나 오렌지이다. 한 주간 중에 화, 수, 목, 금, 이렇게 나흘을 제공하기로 했다.

그날 저녁 한국에 있는 교회에 편지를 썼다. 학교의 급식 형편을 전했다. 한 주간 내에 답장과 함께 돈이 왔다. 학교에서 그 돈으로 점심을 만들어 먹이기 시작했다. 학생들 중에 아무도 집에 가지 않는다.

물론 교수회의에서 안건도 하나 없어졌다.

선교사와 교수들이 왜 이렇게 간단한 문제를 해결할 수 없었을까? 그들이 미국, 영국, 독일에서 많은 희생을 하며 이곳에 온 것은 사실이지만 그들이 신학교에 다니면서 굶어 죽는 환경을 체험하지는 못했기 때문이라고 생각했다.

유트 목사님이 살아 계신다면 말해 주고 싶다.

"나는 당신들이 보내 주는 돈으로 점심 때 고깃국을 먹은 사람입니다. 그것이 기억나서 한국 교회와 함께 아프리카 신학생들에게 점심을 먹이고 있습니다. 나는 1973년부터 당신의 도움을 받았고 2003년부터 아프리카 사람을 돕고 있습니다. 그때 독일 교회가 한국 교회를 위하여 헌금을 보낸 것처럼 지금은 한국 교회가 아프리카 교회를 위하여 헌금합니다. 세월이 지나면 이 아프리카 교회가 다른 사람들을 섬길 것이라 믿습니다."

08
땅에 기록한
하늘의 삶

사람들은 그들이 이루어 놓은 많은 일을 기록한다. 세상에는 참으로 놀랍고 훌륭한 분들이 많다. 이러한 사람들의 결단, 용기, 집념의 아름다운 결과를 보면 박수가 절로 나온다.

내 삶의 기록은 이런 사람들의 책처럼 될 수 없을 것이다. 나에게는 그런 비범한 일들이 좀처럼 보이지 않기 때문이다. 그보다 나를 믿고 따라온 사람들에게 고통을 준 일이 더 많다는 것을 생각하고 마음아프게 노년을 보내고 있다.

나를 이야기하라면, 나는 고등학교밖에 졸업하지 못한 아이들을 외국에 보내 놓고 그들이 잘 자라기를 바라고 있었던 사람이다. 아이들에게 대학 공부를 시키고 또 취직하고 결혼할 때까지 돌보는 한국의 부모들을 보면 나는 아이들에게 너무나 무심한 사람이라는 생각을 하게 된다.

아이들에게 해준 것이 없다. 나와 가까이에 있었던 사람들에게도 나를 도와 달라고 했을 뿐 내가 어떻게 해주지 못한 것 같다.

나를 따르던 학생들이나 성도들에게 바른 길을 걸어야 한다고 말해 줄 뿐 실제로 어떤 도움을 줄 수 있는 위치에 있지 못했다. 나는 입을 것, 먹을 것을 줄여가며 성도들이 보내 주는 돈으로 수십 년을 살아온 사람이다.

'앉은뱅이 용쓴다'는 말처럼 용만 쓰면서 살아온 것이 나의 삶인 듯하다. 그래서 내가 이야기를 한다면 남의 이야기를 해야 할 것이 많다. 하나님께서 사람들을 어떻게 인도하시는지 구경한 이야기들이다.

정갈하고 아름다운 믿음, 이발사 정 집사

대중교회는 나에게 큰 도움이 된 교회이다. 성도들의 은근하고 담백한 신앙생활은 어떤 때에는 은은하게 피어오르는 난의 향기 같았고 어떤 때는 서릿발 같았다. 이 교회는 이제 신학을 시작한 젊은 전도사에게는 믿음의 삶을 배우는 참 좋은 스승이었다.

키가 크고 나와 나이가 비슷한 정 집사라는 분이 있었다. 이분의 집안은 윗대로부터 오랫동안 이 마을에 살았다. 이 사람들이 살아가는 모습을 보고 마을 사람들은 아무도 기독교에 대하여 비판하는 말을 하지 못했다. 이들은 항상 바르고 정직하고 겸손하고 지혜로운 분들이었다.

정 집사님은 이발소를 운영했다. 1970년대 초기의 시골 이발소이다. 이발소가 길목에 있었기 때문에 하루에도 몇 번씩 이발소를 지나 다녔다. 나는 이 마을에서 가장 깨끗한 곳이 이 이발소라고 생각했다. 부지런한 시골 사람들은 어디를 가든지 쓸고 닦고 정리하며 살았지만 이 이발소는 특별히 깨끗하게 정리되어 있었다.

마을에 이발소는 이곳뿐이어서 사람들은 모두 여기서 머리를 깎아야 했다. 이 일을 정 집사가 하거나 그의 아버지가 했다. 나는 우리 교회의 성도가 마음과 몸과 환경을 항상 깨끗하게 가지도록 온 마을 사람들을 단정하게 해주는 정 집사님의 일이 매우 좋았다.

그래서 이발소를 볼 때마다 하나님께 감사하는 마음이 있었다. 이 식구들은 주일이 되면 이발소의 문을 닫고 교회를 정성으로 섬겼다. 그 가정은 매주 한 주간 수입의 십일조를 교회에 바쳤다.

이 헌금을 볼 때마다 그 가정에서 하는 모든 일이 하나님 보시기에 거룩한 일이 되도록 간절히 바라게 되었다.

"이 가정을 더욱 거룩하게 하옵소서."

다른 사람들이 좀처럼 얻기 어려운 삶의 경지를 체험하며 살아가는 이 가정이 더욱 깊은 신앙의 체험을 하도록 바라는 기도이다. 이미 학교에서 일등을 하는 학생에게 다른 학교 학생들과 비교해도 더 나을 수 있도록 바라는 것과 같은 마음일 것이다.

정 집사의 이야기를 한 것은 교회와 마을의 관계를 설명하기 위하여이다. 앞으로 말하게 될 남 집사님의 환경을 이해하는 데 도움이 될 것 같아서 먼저 정 집사님에 대해 썼다.

이야기하자면 정 집사의 아름다운 삶은 이야깃거리가 더 많이 있다. 그때 같이 신앙생활을 함께한 다른 성도들의 이야기도 있는 그대로 설명할 수 있다면 주옥같은 이야기일 것이다.

남 집사, 그녀에게는 젓가락이 없다

남 집사님은 여자 집사이다. 남 씨여서 그렇게 부른 것이다. 내가 처음 만났을 때 그분은 오십 대인지 칠십 대인지 가늠할 수 없는 모습이었다. 전혀 꾸미지 않고 살아가던 시골 사람들은 늙어 보이기도 하고 또 나이가 많아도 늘 일을 하기 때문에 정정해 보이기도 했다.

그녀는 말이 없다. 전도사가 하는 말이면 백 퍼센트 순종하는 사람이다. 숨도 쉬지 않은 것처럼 소리 없이 지내지만 예배에 빠지는 법이 없다. 우리 교회에서 가장 먼 곳에 집이 있는 사람이다. 남자 없는 집의 가장이기 때문에 날마다 해야 할 일이 엄청나게 많다. 그러나 그녀는 예배에 빠지지 않는다.

농사철에 너무 바빠 예배에 참석을 못하는 사람들이 있다. 다음 주일 이 사람들이 미안한 마음으로 여러 가지 변명을 한다. 그러나 남 집사님은 항상 조용하다. 사람들은 그 바쁜 때에도 그녀가 예배에 빠지지 않은 것을 모른다. 그래도 그녀는 말이 없다.

그녀에게는 젓가락이 없다. 숟가락만으로 살아온 사람이다. 어느 날 그녀의 집을 방문했을 때 내가 물어보았다.

"집사님은 왜 숟가락만으로 식사하세요?"

"젓가락은 한 번도 사용해 본 적이 없습니다. 그래서 젓가락질을 할 줄 모릅니다."

외국 사람이 한국인 식탁에서 하는 말을 한다.

"숟가락만으로 먹는 일이 아주 익숙해서 불편한 것이 없습니다."

"어떻게 그렇게 오랫동안 젓가락을 사용해 보지 못하셨나요?"

"어릴 때 너무 가난해서요. 밥상에 젓가락질할 것이 없었습니다."

길고 긴 세월을 늘 배가 고파서 쓰러질 듯 쓰러질 듯하며 살아온 그녀를 생각해 봤다. 들판에서 일하는 데 배가 너무 고프고 그 다음에는 배가 아프고 그다음에는 자신이 죽었는지 살아 있는지도 모를 형편인데 한낮의 해는 그렇게 길더라고 한다. 어떤 사람들은 그렇게 일하다가 배가 고파서 죽기도 한다고 했다.

전도사가 성경을 가지고 다른 교인들과 함께 그 집을 방문한 자리였다. 그러나 나는 말을 잊었다. 그녀가 아닌 하나님에게 자꾸만 말하는 나 자신을 발견했다.

"하나님, 왜 사람들은 이렇게 서럽게 세상을 살아야 합니까?"

예수님도 늘 배가 고프신 중에 사셨을 것을 생각해 보았다. 땅 위에 너무 많은 사람이 그렇게 살아가는 것이다.

살다 보면 잔치하는 집을 만나기도 해서 간혹 음식을 실컷 먹을 기회가 생기지만, 삶의 대부분은 먹을 것을 그리워하는 시간이다. 그래서 예수님은 "우리에게 일용할 양식을 주시옵소서"라고 기도하라고 가르쳤을 것이다.

심방 설교를 하기 위하여 나 자신의 마음을 추슬렀다. 지금은 그렇게 가난하지 않다는 것에 감사하기로 마음을 고쳐먹었다.

남 집사에게는 딸이 셋이 있었다. 모두 결혼 적령기에 들어선 건강하고 생기가 넘치는 젊은 아가씨들이었다. 큰딸은 집에서 어머니를 도왔고 두 동생은 김해에 있는 한일합섬에 취직했다. 내가 전도사로 교회를 담임해 있을 때는 이렇게 세 딸이 어머니와 함께 살아가고 있었다.

남 집사님은 정씨 성을 가진 집안에 시집을 갔다. 농사를 짓는 집이었다. 시골 아낙으로 살면서 딸 셋을 얻었다. 사내아이를 얻지 못한다고 하여 집안에서 환영을 받지 못한 여인이었다.

그러던 어느 날 그의 집에 참기름 장수가 왔다. 참기름과 다른 몇 가지를 가지고 이 집 저 집 다니며 행상하는 사람이다. 기름을 팔고 나가면서 말을 했다.

"예수 믿고 복 받으십시오."

그때 남 집사는 이 말을 하늘의 소리라고 생각했다. 그리고 신앙생활을 시작했다. 근처의 교회를 찾아 나가서 구원의 도리에 대하여 열심히 듣고자 했다. 남 집사가 신앙생활을 시작한 것을 알고는 그 남편이 불같이 화를 내었다. 더는 같이 살려고 하지 않았다.

온갖 고통의 시간이 있었고 드디어 그녀는 쫓겨났다. 젊은 여성이 코 흘리는 아이들과 젖먹이를 데리고 집을 나왔다. 산을 넘어 지금 사는 이곳에 온 것이다. 움막을 짓고 말할 수 없이 조야한 삶을 살았다.

네 식구가 얼마나 고통스러운 세월을 살았는지 나는 알지 못한다. 물어보면 웃기만 할 뿐 대답을 잘 하지 않는다. 엄마도 딸들도 말하지 않는 것을 누가 말한다고 해서 나 같은 사람이 알아들을 수 없을 것이다. 그들은 나와는 전혀 다른 경지의 삶을 알고 있는 사람들이다.

날마다 몸은 부서지도록 아프고 생활은 찢어지도록 가난하지만, 그들에게는 소망이 있었다. 하나님의 인도하심에 대한 소망이다. 그리고 말이 통하는 신앙의 공동체가 그들 곁에 있었다. 인가가 없는 곳에 땅을 파고 그 속에서 살았다.

주위의 땅을 일구어서 밭을 만들었다. 그렇게 살기를 십 년이 지나서 내가 이들의 교회에 부임한 것이다. 이제 아이들이 자라고 하루 세 끼 더운밥을 먹을 수 있는 형편이 되었다.

마을 사람들은 선암장을 아주 중요하게 생각한다. 닷새에 한 번씩 선암에 장이 선다. 남 집사는 집에서 재배한 것을 장에 내다 팔아서 생활에 도움을 받는다.

그녀에게도 십일조라는 것이 있다. 호박을 열 개 따면 장에 가면서 한 개를 교회에 들여다 놓고 가는 것이다. 그녀의 집에서 교회까지 걸어서 삼십 분 그리고 교회에서 선암까지 걸어서 한 시간이다.

하루는 강아지 한 마리를 교회에 가지고 왔다. 집에 기르는 개가 새끼 여덟 마리를 낳았다고 한다. 그중의 한 마리를 교회에 바치기 위하여 가지고 온 것이다. 외딴곳에서 자란 어미에게서 난 것이어서 그런지 강아지가 집에 잘 있지 않는다. 어떻게 하든 기어나간다.

우리 식구들은 이 강아지 찾는 것이 일이었다. 조금 커서는 아예 집 밖에서 살려고 한다. 그래서 개의 이름을 '출'이라고 지었다. 교인들이나 마을 사람들이나 우리 개를 '추리'라고 불렀다.

어느 날 마을 노인이 교회에 찾아와 크게 화를 낸 일이 있었다. 알고 보니 그분의 함자에 '출'자가 있었다. 교회 강아지 때문에 마을의 아이나 어른이나 자기 이름을 불러댄다는 것이다.

이 가냘픈 여인이 머리에 무엇을 잔뜩 이고 산길을 따라 삼십 분을 걸어서 우리 집에 온다. 그리고 그 십 분의 일을 내려놓고 다시 한 시간을 머리에 이고 선암장으로 간다. 온종일 장터에 앉아서 가지고 간 것을 판다.

해가 저물 때가 되면 다시 걸어서 교회에 온다. 삼십 분이고 한 시간이고 예배당에서 기도한다. 그리고 다시 집으로 돌아간다. 이것이 남 집사가 닷새에 한 번 하는 일이다. 이런 사람들의 생활을 보면서 배우라고 하나님께서는 나를 이 교회에 보냈다고 생각한다.

나는 황웅이 청년이 좋았다

어느 날 한 청년이 주일 예배에 참석했다. 사람이 귀한 교회인지라 한 사람이라도 새로 오는 사람이 있으면 온 교인이 소중하게 그 사람을 맞이한다.

이 청년은 벽에 기대고 앉아서 예배가 끝날 때까지 잠을 잔다. 너무나 피곤한 사람인 것 같았다. 다들 힘들게 일하며 지내기 때문에 예배당에서 잠을 이기지 못하는 것은 조금도 허물이 되지 않는다.

그런데 놀라운 것은 이 청년이 그다음 주일에도 출석하고 계속하여 주일 아침 예배 때마다 출석한다. 그의 앉는 자리는 일정하다. 아직 우리 교회는 의자가 없었다. 나무 바닥에 방석을 깔고 앉는 것이다. 그의 자리는 교회당 길이의 중간쯤 되는 벽 쪽이다.

이 청년은 앉자마자 눈을 몇 번 껌뻑이다가 곧 잠에 빠진다. 몇 번

잠을 깨는 듯하다가는 이어서 눈을 감는다. 예배를 마칠 때쯤 눈은 벌겋고 입에는 침이 나와 있다. 그래도 정확하게 예배가 끝날 때에는 잠이 깬다.

그에게 예배는 아주 소중한 의식이다. 반드시 참석해야 한다. 그러나 피곤하여 잠을 이길 수 없다. 우리 성도들은 곧 그의 신분을 알게 되었고 그를 이해하게 되었다.

'황웅이'가 청년의 이름이다. 이 마을의 목장에서 일하게 된 사람이다. 목장의 일을 하면서 주일 아침마다 교회에 참석한 것이다. 나는 그가 매우 좋았다. 내가 그를 좋아한 것은 첫째는 동생 같은 남자가 생겨서 좋았고, 둘째는 예배에 빠지지 않아서 좋았다.

그리고 내가 설교를 잘한다고 말해 주어서 좋았다. 그는 설교 때에도 잠만 자지만 그래도 내가 설교를 잘한다는 그의 말은 사실일 것으로 생각했다. 그는 거짓말을 하지 않는 사람이기 때문이다.

그는 말을 아주 적게 하는 사람이었다. 자기의 의견은 항상 유보하고 남의 이야기를 잘 듣는 편이었다. 그러나 목축과 관계된 이야기가 나오면 아주 정확하게 자기 생각을 말했다. 어떤 때는 길게 말하기도 했다.

밤중에 그가 우리 집을 찾아왔다. 그가 우리 집에 오는 것은 지극히 드문 일이다. 하물며 자정이 지나 우리 집 문을 두드린다는 것은 있을 수 없는 일이었다. 세상에는 있을 수 없는 일들이 일어난다. 황웅이 청년이 한밤중에 우리 집에 찾아 온 것이다. 그날은 바람이 많이 불고 몹시 추운 날이었다.

"아! 황 선생, 밤중에 웬일이세요?"

내가 문을 열며 물었다.

"전도사님, 이것 드리려고 왔습니다."

그가 주전자를 내밀었다. 아직도 따뜻했다.

"초유입니다. 사모님에게 좋을 것입니다."

그날 초유가 사람 몸에 좋다는 것을 처음 알았다. 새끼를 낳고 처음 받은 우유를 말한다. 갓 태어난 송아지를 먹이는 우유이다. 새끼의 몸을 보호하는 특별한 성분이 들어 있다고 한다.

한밤중에 우유를 가지고 교회로 찾아오는 그의 정성을 생각하니 눈시울이 찡했다. 그는 자기가 아주 좋은 것으로 생각하는 것을 나에게 주고 싶어 했다. 그래서 이 우유를 정성껏 담아서 추운 밤에 이곳까지 달려온 것이다. 양철 주전자 속에 든 초유가 이 추위에도 따뜻하다. 그는 이것이 식지 않도록 뛰어왔을 것이다.

그 청년은 좀처럼 말을 하지 않지만 내가 평생 잊지 못할 일을 자주 했다. 따뜻한 그의 마음이 내 마음에 닿는 것 같았다. 나는 성도들의 마음이 있는 그곳을 내 마음의 고향이라고 생각했다. 그곳에는 말은 별로 없었지만 늘 감동이 있었다.

황웅이 청년, 남 집사의 사위 되다

당시에는 학교에서 공부하고 있어도 마음은 성도들에게 가 있었다. 수업시간에도 생각나고 쉬는 시간에도 생각나고 점심시간에도 생각이 났다. 이것은 나 혼자만이 아니었다. 같이 공부하던 친구들도 같은 마음이었다. 어떤 전도사는 두고 온 교인을 생각하며 밤새도록 기도하는 것을 여러 번 보았다.

나는 내가 잘할 수 있는 일이 너무 적다는 것을 알고 있다. 그중에도 더 잘 못하는 것이 처녀 총각을 소개하고 결혼을 시키는 일이다. 남 집사님의 큰딸인 정원순 선생을 시집 보내려고 하다가 실패한 경험이 있었다.

같이 신학 공부를 하던 친구 조명서 전도사가 총각을 소개했다. 나는 정원순 선생에 대하여 이야기했다. 둘이 잘 어울릴 것 같아서 서로 소개했다. 잘 될 것 같았다. 우리는 이 둘의 결합이 하나님의 뜻이라고 생각했다. 우리가 생각하는 모든 조건이 서로 잘 맞았기 때문이다.

그러나 하나님의 지혜와 하나님의 섭리는 사람이 짐작하는 곳보다 더 훨씬 먼 곳에 있었다. 시간이 지나면서 총각 집에서 거절하는 의사를 전달했다. 이 일 때문에 한동안 조명서 전도사가 나에게 미안해 한 일이 있었다.

어느 날 내 마음속에 황웅이 청년이라면 정원순 선생에게 좋은 짝이 될 수 있을 것이라는 생각이 들었다. 왜 진작 이런 생각을 하지 못했을까? 그것은 나의 인간적인 욕심 때문이었다. 나는 황웅이를 생각하면서 정원순보다 훨씬 나은 배필을 바랐고 정원순을 생각하면서 황웅이보다 훨씬 나은 신랑감을 만나게 해주고 싶었다.

나의 기대는 사람도 하나님도 이루어 줄 수 없는 곳에 있었다. 두 사람의 아름다움과 부족함을 객관적으로 보기 시작하면서 서로 결합할 수 있기를 바랐다.

어느 날 남 집사님에게 먼저 물었다.

"집사님, 황웅이 청년이 참 좋은 사람으로 보이는데 집사님 생각은 어떠신지요?"

"전도사님이 좋은 사람이라고 하면 참 좋은 사람이겠지요."

사위로서 싫지 않다는 말인 줄 알고 처녀에게 직접 물어보았다. 아주 강하게 반대하지는 않는다. 싫지 않은 모양이다. 총각에게 정원순 선생이 배필로 어떠냐고 물었다. 아주 좋아하는 것 같았다. 남 집사의 집에서는 총각이 진실하고 부지런한 것을 보고 마음을 정한 것이다. 두 사람은 결혼하게 되었다.

결혼한 이후 그는 직장을 그만두었다. 그 대신 바로 자기가 가장 잘할 수 있는 사업을 시작했다. 오랜 세월 여자들만 살던 집에 남자가 들어오니 많은 것이 변했다. 부실해 보이던 것들이 반듯해지고 넉넉해지고 견고해지기 시작했다.

그는 갓난 송아지를 사서 몇 달을 키워 다시 파는 일을 했다. 남 집사의 집은 농경생활에서 목축생활로 가업 환경이 바뀌었다. 온 식구들이 매달려서 갓난 아이 키우듯이 지성으로 송아지를 돌보았다. 온 집안에 긴장과 활기가 넘치게 되었다. 그리고 세월이 많이 흘렀다.

열 번 넘어져도 다시 일어난 신앙의 유산

대중교회를 섬기던 시절은 나에게는 이 년밖에 되지 않는다. 그 후 서울에 가서 부교역자의 일을 이 년 하고 신학교에서 가르치기 시작했다. 그리고 다시 십일 년이 지난 후 필리핀에 선교사로 갔다.

한참 있다가 한국에 나갈 일이 있어서 우연히 대중교회를 찾아가게 되었다.

내 마음의 고향인 그곳은 모든 것이 발전해 있었다. 예배당 건물도 새로 짓고 이제 목사님이 담임하는 교회로 성장했다. 교회의 이름도 바뀌었다.

남 집사가 사는 마을은 교회에서 멀리 떨어져 있다. 급하게 방문한 길이었기 때문에 그 가정을 방문할 시간이 없었다. 사람들에게 안부를 물었다. 남 집사는 천국으로 갔고 그의 사위는 교회의 장로가 되었다고 한다. 황웅이 장로는 마을에서 가장 잘 사는 사람이라고 했다.

다시 세월이 흘러서 이제 나 자신이 노인이 되어 그들이 사는 마을을 방문했다. 이발소를 하던 정 장로님은 다른 사업을 하고 있다. 황 장로, 정 권사 내외가 사는 집으로 갔다.

우리는 항상 서로 만나던 사람들처럼 대화했다. 아프리카에서 몇 십 년 만에 만난 사이지만 어제 만나고 또 오늘 만나는 것 같았다. 남 집사님은 지금도 나와 함께 있는 것 같다. 눈에 보이지 않는 그녀에게 말했다.

"당신의 삶은 순애보입니다. 그리스도를 위하여 지순의 삶을 살았습니다. 내가 기억하는 당신의 삶은 순교자의 그것이었습니다. 내가 필리핀 사람들, 아프리카 사람들에게 한국 교회의 성도들을 이야기하면서 당신을 얼마나 자랑스럽게 생각했는지 모릅니다."

그의 딸들이 낳은 아이들을 생각했다. 과거를 잘 모르는 새로운 세대를 하나님의 자비하신 손길에 맡기는 기도를 드렸다. 새로운 세상에서 그의 후손들은 남 집사님처럼 순박하게 열정적으로 서릿발처럼 자기를 지키는 그리스도인으로 살아갈 수 있을까? 그렇게까지 되기는 참으로 어렵고 먼 길이 될 것이다.

그들은 위대한 유산을 가지고 있다. 그들의 핏속에 흐르는 순교자 같은 신앙의 유산이다. 영악한 한국 사회에서 가난하고 순하기만 한 이 후손들이 당장 두각을 나타내지 못할 수도 있다. 그러나 결국 이들이 한국을 끌고 갈 힘이 될 것이다.

순박하고 정직한 사람 가운데 이루어지는 하나님의 나라가 이 땅에 임하기를 기도한다. 눈물이 앞을 가린다. 이 후손들은 열 번 넘어져도 다시 일어날 것이다. 참된 삶을 위하여, 하나님을 위하여.

09
아름다운 열정,
용기

용기는 무거운 것이다. 노인들은 이것을 들지 못한다 _탈무드

나는 평생 청년으로 살다 간 목사님을 알고 있다. 마음속에 있는 그분의 모습은 늘 힘이 있고, 쉬지 않고 새로운 것을 배우려고 하고, 항상 미래를 말씀하시는 청년의 모습이었다. 그분은 항상 그리스도 안에 있는 새로운 교회를 말씀하셨다.

육십 년 전 여학생들이 전한 한명동 목사

그분의 분위기에는 존 칼뱅의 그것과 같은 향수가 있었다. 그리스도를 위하여 생명을 던지며 믿음의 투쟁을 하는 조국교회(프랑스 개혁교회)를 생각하는 칼뱅의 향수이다. 순교자가 되고 싶은 마음이다.

그렇게 되지 않는다면 순교자로 살고 싶은 마음이다. 고향을 그리워하는 사람의 아련한 마음처럼, 그리스도를 위하여 목숨을 드리는

사람들 곁을 그리워하는, 그곳에 가고 싶은, 항상 마음에 머물러 있는 소원이다.

그래서 칼뱅은 이십육 세에 『기독교 강요』를 썼다. 매일 붙잡혀 감옥으로 던져지는 저 많은 동포, 매일 화형이 집행되고 있는 저 조국교회 성도들이, 광신자들이 아니라는 것을 설명하기 위하여 그는 이 책을 내놓았다.

한명동 목사님(1909-2001)은 내가 십팔 세가 되던 때 처음 알았고, 선교사가 된 이후에는 든든한 기도 후원자가 되어 주었다. 그분은 내가 선교사로 나가기 전에 이미 은퇴하였으나 선교에 관한 한 늘 의지할 수 있는 곳에 계셨다.

아흔이 넘어서 세상을 떠나기까지 목사님은 해마다 선교사들을 위하여 격려의 편지를 보내 주었다. 세모가 되면 그분의 편지를 읽는 것이 정해진 일처럼 여기고 살았다. 내 기억 속에 그분은 항상 청년이다.

한명동 목사님은 해방 후 제일영도교회를 1949년까지 담임했다. 그 후 고려신학교가 시작될 무렵 제일영도교회의 한 구역인 남포동을 중심으로 부산남교회를 개척했고, 그 교회에서 삼십 년을 목회하였다. 이 교회에서 정년을 맞이한 목사님은 1976년에 은퇴하였다. 그는 남달리 예수님을 사랑하였고 '개혁교회'에 대하여 깊은 애정을 가지고 있었다.

한명동 목사님은 스무 살이 되는 때부터 오 년간 마산의 문창교회에서 신앙생활을 했다. 담임목사였던 순교자 주기철의 영향을 많이 받았다. 교회의 집사로 있었기 때문에 당회에 참석하지 못하였지만 제직회 등을 통하여 주기철 목사로부터 목회행정과 실천신학을 배웠다. 주기철 목사가 평양신학교보다는 일본에서 유학하는 것이 좋을 것 같다는 조언을 듣고 일본 고베개혁신학교에서 공부하게 되었다.

일본 유학을 갔을 때 경험하셨던 일을 이야기해 달라고 말씀드렸던 일이 있었다. 처음에 학교 기숙사 생활을 했다고 하셨다.

> 고베신학교 기숙사에 지내면서 전도집회를 시작했다. 점포가 딸려 있는 어느 집 안방에서, 부부 두 가족과 남자 한 사람 (당신)이 모여서 예배를 드렸다. 당시 고베는 제주도 여성들이 많이 살고 있었다. 방직공장 직공들로 일하는 사람들이다. 그들의 상태, 비참한 현실은 눈물 없이는 기도를 못한다. 극도의 가난으로 허기지고 또 밤에는 빈대로 인하여 잠을 자지 못한다.

한 목사님이 자신의 일본 첫 해 경험을 이렇게 말씀하셨다.

신학 공부를 하면서도 다음 해에는 효고현 아마가사끼교회, 그리고 그 후에는 효고현 니시누미아교회에서 시무했다. 그의 교회 봉사는 모두 개척이었다. 그의 일본 목회는 나라 잃은 실향민들이 만들어 가는 눈물의 여정이었다. 이것이 그의 나이가 서른이 될 때까지의 이야기이다. 한명동은 그가 서른한 살 되던 1940년 3월 21일 재일본 조선 기독교 대회에서 목사 안수를 받는다.

그로부터 육십 년 가까운 세월이 흐른 후 1999년 4월, 한 목사님의 청년 시절에 대해 들을 기회가 있었다. 그것은 동래 범어사 뒤편에 있는 어느 식당에서 한 목사님이 옛 제자들을 만난 자리였다. 그 자리에는 서완선 목사님도 함께 했다.

육십 년 전 옛날 여학생이었던 사람들이 한 목사님을 만나기 위하여 만든 자리였다. 이들은 그 옛날 청년 한명동이 시무하던 교회의 학생들이었다. 지금은 모두 아들, 딸, 사위, 며느리, 손주들을 본 할머니들이다. 우리나라의 여러 영역에서 나라를 이끌어 가는 사람들을 자녀들로 가지고 있는 어머니들이다.

일흔이 넘은 할머니들이 아흔이 넘은 그들의 옛 목사님을 모시고 옛 이야기를 나누는 자리였다. 그들은 귀족처럼 생긴 청년 목사 한명동을 기억하고 있었다.

그들은 자신이 여학교에 다니던 시절, 청년 한명동 목사가 했던 일들을 회상했다. 온 힘을 다하여 교회를 개척하고 일구어 내던 일, 가난한 자들을 위로하던 일, 독립군을 위하여 모금하는 일 때문에 일경에 쫓기는 사람들을 교회 지하에 숨겨서 보호한 일, 고양이 고기, 염소 고기를 삶아서 투옥된 애국자들을 보살피는 이야기를 들었다. 이십 대 후반부터 삼십 대 초반까지 청년 한명동이 목숨을 걸고 하나님을 사랑하고, 사람을 사랑한 이야기를 그 당시 사람에게서 직접 들은 것이다.

다음은 한명동 목사님이 해주신 이야기이다. 더욱 정확하게 말하면 1986년 선교사 후보생들의 모임에서 전하신 한 목사님의 설교 말씀이다. 지금 고신대학교 영도 캠퍼스에 인접해 있는 성산교회였다. 당시 청학모자원의 사람들이 많이 모이는 교회였다. 저녁 시간에 열 명 남짓 선교사 지망생들이 모여 예배를 드리고 있었다. 이때 한명동 목사님은 여든의 노인이었다.

나는 이 이야기를 선교지에서 여러 번 하였다. 필리핀에서는 배를 타고 다니면서, 아프리카에서는 차를 타고 가면서 학생들에게 이야기를 해주었다. 교회 개척을 하는 학생들에게 도움이 될 것이라고 믿었기 때문이다. 이렇게 하는 것이 한 목사님에게 보답하는 길이라고 생각했다.

한 목사님은 먼저 일본에 기독교가 처음 들어올 때 얼마나 핍박이 심했는가를 설명했다.

> 도요도미 히데요시가 죽고 도꾸가와 이에야스가 막부정치를 하면서 기독교를 철저히 핍박하였다. 이때 일본에서 신앙 때문에 죽은 조선 사람들이 적지 않았다. 일본인들은 한국인이 신자인지 아닌지 알아보기 위하여 몹쓸 짓을 하였다. 그중에 성경과 십자가를 밟고 지나가라는 시험이 가장 힘들었다고 한다.

임진왜란이 일어나기 전에 일본에 기독교가 들어왔다. 마틴 루터로부터 시작된 종교개혁 때 로마 가톨릭 안에서도 개혁운동이 일어났다. 예수회가 그 대표적인 개혁운동 세력이었다. 그 주역 중의 한 사람인 프란시스 사비에르Francis Xaviar는 인도, 중국을 거쳐 일본까지 와서(1549) 포교했다.

그때 일본에 신자가 생긴 것이다. 그 후 사십 년이 지나 임진왜란이 일어났을 때 조선으로 쳐들어 온 고니시 유기나가의 부대는 천주교 군대였다.

임석윤 목사는 그의 책 『일본 그리스도교회사』에서 '총 사십 명 중 스물다섯 명이 키리시탄(크리스천) 장군이었다(해군 제외). 이들 중에는 끝까지 순교 각오로 신앙을 지킨 이가 있었고 핍박이 심하므로 배교한 이들도 있다'고 썼다. 이들이 한국 사람을 많이 일본으로 끌고 갔다. 이렇게 끌려간 한국인 중에 기독교 신자들이 생겼다.

안동 권 씨라는 분이 일본으로 끌려갔다가 신앙생활을 하게 되었고 그 때문에 목숨을 바쳤다. 그래서 어떤 학자는 그를 한국 최초의 기독교 순교자라고 한다. 또한 임석윤 목사는 신앙을 지키며 살아간 한국인 '줄리아 오다'라는 여성을 그의 책에서 고증하였다.

그 후 19세기에 개신교가 들어오면서 일본 교회 지도자들이 일어나기 시작한다. 그중에 유명한 사람들이 우찌무라 간조, 가가와 도요히꼬같은 사람들이다.

한 목사님의 이 이야기는 이 지도자들이 일본 전도를 위하여 제자를 파송하는 이야기이다. 한 목사님의 이야기는 계속되었다.

그 당시 전도자를 파송할 때에는 파송되는 제자에게 석 달 먹을 쌀을 주었다. 훈련받은 제자들은 그 쌀을 가지고 선생님이 정해 주는 전도지로 간다. 석 달 동안에 신자를 얻으면 전도자는 이 새 신자와 함께 그곳에서 지내며 계속 전도 활동을 하고, 그렇지 않으면 그 지방 전도는 중단하고 돌아오는 전도 방법이었다.

다리를 청소하는 전도사

젊은 전도사가 한 지역에 파송을 받았다(한명동 목사님은 그 지역에 대해 말씀하셨지만 일본 지명이 기억나지 않는다). 그곳은 기독교 신자가 한 사람도 없는 마을이었다. 온 마을 사람들이 일본 불교를 신봉하였다.

청년은 마을에 도착하여 만나는 사람에게 복음을 전하려고 했다. 일본 사람들은 친절해서 쉽게 서로 인사하고 대화를 했지만, 이 청년이 기독교 복음에 관한 말을 하면 상대방은 곧 입을 닫아 버렸다. 그래서 청년은 번번이 실패할 뿐이었다.

그에게는 당장 그날 저녁 지낼 곳이 시급한 형편이었다. 마을에 들어오려면 다리를 건너야 한다. 견고한 돌다리였는데 청년은 다리 밑에서 밤을 지내기로 했다.

꿈을 안고 이곳에 왔지만, 그가 마을에서 지낸 첫날밤은 힘들고 외로운 밤이었다. 추운 밤을 혼자 지새우며 계속해서 기도하였다.

"하나님 이 마을을 구원하여 주시옵소서. 복음을 전할 수 있게 하여 주시고 사람들이 복음을 듣고 구원을 받게 하여 주시옵소서."

그는 간절히 기도했다. 너무 힘이 들어 지치면 잠시 잠이 들고 잠이 깨면 또 기도하며 하나님의 도우심을 구했다.

다음날도 온종일 같은 일의 연속이었다. 크지 않은 마을 이쪽에서 저쪽 끝까지 다니며 만나는 사람에게 복음을 전하려고 했다. 가게에서 일터에서 만나는 사람에게 복음을 전했다. 마을 사람들은 친절하고 다정했지만 복음을 전하면 곧 표정이 변하였다. 종일 그는 만나는 사람마다 냉대를 했다.

그날 밤 그는 더욱 진지하였다. 과거의 모든 일을 다 생각해 보았다. 회개할 것이 있으면 다 회개하려고 했다. 죄를 범하고 잊어버린 것이 있으면 기억할 수 있게 해달라고 기도했다. 그리하여 주의 능력이 크게 임하고 그 결과가 나타나기를 바랐다.

다음날은 더욱 절망적이었다. 온 마을에 소문이 나 있어서 그가 보이기만 하면 사람들이 피하게 되었다. 더는 사람을 만날 수 없어서 아직 한낮인데도 집으로 돌아왔다. 물론 다리 밑이었다. 마을 어느 곳에서도 그를 따뜻하게 맞이하는 집이 없었다. 마을을 위하여 또 기도했다. 좀 후련해졌다.

다리 위로 무엇이 지나가는 소리가 들린다. 지금까지 몇 번이나 이런 소리를 들었지만 별 관심을 가지지 않았다. 그러나 지금은 집에서 보고 듣고 느끼는 모든 것에서 하나님의 인도하심을 찾고자 했다. 그 소리는 마차가 지나가는 소리였다. 멀리 오사카까지 오가는 모든 것은 이 다리 위를 지나간다.

'사람들은 걸어서 지나가고, 말을 타고 지나가고, 또 마차를 타고 지나간다. 이 다리 위는 바로 내 집 지붕 위이다. 이 지붕 위로 사람이나 짐승이 다니는 것을 막을 수는 없다. 그러나 이 지붕을 항상 깨끗하게 하는 것은 내가 해야 할 일이다.'

생각이 여기까지 미치자 그는 다리 위를 보고 싶었다. 올라가자 다리 위는 오랜 세월 짐승들이 배설한 탓에 더럽기 짝이 없었다.

이것을 치우기로 마음을 먹었다. 마을에 들어가서 삽을 빌렸다. 다리 위에는 바로 얼마 전에 배설해 놓은 것도 있었고 너무 오래되어서 바닥에 말라붙어 있는 것도 있었다. 그는 해가 넘어갈 때까지 일했다.

이제 그에게는 새로운 일이 생겼다. 그의 지붕을 깨끗이 유지하는 일이었다. 매일 기도하고 지붕을 청소하고 이렇게 하루하루 날을 보내게 되었다. 그에게 쌀이 남아 있는 한 이곳에서 복음을 전하는 일을 해야 하는 것이다.

그는 마지막까지 기다려야 한다. 지금은 아무도 그의 말을 듣지 않지만 언젠가 하나님께서 일하실 것이다. 날마다 기도하고 찬송하고 말똥 치우는 일을 계속하고 있었다.

얼어붙은 동토처럼 생명의 복음이 피어오르는 것이 불가능해 보이는 그곳에서도 뜻하지 않는 곳에서 복음의 역사가 나타나기 시작했다.

그 마을의 촌장은 그 마을 종교의 수호자이기도 했다. 그 마을에서 일본 불교가 보존되고 발전하도록 하는 것이 촌장의 사명이었다.

촌장에게는 딸이 하나 있었는데 오사카 여고에서 공부시키고 있었다. 새로운 일본의 시대에 맞는 사람으로 키우기 위하여 도시에 가서 공부하도록 하였다. 아이는 상냥하고 예뻐서 온 마을 사람들의 사랑을 받고 있었다.

마을 사람들은 촌장의 딸이 오사카에서 공부하는 것을 자랑스럽게 생각했다. 주말마다 집으로 돌아오곤 했는데 한 주간 동안 학교에서 있었던 일을 이야기한다. 부모는 딸이 돌아오는 토요일을 늘 기다렸다.

딸이 공부하는 학교는 기독교 선교사가 세운 학교이다. 딸은 서양 학문에 매료되었고 서양 문화에 깊이 빠져들어 갔다. 외국 문학 작품을 읽으며 인생을 배우고 서양 사람들의 생활을 동경하게 되었다. 무엇보다도 성경을 배우면서 새로운 인생관을 가지게 된 그녀는 하나님의 사랑을 믿었다.

그리스도가 그의 구주인 것을 알게 되었다. 이제 그리스도 없이는 그의 인생이 아무런 의미가 없다는 것을 깨달았다. 학교에서 다른 사람들과 함께 드리는 예배가 너무나 소중해서 늘 이 시간을 기다리게 되었다. 그리스도인이 된 것이다.

그녀에게는 새로운 걱정이 생겼다. 부모와 마을 사람들에 대한 걱정이었다. 이들을 구원의 길로 인도하기 위하여 전도할 사명이 있다고 생각했다. 주말이 가까워 오면 기도하게 되었고, 하나님께서 힘을 주셔서 부모님에게 복음을 전할 수 있기를 간구했다.

집에 올 때까지는 그렇게 마음을 먹었다가도 아버지와 어머니를 보는 순간 그 말을 할 수 없었다. 마을의 사찰을 책임진 아버지를 보면 용기가 사라져 버렸다. 다음 주일에 전해야지 하고 미루는 것이다. 그리고 월요일에 복음을 전하겠다고 다시 결심했다. 이렇게 몇 주간이 지나갔다.

그녀는 주말에 마을의 전도를 생각하고 집으로 돌아오고 있었다. 마을로 들어오는 다리를 지나면서 무엇인가 이상하다는 느낌을 받았다. 그래서 마차를 같이 타고 있는 마을 사람에게 물었다.

"저 다리가 좀 달라진 것 같지 않으세요?"

"맞아요. 어떤 젊은이가 다리 밑에 살면서 늘 깨끗이 치우고 있어요."

그의 대답이었다.

"왜 사람이 다리 밑에 살아요?"

"그 사람은 예수 믿는 사람입니다. 마을에 와서 그 종교를 퍼뜨리려고 하지만 아무도 상대해 주지 않으니 갈 곳이 없어 다리 밑에서 살고 있습니다."

그녀는 천둥소리 같은 충격을 느꼈다. 이미 복음 전도자가 이 마을에 도착하여 이루 말할 수 없는 고생을 하면서도 마을을 떠나지 않는다는 것을 알게 되었다. 그녀는 큰 용기를 얻었다.

저녁을 먹고 가족이 한 주간을 이야기하는 시간이었다.

"아버지, 오늘은 제가 꼭 할 말이 있어요."

딸이 말했다.

"그래, 무슨 이야기인지 한 번 들어보자."

아버지는 딸의 이야기를 듣는 것이 늘 기쁨이었다.

"제가 학교에서 기독교를 배웠습니다. 그리고 예수를 믿게 되었습니다. 아버지 어머니도 예수를 믿었으면 좋겠습니다. 저에게 물어보시면 기독교가 무엇인지 말할 수 있습니다."

어머니는 얼굴이 하얗게 질리기 시작했다. 바느질하던 손이 가늘게 떨렸다. 노발대발한 아버지는 딸을 광에 가두었다. 너무나 큰 충격을 받은 것이다. 부모에게 주저함 없이 딸이 그런 말을 하는 것이 너무나 이상했다. 소문이 밖으로 나가면 더욱 큰일이었다.

아버지가는 딸에게 얼마나 강하게 반대하는지, 얼마나 큰 잘못을 했는지 알게 해야 했다. 그래서 딸을 광에 가두었다. 아무도 없는 곳에서 잘못한 것을 반성하라는 뜻이었다.

몇 시간이 지나면 잘못을 깨닫고 용서를 구할 것이라고 기대했다. 이것이 아버지의 생각이었다. 딸이 얼마나 큰 사명감을 가지고 이 말을 했는가를 이해하지 못했다.

캄캄한 광에 갇힌 딸은 이제 하나님의 일이 시작되었다고 느꼈다. 그리스도의 십자가를 생각했다. 이렇게 말할 수 있는 용기를 주신 하나님께 감사를 드렸다. 평안하고 잔잔한 기쁨이 그 마음에 찾아들었다. 그리스도를 모르는 부모님을 생각하면 너무도 안타까웠다. 부모님들이 얼마나 걱정을 할 것인가 생각하면 후회스럽기도 했다.

그러나 반드시 가야 할 길이었다. 반드시 해야 할 일이 시작되었다고 확신했다. 그녀는 부모님이 신앙생활을 하겠다고 말씀하실 때까지 이곳에 있어야 한다면 그렇게 하기로 마음먹었다. 아무 준비 없이 광에 갇혔기 때문에 춥다는 생각이 들었지만 참기로 했다.

아버지는 방에서 촛불을 밝히고 늦은 밤까지 잠을 자지 못했다. 엄마가 딸을 찾아가서 말했다.

"애야, 이제 그만 나오너라."

"엄마, 예수 믿어야 해요."

딸이 대답하였다.

"너희 아버지가 저렇게 섭섭해 하시지 않니? 이제 그만 잘못했다고 해라.”

“엄마, 우리 가정은 모두 구원을 받아야 해요. 엄마도 아빠도 예수를 믿어야 해요.”

“너도 알지 않니? 이 마을에서 그렇게 할 수는 없단다.”

“엄마도 예수를 믿으면 내가 왜 이러는지 아실 거에요. 엄마, 추운데 방으로 들어가세요. 나는 부모님이 예수 믿는 것을 보지 못하면 살 수가 없어요.”

어머니는 안절부절하다가 방으로 들어갔다. 그리고 또 나왔다가 방으로 들어가기를 반복했다. 날이 샐 때까지 온 식구가 한잠도 자지 못했다. 집안에 일하는 하인들도 마찬가지였다.

그 다음날 주일이었다. 딸은 온종일 광에 있었다. 월요일은 딸이 학교에 가야 하는 날이었으나 딸은 굽히지 않았고 촌장도 그의 종교를 바꿀 수 없었다.

그 주간 그녀는 학교에 가지 못하고 광에서 지냈다. 때를 따라 어머니가 문 밑으로 밀어 넣어주는 밥은 꼭꼭 챙겨 먹었다. 그것이 그 부모의 유일한 위로였다.

사람의 입은 막을 수 없다. 하인들이 집안에 생긴 일을 이웃집 하인들에게 이야기하고 말았다. 촌장 집에서 생긴 일인지라 소문은 온 마을에 빨리 퍼져 갔다.

“그 집 아가씨가 광에 갇혀 있단다.”

이렇게 말하며 마을 사람들은 자기들의 일처럼 안타까워했다. 그리고 다리 밑에서 사는 청년이 우연히 이 말을 듣게 되었다.

순교가 낳은 구원의 열매

한동안 그는 너무나 오랫동안 하나님께서 침묵하고 있다고 생각하고 있었다. 그렇게 절박한 기도를 밤낮으로 드렸는데도 하나님은 전혀 응답이 없었다. 그런데 하나님이 엄청난 일을 하고 계신다는 것을 알았다. 하나님께서 마을의 중심을 움직이고 있는 것을 보았다.

그에게 새로운 일이 생겼다. 그녀를 위해 기도하는 일이었다. 그리고 그 집을 찾아갔다. 물론 그 집으로 들어갈 수 없었다. 그는 광이 있는 쪽으로 갔다. 이 광은 길에 붙어 있었는데 그곳에서 찬송을 불렀다.

내 주를 가까이 하려 하면 십자가 짐 같은 고생이나 내 일생 소원은 늘 찬송하면서 주께 더 가까이…….

이제 혼자 부르는 찬송이 아니다. 듣는 사람이 있었다. 그는 평생에 한 번도 느끼지 못했던 큰 감동으로 찬송을 불렀다(이 부분에서 한명동 목사님은 이 찬송을 부르셨다. 물론 이야기의 주인공들은 일본말 찬송이었지만 한 목사님은 우리를 위하여 한국말로 찬송을 불렀다. 그때 한 목사님은 여든에 가까운 연세였다).

그녀는 찬송가 소리를 들었다. 그리고 곧 알게 되었다. 다리 밑에 산다는 그 청년이다! 서로 한 번도 만난 적이 없지만 이제 그들은 주를 위하여 같은 일을 하는 동지라는 것을 마음으로 알았다.

그는 날마다 같은 시간에 광이 있는 길옆에 찾아가서 같은 찬송을 불렀다. 아무도 말리지 않았다. 오히려 시간이 갈수록 그 시간이 되면 사람들은 청년의 찬송을 기다리게 되었다.

시간이 흘러갈수록 날은 점점 더 추워지고 청년이 가지고 온 쌀은 바닥을 보이기 시작했다. 청년은 마치 말똥 치우고 찬송가 한 곡 부르기 위하여 여기에 온 사람 같았다. 같은 일이 계속되었다. 이렇게 이 젊은이는 새로운 소망 가운데 때를 기다렸다.

그러나 소망을 가진 사람은 두 사람뿐이었다. 아버지도 어머니도 마을 사람들도 감당할 수 없는 걱정과 근심 속에 빠져들었다.

이제는 딸의 말을 들어 주어야 할 것인가 하고 생각하는 어느 날 딸의 광에서 밥그릇이 밀리기 시작한다. 빈 그릇이 나오지 않았다. 너무나 걱정되어서 어머니가 하인들을 시켜서 광의 자물쇠를 깨뜨렸다. 그리고 뛰어 들어갔다. 딸이 거적을 덮고 누워 있었다.

얼굴이 하얗다. 손을 대보니 차디찬 몸을 하고 있었다. 이미 숨을 쉬지 않았다. 햇볕 들지 않는 광에서 밤낮으로 기도하던 딸은 평소에 가지고 있던 폐병으로 세상을 떠났다.

엄마의 놀라움이 울음으로 변하였다. 노인이 경황없이 달려왔다. 온 천지가 무너지는 것 같았다. 하인들이 울기 시작했다. 온 마을이 눈물로 변했다. 사람들이 정신을 차렸을 때는 장례식을 어떻게 할 것인가 하는 것이 문제가 되었다.

"영감, 아이가 원하던 대로 기독교식으로 장례를 치릅시다."

다리 밑의 청년은 이제 쌀이 떨어졌다. 내일은 이 마을을 떠나야 한다. 아직도 그의 말을 듣고 복음을 받아들인 사람은 아무도 없다. 오늘 밤이 이 마을에서 지내는 마지막 밤이 될 것이다.

이상한 일이 벌어졌다. 아무도 찾아온 일이 없는 그의 거처에 사람들이 나타났다.

"실례합니다."

"누구신지요?"

"부탁이 있어서 왔습니다."

"저한테요?"

"마을에 기독교 장례를 해야 할 일이 생겼습니다. 기독교에 대하여 아는 사람이 아무도 없어서 선생님이 장례식을 인도해 주셔야 할 것 같습니다."

"그 여학생이 세상을 떠난 건가요?"

"낼 장례식입니다. 선생님이 찬송을 불러 준 사람입니다."

얼굴도 모르고 이름도 모르는 그의 친구가 사역을 마치고 주께로 먼저 간 것이다.

"잘 알겠습니다."

그날 밤에 그는 다리 밑에 온 첫날밤처럼 온 정성을 다하여 기도했다. 믿음의 동지를 먼저 데리고 가신 것을 이해할 수 없었으나 하나님께서 그에게 남다른 기회를 주신 것으로 생각했다. 온 마을 사람들이 다 모인 자리에서 충성스러운 신앙의 삶을 살았던 여학생의 유해를 앞에 두고 복음을 전할 수 있게 된 것이다.

마지막 날, 단 한 번의 설교였지만 모든 사람이 그의 말을 들어야 하는 자리에서 설교하게 되었다. 그렇게 오랫동안 기독교의 복음을 외면하던 사람들에게 한 사람의 죽음이 이렇게 복음을 전할 길을 열어 놓은 것이다.

입관하면서 하관하면서 그는 말씀을 전했다. 같은 청중이기 때문에 한 설교를 두 번에 나누어 한 셈이다. 하나님의 사랑과 영원한 생명에 대하여 말씀을 전했다.

장례식은 엄숙하게 진행이 되었다. 주례자의 말은 한마디도 빠짐없이 사람들의 마음속에 자리를 잡았다. 전혀 새로운 세상에 대한 초대의 말씀이었다. 그렇게 살아야 할 것 같았다.

딸이 쓴 아버님 전상서

촌장은 딸을 땅에 묻고 집으로 돌아왔다. 집이 이렇게 크게 보일 수가 없었다. 집은 아늑하고 편안한 곳이라고 생각하고 있었는데 이제 보니 너무나 허전한 곳이었다. 온종일 어떤 말도 하지 않았다. 그는 방으로 들어갔다. 어떤 것도 할 수 없었다. 딸이 "아버지"라고 부르며 금방 방에서 뛰어나올 것 같았다.

해가 저물고 밤이 되었다. 촛불 타는 소리 밖에는 아무 소리도 들리지 않는다. 미동도 하지 않고 앉은 그는 가끔 희미하게 한숨을 쉴 뿐이다. 잠자리를 보고 누워도 잠이 오지 않을 것이다.

그는 촛불을 밝혀 들고 딸이 마지막 몇 달을 지냈던 광으로 갔다. 딸이 누워 있던 거적을 더듬었다. 그리고 거적을 들어 보았다. 종이 같은 것이 보인다. 들어내 보니 또 나오고 또 나온다. 무엇이 쓰인 것인지 촛불을 가까이하여 읽어 본다.

'아버님 전상서.'

딸의 편지였다. 아버님께 드리는 편지이다. 그는 종이를 모두 모아 그의 방으로 가지고 갔다. 매일매일 딸은 아버지에게 편지를 썼다. 그녀가 아버지를 얼마나 사랑하는지를 말했다. 아버지가 나를 얼마나 사랑하셨는지 기억하는 것들을 적어 놓았다. 노인은 벌써 잊어버린 오랜 일들이 소상히 적혀 있었다.

심하게 앓았던 어느 날 아버지가 딸을 업고 의원을 찾아가던 날이 기록되어 있다. 딸은 아빠의 등이 그렇게 따뜻할 수 없었다고 적었다. 그날 춥고 눈이 덮인 먼 길을 아버지는 땀을 흘리며 걸었다고 했다.

그리고 매일 우리 식구들이 왜 기독교를 믿어야 하는지 기록했다. 하나님의 구원 방법이 세밀하게 써 있다. 사람들이 하나님을 알 수 없으므로 친히 세상에 오셔서 하나님이 어떤 분인지 보여 주고 말씀해 주신 것을 기록했다.

예수 그리스도, 그분이 세상의 구주가 되심을 말했다. 우리의 죄가 얼마나 무서운지 그것에 대해 속죄하고, 인간을 용서하는 것이 얼마나 힘든 일인지 말했다. 마지막 십자가의 죽음은 죄와 저주 가운데 있는 우리의 죽음이라고 했다. 딸은 그리스도 안에서 새로운 생명을 살게 되었다고 말했다.

아버지는 탄식하고 또 탄식했다.

"너는 나에게 이렇게 좋은 딸이었는데 나는 너에게 너무도 부실한 아비였구나."

참회가 탄식이 되어 눈물과 함께 어울린다. 기독교가 아니면 세상에는 소망이 없음을 발견한다.

딸을 생각하고 다리 밑의 청년을 떠올렸다. 이들은 얼마나 진실하고 충성스러운 젊은이들인가. 아무리 생각해도 노인이 믿는 종교의 제자 중에는 그렇게 충성스러운 사람을 생각해 낼 수가 없었다. 예수 그분은 살아 있고, 그의 종교는 살아 있는 종교이고, 그의 백성은 영원을 사는 사람이다. 이렇게 생각하는 중에 먼 곳에서 동이 터 온다.

날이 새자 노인은 온 마을 사람들을 다 불렀다. 그리고 그 자리에서 말하였다.

"여러분이 지금까지 나를 믿고 따라준 것에 대하여 감사드립니다. 이제 저는 촌장 자리를 떠나고자 합니다. 나와 우리 가족은 나의 딸과 저 다리 밑에서 살던 청년이 믿는 기독교를 믿을 것입니다. 그리고 앞으로 우리는 그 딸을 만날 것입니다. 여러분은 여러분들의 의견대로 하십시오."

한동안 정적이 흘렀다. 여기저기 훌쩍훌쩍 흐느끼는 소리가 들리기 시작했다. 그리고 얼마 있다가 어떤 사람이 말했다.

"우리 내외도 어제 저녁 한잠을 자지 못했습니다. 장례식에서 그 젊은 선생님이 하신 말씀을 생각했습니다. 돌아가신 아가씨를 생각하고 그 선생님이 이곳에서 하신 일을 생각했습니다. 그분들이 믿는 것이 옳은 도리이고 그분들의 말이 옳다고 생각했습니다. 우리도 그 사람들이 믿는 예수를 믿기로 했습니다."

그리고 다른 사람들도 같은 말을 했다.

"우리도 촌장님을 따라 예수를 믿겠습니다."

드디어 온 마을이 그리스도의 것이 되었다.

"이곳이 일본에서 온 마을이 기독교를 믿는 유일한 마을입니다."

한 목사님의 말씀은 여기서 끝이 났다.

나는 젊은 예수님이 십자가에서 흘리는 붉은 피를 생각했다. 늘 푸른 그의 백성들을 생각했다.

"거기서 우리 영원히 주님의 은혜로 해처럼 밝게 살면서 주 찬양하리라."

웅장한 합창 소리가 내 마음에 울려 퍼진다.

10
잃어버린
나를 찾아서

사람이 만일 온 천하를 얻고도 자기를 잃든지 빼앗기든지 하면 무엇이 유익하리요 _눅9:25

강물처럼 흐르는 기쁨이 없다. 우리의 삶이 이것뿐인가? 일상에서 나에게 찾아오는 기쁨은 간헐천과 같은 것이다. 사막의 와디Wadi와도 같다. 그것은 불안을 동반하는 것이기도 하다.

이십 대 초반의 처음 신앙생활을 돌이켜 보았다. 그때는 이렇지 않았다. 구원의 황홀한 기쁨이 나를 지배하고 있었다. 그리스도를 생각하면서 땅의 모든 것을 가진 사람처럼 넉넉한 마음을 가지고 살았다.

그리스도께서 나를 위하여 죽음의 고통을 당하셨으나 내가 지금 누리는 것은 그 고통의 대가로는 너무 미미하다고 느끼자 이것은 아니라는 생각이 들었다. 주께서 나를 위하여 십자가를 지시고 내가 받아야 할 하나님의 형벌을 다 받으셨으나 지금 내가 살아가는 모습은 주님이 나를 위하여 당한 고난과는 전혀 무관한 것이라는 생각이 든다.

백만 원을 지불하고 껌을 하나 샀다고 하면 그것은 너무나 이상한 일이다. 나의 삶은 이보다 더 이상한 일이다.

나는 세상의 최고품으로 창조되었다. 그리고 온 세상의 창조주가 나를 위하여 돌아가시고 또 나를 위하여 부활하셨다. 최고의 대가를 지불하셨다. 너무나 아름다운 그분이 나를 이렇게 사랑하신다. 그러나 지금 나에게는 거기에 걸맞은 환희가 없다. 왜 나의 삶은 지고의 기쁨을 누리지 못하는가?

거짓 가운데 참된 만족은 없다

나 자신이 잃어버려진 존재라는 사실을 발견한 것은 내가 세상에 태어나서 오랜 세월을 산 이후의 일이다. 나는 당당한 자아를 가지고 있었다. 다른 사람들만큼 나도 행복을 추구할 권리를 가지고 있다고 생각한다. 여러 면에서 나는 남만큼은 행복한 사람이라고 생각하고 있었다. 그리스도를 발견한 이후에는 더욱 그렇게 생각했다.

이러한 생각이 무너지기 시작한 것은 사람들에게 실망하면서인 것 같다. 세상에는 좋은 사람들도 있지만, 간교하고 사악한 인간이 너무 많다는 것을 세월이 갈수록 확인하게 된다.

정도의 차이는 있지만 나도 이런 사람들과 별로 다르지 않다. 참되지 못한 말, 참되지 못한 생각을 하면서도 아무렇지 않게 살아갈 수 있는 것이 인간이라는 것을 알게 되었다.

기계는 조금만 잘못되면 금방 서 버린다. 정확하게 잘못된 곳을 고쳐야 정상적으로 작동한다. 자연환경도 조금만 정상을 벗어나면 금방 그 결과가 나타난다. 그래서 정해진 법칙을 따라 정확하게 반응한다. 조그마한 거짓도 용납되지 않는다.

그러나 사람의 일상은 거짓 속에 쌓여 있다. 이것은 윤리의식의 결여에서도 오겠지만, 그보다는 인간의 연약성에서 발생하는 경우가 많다. 우리는 그것을 용인하고 살아야 한다. 오히려 그렇게 살아가는 것을 인간적인 너무나 인간적인 삶이다.

거짓을 용납한다. 그리고 그것을 '마음이 넓다'는 말로 표현하기도 하고 '용서'라고 말하기도 하고 '사랑'이라고 말을 하기도 한다.

우리는 수없이 많은 경우에 참되지 않은 것을 말하고 참되지 않은 것을 생각하며 살아간다. 그래서 참된 나와는 점점 더 멀어지는 삶을 살게 된다. 우리는 우리가 남에게 어떻게 나타나는가 하는 것에 모든 관심을 집중한다. 자신의 참된 모습이 아니고 자기가 보이고 싶어 하는 모습을 자신으로 설정하고 살아가고 있다.

우리에게는 두 가지 '나'가 있는 것을 알게 된다. 참된 나가 있고 남에게 보이기 위한 나가 있다. 우리는 이 두 가지 나의 간격을 철저히 이해하며 살아간다. 우리는 온 힘을 다하여 남에게 보이기 위한 나를 미화하고 과장하고 강조하여 내세운다.

그러면서도 정작 참된 내가 사람들의 인정과 사랑을 받지 못하는 것을 슬퍼한다. 우리는 참된 나를 남에게 보여 주지도 않으면서 세상에는 사랑이 없다고 말한다. 참된 나는 외롭고 고독한 것이다.

이렇게 두 개의 자아를 만들고 살아가는 것이 경쟁에 이기는 길이고 이렇게 살면서 우리가 완전히 만족할 수 있다면 그렇게 살 수밖에 없을 것이다. 문제는 다른 사람보다 더 많은 것을 가져도 참된 기쁨이 없다는 것에 있다. 인간은 거짓 가운데 참된 만족을 발견할 수 없다.

우리는 모두 한결같이 힘을 다하여 거짓 가운데 행복과 기쁨을 찾으려고 투쟁하고 있다. 결과는 항상 허망하다. 얼마나 많은 사람이 남보다 더 많은 것을 누리면서 만족과 기쁨을 모르고, 드디어 생명을 스스로 버리게 되는가?

나는 피조물이면서도 창조주가 주시려고 하는 것을 누리지 못하는 기막힌 삶을 사는 것을 발견하고 '나는 잃어버린 존재'라고 생각하기 시작했다.

나에게는 반드시 있어야 할 기쁨이 없고, 감사의 눈물이 없고, 진지한 삶의 황홀함이 없고, 안정적인 평화가 없다. 어린아이들이 가지는 가슴 떨리는 기쁨, 부모가 나무라면 금방 눈물을 흘리는 그런 순수한 슬픔이 없다. 나는 사람으로 태어나서 반드시 누려야 할 것들을 누리지 못하는 잃어버려진 존재인 것이 세월이 갈수록 확인된다.

나는 사람들에게 엄청난 말을 한다. 하나님이 사람이 되었다는 말을 하고, 그가 십자가에 처형되었다는 말을 하고, 그것은 순전히 우리를 죄에서 구원하기 위한 것이라는 말을 한다.

그러면서 이 구원의 기쁨이 온종일 나에게서 떠나지 않는 환희의 삶을 살지 못한다. 하나님의 은혜를 묵상하며 감격하는 때가 있다고 하지만 그의 사랑을 알고 감사하는 마음이 원동력이 되어 큰 즐거움으로 나 자신을 드리는 삶을 살지 못한다. 날마다 새로운 은혜를 받아야만 하는 것이다. 나는 참되지 못한 존재이고 잃어버려진 존재이다.

하수구에 빠진 동전같은 존재인가?

나는 어린아이의 이야기를 자주 생각한다. 어머니가 아이에게 동전을 두 개 주었다. 주일 교회에 가는 길이다. 하나는 용돈으로 쓰고 하나는 교회에 헌금하라고 했다. 아이는 교회에 바칠 돈은 주머니 속에 넣어 두고 자기 돈은 손에 들고 교회로 가고 있었다. 이 동전으로 무엇을 살 것인지 생각하는 기쁨 가운데 길을 걷고 있었다.

그 순간 아이는 동전을 떨어뜨렸다. 이것이 굴러서 하수구에 들어갔다. 동전이 눈에는 보이지만 하수구는 철망으로 덮여 있다. 아이에게는 너무 깊은 곳이다. 도저히 건질 수 없는 형편이었다. 한참 하수구를 보다가 아이는 말을 한다.

"하나님, 저 동전이 하나님 것입니다."

우리는 이런 이야기를 하며 웃는다. 그러나 나의 마음은 하수구에 들어간 동전에 집착하게 된다. 오물과 함께 있는 아무 쓸모가 없는 돈, 사람들에게는 잃어버려진 존재이다. 그저 그곳에 있을 뿐이다. 그것이 나의 모습이 아닌가?

그리스도인이 누리는 삶의 질이 비그리스도인과 똑같은 생활의 원인은 무엇인가? 두 삶의 질을 저울에 올려놓았을 때 구원의 영광 무게가 그리스도인의 생활의 질에 나타나지 않는 것이다.

나의 삶은 충실한 의미로 충만해 있지 않다. 그렇다고 무의미하다는 것은 아니지만, 그것이 충실하지 않기 때문에 무의미한 사람의 생활과 별로 다르지 않다.

나는 이것을 생각에서 찾을 수 있다고 생각한다. 구원받은 사람으로서 내 생각은 얼마나 거룩한가? 여기에 문제가 있는 것 같다. 우리가 마지막 그리스도의 심판대에 설 때 우리는 말과 생각과 행위에 대하여 심판을 받는다.

아무도 피할 수 없는 창조주의 엄정한 심판이다. 그래서 주께서 우리의 몫을 담당하신 그 심판이다. 나의 말과 행위뿐만 아니라 내 생각이 범한 것 때문에 형벌이 내려지는 것이다.

나는 이 '생각'을 거룩하게 가지는 일에 대하여 의도적이고 열정적으로 노력하지 않은 것을 생각했다. 사람들의 눈에 보이지 않는 내 생각은 너무나 많은 시간을 가지 말아야 할 곳에서 머무르며 자유롭게 죄의 씨앗을 뿌릴 수 있었다.

내 생각이 잘못된 곳에 있는 것을 발견할 때마다 이것을 주님 앞으로 끌어오려는 노력을 의지적으로 하지 않았다.

대한민국이 팽창해 가는 시대의 흐름 가운데 있었다. 나는 주변의 상황이 팽창해 가기 때문에 덩달아 많은 일을 맡게 되는 세대의 사람이다. 1976년에 고신대학에서 가르치기 시작했다. 연구조교 일 년, 전임강사 이 년, 그리고 조교수가 되었다. 이것은 나에게 남다른 학문적인 능력이 있어서 그렇게 된 것이 아니다. 학교가 커지다 보니 그 속에 있는 사람이 승진할 수밖에 없었던 상황이었다.

그러다가 학교 내에 문제가 생겨서 목사가 총무과장을 맡는 것이 좋겠다는 교단의 여론이 있었다. 나는 교수 신분으로 총무과장을 하다가 그 다음 해 학교가 대학교로 되면서 사무처장이 되었다.

학교에서는 나를 '교수님'이라고 불렀고 학교 밖에서는 나를 '목사님'이라고 했다. 온종일 불신자는 한 사람도 만나지 않고 지내는 때가 많았다. 집에서 학교에서 교회에서 지내는 나의 사회는 신자들의 사회였고 나를 항상 존중해 주는 상황이었다.

학교에서 밖으로 나가면 나에게 출장비를 주었고 교회에서 설교하면 사례 돈을 주었다. 움직이면 돈을 주고 말을 하면 사람들이 들어주는 환경에서 살게 된 것이다.

이것은 내가 많은 돈을 벌었다는 것을 말하는 것이 아니다. 눈에 보이지 않는 내 마음의 주소를 설명해 보고자 하는 것이다. 부자를 더 부자가 되게 해 달라고 기도하는 경우가 많았고 공부를 잘하는 안정된 집 아이들이 공부를 더 잘하게 해 달라고 기도하는 일이 많았다. 이런 일이 잘못된 것은 아니지만, 나에게는 죽어 가는 영혼을 위하여 치열하게 매달리는 긴장이 없었다.

젊은이가 노인 행세를 하는 듯한 자신을 발견했고 이렇게 살다가는 나도 모르는 사이에 얼마나 교만해질지 모르겠다는 마음이 들었다.

어느 날 새벽 두 시에 잠이 깨었다. 이렇게 살기 위하여 목사가 된 것이 아니라는 마음이 들면서 등골에 식은땀이 흐르기 시작했다. 그럴듯하게 사람들의 인정을 받는 것 같지만 사실 나는 저 하수구에 빠져있는 동전과 같은 존재이다. 나는 이러한 환경에서 탈출해야 한다. 이렇게 살다가는 나의 마지막이 어떻게 될 것인가?

그 시절에 필리핀에 가르치는 선교사가 필요하다는 말을 들었다. 다른 선택의 여지가 없었다. 나는 잃어버린 나를 찾기 위하여 떠나야만 했다. 다른 영혼을 구하는 것보다 나 자신이 살아야 할 절박한 상황에 있었다.

하나님께서 나에게 그토록 주시고자 하는 것을 받아서 마음껏 누리는 참 그리스도인이 되고 싶었다. 한 번밖에 없는 나의 삶을 이렇게 살 수는 없었다.

아 듀, 임 포 탄 테 !

제4부
필리핀 선교

내 마음을 예수님께 빼앗기는 그 황홀함이
더위와 모기를 잊게 한다.

11
하나님 생각으로
채우기

영생은 곧 유일하신 참 하나님과 그의 보내신 자 예수 그리스도를 아는 것이니이다. _요17:3

1987년 12월이다. 겨울이다. 추위가 점점 더 깊어진다. 그러나 우리는 따뜻한 나라를 향하여 가고 있다. 진우, 진아, 진욱, 이렇게 세 아이를 데리고 비행기에 올랐다. 한국에서 고등학교 일 학년, 중학교 이 학년, 초등학교 오 학년에 다니던 아이들이다.

외국 여행이 자유롭지 않던 그 시절에 우리는 아무 모양도 없는 이민 가방을 몇 개씩 짊어지고 비행기를 탔다. 큰 아이 진희와 아내는 한국에 남았다. 진희가 곧 대학 입학시험을 보아야 하기 때문이다.

최고 베테랑 선교사의 대답

한국을 떠나면서 아이들은 모든 것이 신기하고 또 조심스러운 것 같다. 출석하던 교회에서 여러 사람으로부터 선교사의 생활에는 하나님의 특별하신 인도하심이 있다는 것에 대하여 많이 들어온 터라 아이들은 겁을 내지 않았다.

다행이었다. 삶을 하나님의 손에 맡기는 면에서는 아이들이 어른들보다 순수하다. 미지의 삶에 대한 불안보다 새로운 세계에 대한 호기심이 더욱 아이들의 마음과 생각을 사로잡았다.

대학 강단에 섰던 나에게는 여전히 미진한 일이 있었다. 아직 기말시험 채점을 하지 못하고 비행기를 탄 것이다. 세 시간 정도 비행 시간을 이용하며 학생들의 답안지를 읽었다.

그해 팔 월, 선교사로 파송되는 예배를 드렸으나 바로 출발하지 못했다. 고신대학에서 가을 학기 강의를 해야 하기 때문이었다. 가을은 선교지에 갈 준비, 그리고 마지막 학교 수업이 겹쳐서 무척 분주하게 시간을 보냈다.

같이 파송식을 한 남후수 선교사는 나 때문에 십이 월까지 출국을 연기할 수 없었다. 그 가족은 파송식을 마치고 몇 달 후 나보다 먼저 임지인 필리핀으로 출발하였다.

학생들의 답안지를 읽으면서도 내 생각은 선교지에서의 시작을 어떻게 해야 할 것이냐 하는 것에 집착된다. 선교사 초기 정착의 원칙에 대하여는 훈련도 받고 또 책을 읽고 사람들을 가르치기도 했다.

다행히 우리에게는 서양 사람들이 선교한 수백 년의 경험이 기록으로 남아 있다. 그러나 정작 선교지에서 구체적으로 어떻게 일을 시작해야 하는가에 대하여는 내가 알아서 해결해야 할 문제였다.

출발하기 얼마 전에 선교부의 총무 일을 하시는 김영진 선교사님에게 물어보았다. 그분은 이미 삼십 년을 대만에서 선교한 분이었다.

"목사님, 제가 필리핀에 가면 어떻게 일을 시작해야 합니까?"

김 목사님은 의외의 질문을 받았다는 듯이 물끄러미 바라보더니 이렇게 말했다.

"오늘 생각해 보고 내일 대답해 줄게."

이분은 우리에게는 할아버지 같은 분이다. 내가 만날 수 있는 한국 최고의 베테랑 선교사의 대답을 꼭 들어야 한다.

어떤 말씀을 하실지 궁금하여 가능한 대답을 혼자 여러 가지로 생각해 보았다. 다음날 그분을 다시 만났다. 긴장된 순간이다. 그러나 그분의 대답은 간단했다.

"가 보면 안다."

이분이 많이 생각하고 하신 말씀이다. 지금 나에게 신임 선교사가 그런 질문을 한다면 나도 그렇게 대답할 수밖에 없다.

"현지에 도착하면 하나님께서 인도하심을 알 것입니다."

필리핀으로 가는 비행기에서 불확실한 미래를 생각하며 구체적으로 하나님께 기도했다.

"하나님, 그곳에서 현지인 동역자를 만나게 해주시기를 원합니다."

이 기도는 도착하는 순간부터 계속하여 더 절실한 부르짖음이 되었다. 그리고 언제 내 앞에 하나님이 허락하시는 동역자가 나타날 것인지 날마다 기다리는 마음으로 만나는 사람들을 눈여겨보게 되었다.

필리핀에 도착하여 세부에 집을 구하고 세부아노 언어 공부를 시작하였다. 또 그곳에 새롭게 시작된 한인교회를 돕는 일을 하게 되었다.

우리는 처음부터 두 가정이었으므로 언어 공부는 같이 시작하였고 교회 봉사는 삼 개월씩 나누어서 했다. 그러면서 그동안 늘 마음으로 만나야 할 사람을 기다리고 있었다.

두 달쯤 지나서 아주 우연한 기회에 한 노인을 만났다. 여러 사람이 함께 만나는 자리였다. 그분의 여유 있고 평안한 모습이 나에게는 퍽 인상적이었다. 그분은 부지런히 자기 일을 하고 있는 분이었다. 마음이 그에게 끌리기 시작하여 주위의 필리핀 사람들에게 그분이 어떤 분인지 물어보기 시작했다.

필리핀 설교자 중의 왕자

라몬 씨닛Ramon Cenit 목사님이 그분의 이름이다. 알수록 더욱 호기심을 가지게 하는 분이다. 1903년에 태어난 그분은 나와는 사십 년 차이가 난다. 필리핀에 갔을 때 내 나이 사십사 세였다. 라몬 씨닛 목사님은 팔십사 세였다.

이 지방 목회자들의 말에 의하면 그분은 1950년대에는 필리핀에서 설교를 가장 잘하는 목사로 알려졌다고 한다. 과거에 사람들은 그를 'PPP'라고 불렀다. '필리핀 설교자 중의 왕자The Prince of the Preachers in the Philippines'라는 뜻이다.

그는 칠순이 되기 전에 일을 정리하고 은퇴했다. 그 이후 복음을 전하고자 하는 열정 때문에 선교부를 만들었다. 그가 가지고 있던 재산과 친지들의 도움을 받아 시작한 것이다. 그리고 비사이야스 지방의 여러 섬을 다니며 교회를 세우고 복음을 전하는 일을 하고 있었다.

05
하나님의
이름

13
파인애플을
훔치지 않았습니다

파인애플은 열대 과일이다. 과거에는 한국에서는 구하기 매우 어려운 과일이었다. 나에게는 파인애플과 얽힌 이야기가 있다. 그것은 1979년에 일어난 일이다.

파인애플에 대한 생각이 틀렸다?

제주도 제남교회를 개척하던 시절이다. 성도들이 파인애플을 선물했다. 귀한 것이라고 특별히 가지고 온 것이다. 스무 명도 채 되지 않는 성도들을 위하여 부산에서 매주 설교하러 오는 나에 대한 고마움의 표시였다. 제주도에서 생산되는 귤이 상업화되기 시작하고 파인애플이 한국에서도 재배되기 시작하던 시절이다.

나는 파인애플에 대하여 무지했을 뿐만 아니라 잘못된 확신을 가지고 있었다. 그때까지 내가 먹어 본 파인애플은 모두 캔에 저장된 것뿐이었다. 프루트 칵테일 캔에 여러 가지 과일과 함께 있는 파인애플 조각 그리고 둥글고 가운데 구멍이 뚫린 원통형 파인애플 캔이 그것이다. 단 것을 좋아하던 젊은 시절에 파인애플 캔을 아주 좋아했다. 먹을 기회는 적었지만 먹게 될 때는 맛있게 먹었다.

파인애플을 사진이나 그림으로는 보았으나 한 번도 나무에 달린 파인애플을 본 적이 없었다. 간혹 과일가게에 한두 개 얹혀 있는 파인애플을 보기는 했지만 그것을 사서 먹을 생각은 전혀 해 보지 못했다. 파인애플을 사서 먹는다는 것은 사치스러운 일처럼 느껴졌다.

식구도 없이 혼자 지내는 형편에 큼직한 파인애플이 세 개나 생긴 것이다. 내가 캔이 아닌 생으로 파인애플을 먹어 보는 역사적인 날이었다. 나는 자루처럼 달린 위의 잎들을 잡아당기면 가운데 원통의 심이 빠져나올 것이라고 믿었다. 캔에서 본 파인애플은 모두 가운데 구멍이 뚫려 있었기 때문이다.

파인애플 껍질은 워낙 찌르는 것이 많아서 작업이 쉽지 않았다. 파인애플 몸통에 수건을 두르고 칼날같이 생긴 잎들을 잡았다. 두 발로 파인애플 몸통을 단단히 고정시켰다. 앉은 자세에서 힘을 다하여 파인애플 속을 뽑아내려고 했다. 꼼짝도 하지 않았다. 도저히 내 힘으로는 뽑히지 않을 것 같았다. 아직 완전히 익지 않아서 그럴 것이라고 생각했다.

일주일이 지나서 파인애플이 노랗게 되고 한 부분은 물렁물렁하게 되었다. 같은 동작을 해 보았다. 여전히 생각했던 것처럼 쭉 뽑혀 나오지 않았다. 그제서야 파인애플에 대한 내 생각이 틀릴 수 있다는 마음이 들었다. 더 두었다가는 못 먹고 버렸을 것이다. 칼을 사용하여 잘라 보았다. 그래서 결국 몇 가지를 알게 되었다.

첫째는 내가 잘 알지도 못하면서 바보 같은 짓을 하고 있었다는 것이다. 둘째는 이 과일은 먹을 수 없는 부분이 너무 많다는 것이다. 거친 바깥 부분을 모두 제하고 가운데 딱딱한 부분을 떼어 내니 먹을 수 있는 과육은 그렇게 많지 않았다. 셋째는 잘 모를 때는 물어보는 것이 지혜로운 길이라는 것이다. 이렇게 파인애플은 나에게 살아 있는 교훈을 안겨 주었던 과일이다.

그런 일이 있은 지 십 년이나 지나서 필리핀에서 살게 되었다. 매일, 일 년 내내 얼마든지 파인애플을 먹을 수 있는 곳이다. 파인애플의 종류가 그렇게 많다는 것을 이곳에 와서야 비로소 알게 되었다. 파인애플의 껍질을 어떻게 제거하는지 보게 되었다.

필리핀은 혼란이 풍성하다

필리핀은 편의상 세 지역으로 나눌 수 있다. 북쪽 루존 섬을 중심으로 한 북부지역이다. 이 섬은 북한만큼이나 되는 면적이다. 그곳에 행정 수도 마닐라와 케손이 있다.

남쪽에 민다나오라는 섬이 있다. 이 면적은 우리 남한만큼이나 된다. 모슬렘이 동진하여 여기까지 왔다. 기독교 문화와 이슬람 문화가 공존하는 곳이다. 민다나오는 땅 위와 땅 밑 모두 자원이 많다. 이 두 섬의 중간을 비사이야스 지방이라고 한다.

나는 이 세 지방에서 다 살아 보았다. 내가 하는 일은 주로 신학생들을 만나는 일이었기 때문에 나의 경험 세계는 제한적일 수 있다. 필리핀에서 모든 계층을 두루두루 만나 보았다고는 말하기 어렵다.

그러나 내가 만나는 사람들과 관계 맺는 데는 파인애플의 교훈이 도움이 되었다. 단일 문화에 살아가는 한국과는 다르게 필리핀은 살아가는 모습이 다양했다. 그래서 내가 틀릴 수 있다는 것을 먼저 생각하지 않으면 큰 실수를 하게 된다.

나는 필리핀 수녀들로부터 배운 것이 많다. 한 수녀가 나에게 말했다.

"필리핀은 혼란이 풍성한 곳입니다."

우선 그녀를 보면 혼란스러웠다. 본인은 수녀라고 하는데 수녀복을 입지 않았다. 사십 대의 아주 평범한 필리핀 아주머니의 모습이다. 이 사람은 사회학을 가르치는 교수였다. 박사 학위를 소지하고 있었고 유럽에서 몹시 어렵게 공부했다. 국제적인 학술지에 이름이 이미 나 있는 사람이다.

그 당시 나는 마닐라에서 공부하는 미얀마 학생들을 돕고 있었다. 그중에 사회학을 공부하는 학생의 도움으로 우연히 이 수녀 교수를 알게 된 것이다.

이런 사람들이 마르크스 독재를 반대하여 탱크를 막아섰을 때 군인들도 어떻게 할 수 없었을 것이라는 생각이 절로 든다. 마르코스의 독재를 무너뜨린 필리핀 혁명의 주역이다. 단숨에 산업화를 이룩해 낸 한국 사람들의 눈에는 필리핀이 여러 면에서 부족한 나라로 보일 수도 있다.

이곳에도 사회를 이끌어 가는 숨겨진 힘과 지혜가 있다. 우리가 갔던 그 시절에 필리핀도 인구가 너무 많아지는 것을 걱정하여 국가에서 가족계획을 장려하고 있었다.

"다섯만 나아서 잘 기릅시다."

이것이 가족계획을 장려하는 포스터의 구호였다. 우리 생각에는 어처구니없이 많은 숫자였으나 다시 생각해 보았다. 내가 틀릴 수도 있었다. 국가의 백년대계를 생각한다면 필리핀의 방법이 반드시 틀렸다고는 할 수 없을 것이다.

나뿐만 아니라 한국 선교사들은 선교 방법이 틀릴 수도 있다는 생각을 잘 하지 않는다. 그래서 좀처럼 고치려고 하지 않는다.

매일 묻고 빨리 하나님께 물어라

일시적으로 흥분된 상태에서 선교 정책이 나오고 후원이 결정되는 것을 자주 본다. 선교사로 출발하면서 교인들을 감동하게 하려고 그곳에서 뼈를 묻겠다는 말을 쉽게 한다. 하지만 본인도 교인들도 이 말을 잊어버리는 것 같다.

뼈를 묻겠다는 이 말은 오랫동안 그곳에서 선교하겠다는 의지를 표현하는 말이다. 이런 각오로 선교지에 가서 선교지에서 정년을 마치는 선교사들은 그렇게 많지 않다. 많은 사람이 뼈를 묻겠다고 하여 교인들을 울린다. 몇 년도 되지 못하여 선교지를 떠나 버린다. 안타까운 일이다.

정말 그곳에서 뼈를 묻었다고 할 만큼 정년이 될 때까지 남아서 일한 사람들은 선교지에서 하루하루를 조심스럽게 정성껏 산 사람들이다. 이 사람들은 선교지에서 지내는 선교사의 하루가 얼마나 축복된 시간인 것을 알고 있다.

마땅히 해야 할 일을 하게 된 것에 기뻐하며 감사하는 사람이 날마다 정성껏 살아갈 것이다. 이런 사람을 찾아서 선교지에 보내고 같이 일하는 기쁨이 충만한 것이 선교의 기본이어야 한다. 그러므로 교회는 지금부터라도 선교사로 갈 수 있는 사람을 찾는 노력을 먼저 진지하게 해야 한다.

선교사는 일을 쉽게 해야 한다고 생각한다. 쉽게 일하는 사람은 시간을 두고 일하는 사람이다. 천천히 말을 배워서 사람들이 알아들을 수 있는 말로 복음을 전해야 한다. 이것이 얼마나 쉬운 일인가? 인간의 말은 시간을 가지고 그 문화 가운데 지내면 배울 수 있게 되어 있다.

하나님은 어린아이도 자라며 말을 배울 수 있도록 하셨다. 선교사가 어린아이 같은 마음으로 인내하며 사람들과 섞여 살 수 있으면 말을 배울 수 있다. 시간이 걸리는 일이지 어려운 일은 아니다.

이것을 하지 못하고 선교사가 사업을 벌이려고 한다. 혹은 현지에서 준비가 다 된 동역자를 고용하여 자기의 일을 하고 싶어 한다. 이런 선교사들이 결국 일을 어렵게 만든다. 어떻게 하든지 빨리 열매를 얻으려고 하는 마음에서 이런 일이 시작되는 것이다.

이렇게 시작된 일은 빨리 성공하는 것처럼 보일 수 있다. 그러나 일을 마치고 물러설 날이 좀처럼 오지 않는다. 항상 선교사가 현지인을 고용하는 상태에 있기 때문이다.

현지 고용인과 선교사는 모두 꿀맛일 것이다. 현지인의 입장에서는 안정적으로 수입을 얻을 수 있다. 선교사의 입장에서는 적당한 성과를 보고할 수 있고 후원교회로부터 계속하여 후원을 받을 수 있다. 그러나 이것이 비극이다. 선교지의 교회가 성장하여 선교사가 그 교회를 넘겨 주고 떠나는 일은 좀처럼 이루어지지 않는다.

세월이 지나면서 선교사는 그곳에 일하러 온 사람인지 살기 위하여 온 사람인지 구분이 되지 않는 상태에 들어갈 것이다. 만일 미국 선교사가 아직도 한국에 남아서 한국인을 고용하여 일하도록 하고 미국교회에서 계속하여 후원하도록 유도하고 있다면 이 일을 잘하는 것이라고 말할 수 있겠는가?

내가 첫 선교지에 가 보니 먼저 온 선교사들이 지금 현지 교회는 사춘기 수준이라고 했다. 이제 어린아이의 상태는 지났고 성숙한 어른은 아니라는 말이다. 곧 어른의 상태에 이를 것이라는 강한 기대를 하게 하는 진단이었다.

나보다 먼저 선교지에 와서 일하는 선교사들이 현지인 교회를 진단하고 그 성장 정도에 맞추어서 사역을 진행하는 것을 보고 든든한 마음이 들었다.

깡통에 들어 있는 파인애플은 모두 먹을 수 있다. 깡통은 식품을 저장하여 언제든지 먹을 수 있도록 만든 것이다. 그러나 열매 파인애플은 다 먹을 수 없다. 힘들게 껍질을 벗겨서 버려야 하고 또 가운데 질기고 딱딱한 부분도 버려야 한다. 한 개를 깎았지만 먹을 수 있는 부분은 절반밖에 되지 않는다.

선교지에서도 일이 너무 힘이 들기 때문에, 그리고 일한 만큼 결과가 없는 것에 대해 참아내기 어려운 고통의 시간을 가지게 된다. 대부분의 경우 선교 사역은 인간의 눈으로 보기에는 말할 수 없는 실망으로 끝날 수 있다. 모든 것을 다 희생하였는데도 물거품처럼 허망한 결과로 끝나는 경우가 많다.

반대로 예상치 않은 곳에서 노력보다 더 많이 거둘 수도 있다. 그러므로 결과보다 주님의 일에 동원된 것을 기뻐하고 즐거움으로 매일 최선을 다할 수 있다면 그는 복된 일꾼일 것이다. 수학적인 결과를 기대하는 후원 교회에 정확하게 분기마다 성장하는 성과를 보여 주어야 한다는 생각은 틀릴 수 있다.

우리가 틀릴 수 있다. 그래서 하나님에게 매일 물어보아야 하고 빨리 물어보아야 한다. 그리고 확신하고 일한다면, 이런 사람을 소신이 있는 사람이라고 할 것이다.

사람에게 물어보고 고칠 수 있다면 이런 사람은 지혜로운 사람이라고 불러야 할 것이다. 다른 사람들은 모두 쉽게 알고 있는 것을 알지 못해 어려움을 겪을 때가 너무 많다.

비사이야스에서 일하던 나는 집을 '가가이얀 드 오르로'라는 도시로 옮겼다. 이 도시는 민다나오 섬 북쪽에 있었다. 그곳에서 교회를 개척할 필요성을 느꼈기 때문이다. 민다나오의 북쪽 여러 지역에 교회를 개척하고 전도사 훈련을 시켰다. 민다나오에서도 사람들은 세부아노를 사용하고 있었다.

끝이 안 보이는 다국적 파인애플 농장

하루는 우리 집에 귀한 손님들이 왔다. 남쪽 다바오에서 일하는 김경애 선교사와 노씨 성을 가진 천주교 신부였다. 그는 일찍 다바오에 와서 이곳 사람처럼 지내며 일하고 있다. 로마에서 유학한 아주 유능하고 재능이 많은 신부였다.

볼품없는 모습이지만 그는 주민들에게 무척 존경을 받고 있었다. 가가이얀 드 오르에는 구경할 만한 곳이 여럿 있었다. 나는 델몬트 농장을 소개했다. 손님들은 한 번 가 보고 싶다고 했다.

내 차에 두 사람을 태우고 우리는 다국적 파인애플 농장으로 향했다. 출발하기 위해 차에 앉아 보니 모인 사람들이 보기 드문 종교적 색깔을 가지고 있었다. 개신교 남자 선교사, 여자 선교사 그리고 천주교 신부 이렇게 세 사람이 동행한 것이다. 김경애 선교사는 본래 알고 있는 사이였지만 이 신부는 나와는 처음 만나는 사이였다.

우리에게 공통점이 있다면 모두 세부아노를 어느 정도 이해하고 있다는 점이다. 우리는 금방 십년지기처럼 허물없이 마음을 열어 놓고 대화했다.

델몬트 농장은 다국적 기업이다. 농산물 통조림 중에 델몬트 상표가 붙은 것을 세계 어느 곳에서나 볼 수 있다. 이 파인애플 농장을 여러 번 와 보았지만, 너무 넓어서 아직 그 끝을 모른다. 파인애플 밭에서 한동안 전속력으로 달려도 여전히 농장이었다.

어떤 때는 이곳에서 추수하고 어떤 때에는 저쪽 끝에서 추수한다. 어떤 때는 농장 관리자를 만날 때도 있다. 그러면 그는 관광객들에게 파인애플에 대해 설명해 주고 특별히 맛있는 열매가 있는 밭으로 안내하여 파인애플을 깎아 주기도 한다.

지평선까지 이어진 이 밭에 들어가서 이쪽 끝에서 저쪽 끝까지 다녀 보는 것이 이곳의 관광이다. 어떤 곳은 추수를 끝내고 밭을 묵히고 있는 곳이 있다. 어떤 곳은 열매가 아직 자라고 있다. 어떤 곳은 추수하고 있다.

이곳 추수는 반기계식이다. 컨베이어 벨트가 있는 차에 양 옆으로 긴 날개가 펼쳐진다. 차는 길을 따라다닌다. 날개는 양쪽으로 파인애플 밭의 깊은 곳까지 뻗어진다. 이 날개에 많은 사람이 따라다닌다. 손으로 따서 이 날개 위에 놓으면 저절로 열매는 차 있는 곳까지 벨트에 실려서 가는 것이다. 중앙에서 이 차가 열매를 모으면 뒤따라오는 차에 열매를 옮겨 싣고 창고로 달린다. 이 일이 끝없이 계속된다.

두 사람을 태우고 농장에 들어선 나는 추수하는 곳을 찾으려고 했다. 차를 이쪽으로 저쪽으로 달려 보았지만 좀처럼 발견이 되지 않는다. 두 사람은 넓은 밭, 끝없이 펼쳐진 넓은 하늘에 매료되어 특이한 경치를 충분히 즐기고 있었다.

농장을 다녀 보면 어떤 곳은 축축하게 젖은 땅이고 어떤 곳은 먼지 투성이의 마른 땅이다. 워낙 넓은 곳이라 비가 지나간 흔적이 구별되는 것이다.

이제는 충분히 구경하였으니 돌아가자고 했다. 주변에 파인애플이 무르익은 밭이 보인다. 열매가 충실하고 탐스럽다. 어떤 것은 너무 익어서 땅에 떨어진 것도 있다. 땅에 떨어진 것은 당장 먹기에 알맞은

154

것이다. 그러나 다른 것과 함께 추수하면 너무 익어서 이미 상품 가치가 없다.

우리는 차를 세우고 파인애플 밭 속에 들어가서 이 식물이 어떻게 생겼는지를 살피기도 하고 땅에 떨어진 것을 몇 개 줍기도 했다.

땅에 떨어진 파인애플 가져가다 당한 봉변

유대인들은 이삭을 줍기도 하고 길 가다가 배가 고프면 낱알을 비벼서 먹기도 한다. 이미 떨어진 것은 나그네의 몫이다. 우리는 그런 말을 하며 몇 개를 차에 실었다. 그리고 집으로 돌아가기 위하여 차를 돌려 달리고 있었다.

먼 곳에서 흙먼지가 길게 이어지는 것이 보인다. 그리고는 이쪽을 향하여 달려오고 있다. 우리는 길 잃은 차를 안내하기 위하여 농장에서 보내는 차라고 생각했다. 지금 우리가 있는 곳은 땅이 젖은 곳이다. 이곳에서 저 차를 보내지 않으면 우리는 먼지를 뒤집어쓸 것이다. 우리는 그 차가 우리를 지나가도록 기다리고 있었다.

뜻밖에 우리 앞에 다가온 차는 무장한 군인들이 탄 트럭이었다. 군인들은 먼지를 뒤집어쓰고 있었고 지휘관인 듯한 사람은 눈에 구글을 하고 있었다. 마치 사막전을 하기 위하여 출동한 군인 같았다.

우리는 손을 흔들어 그들에게 인사를 하려고 했다. 지휘관이 우리에게 따라오라고 한다. 우리를 향하여 총구를 돌리는 사람도 있었다. 손님을 모시고 구경을 온 것인데 어처구니없었다. 그러나 아무런 잘못이 없었기 때문에 별로 걱정하지 않았다.

"길을 잃은 줄 알고 우리를 안내하려는가 보네."

우리는 이런 농담을 하며 그 차를 따라갔다. 앞의 트럭이 너무 많은 먼지를 일으켜 창문을 닫을 수밖에 없었다. 신선한 공기를 즐기던 우리는 아무것도 보이지 않는 밀폐된 공간에서 앞차만 보고 달렸다. 삼십 분 정도 달렸을 것이다.

차는 철조망으로 울타리가 되어 있는 군대 막사 같은 곳으로 들어갔다. 큰 건물 앞에 차를 세우고 우리를 데리고 온 사람들이 집안에서 나온 사람들과 한동안 이야기를 하고는 다시 트럭을 타고 가 버렸다.

사람들이 우리를 내리라고 했다. 둘러보니 군인들은 아닌 것 같았다. 우리는 상황을 설명하고 우리를 강제로 이곳으로 끌고 온 것에 대하여 항의를 하려고 했다. 그들은 아무런 표정이 없다. 넓은 방으로 들어갔다. 재판정 같이 생겼다. 앞에 높게 만든 자리가 있고 거기에 재판관들이 앉아서 죄의 유무를 가려서 석방하기도 하고 벌을 내리기도 하는 그런 장소를 연상케 하는 방이다. 이상하게도 엄숙한 기분이 감돌았다. 한동안 아무도 들어오지 않는다. 우리는 아무에게도 우리의 사정을 말할 수 없었다.

그때 우리는 신분을 증명할 아무런 것도 가지고 있지 않았다. 오직 내가 차에 넣어 둔 필리핀 운전 면허증이 우리를 설명할 수 있는 전부였다. 시간이 지날수록 이 일이 나쁘게 진행될 수도 있다는 생각이 들었다.

파인애플을 훔치기 위하여 들어온 도둑들로 오해될 수도 있다. 그리고 이렇게 알려지게 된다면 개신교, 천주교 모두 큰 비난을 받을 것이다.

"개신교 선교사와 천주교 신부가 필리핀에서 절도를 하다가 국제 기업에서 처벌을 받다."

이렇게 신문에 나게 된다면 우리는 선교하는 일을 그만두어야 할 것이다.

잠시 후에 전혀 표정이 없는 사람이 들어오더니 옆방으로 가라고 한다. 그 방 책상 앞에 커다란 사람이 앉아 있다. 우선 반가운 생각이 들었다. 우리의 사정을 그대로 말할 기회가 생겼기 때문이다.

우리가 누구이며 왜 여기에 왔으며 영문도 모르고 이곳에 끌려 온 이야기를 했다. 물론 영어로 말했다. 전혀 말을 알아듣는 사람처럼 보이지 않는다. 그냥 우리를 바라보고 있다. 전혀 표정이 없다.

그의 태도는 극히 일상적인 일을 대하는 태도이다. 여기에 끌려오는 사람들은 다 그렇게 말한다는 듯했다. 어쩌면 우리의 말을 알아듣지 못할 수도 있었다.

목사, 신부, 여자 선교사의 변명

필리핀에서 만나는 사람들은 국적을 분간하기 어려울 때가 많다. 워낙 많이 혼혈이 되어 있기 때문이다. 본래는 남방계 아시아인들이 이 나라 사람들의 주류이다. 이들은 333년 스페인의 통치를 받았다. 스페인의 영향을 아주 많이 받으며 소위 문명 세계에 들어왔다.

이들에게는 스페인 말이 남아 있고 스페인의 피가 흐르는 사람이 많다. 그 뒤 이 나라를 지배한 미국은 이들에게 그들의 독립기념일에 독립의 선물을 주었다. 그리고 일본이 칠 년 동안 통치했다. 또한 중국 사람들이 많이 살고 있다. 여러 피가 섞여 있는 이들의 후손들은 혼란을 자연스럽게 생각하며 살아간다.

우리 앞에 앉은 이 사람은 필리핀 사람인가 아니면 유럽의 어느 나라 사람인가? 그가 말이 없으니 우리가 계속하여 말을 할 수밖에 없었다. 영어가 통하지 않는 것 같아서 이번에는 세부아노어로 설명하려고 했다.

신부는 세부아노어에 아주 능숙하다. 그가 필리핀 사람들과 여러 해 함께 살아왔기 때문이다. 그의 모습이나 차림을 보면 아무도 그가 그렇게 많이 공부한 사람이라고 믿지 못할 것이다.

그러나 그가 말을 하는 것을 들어보면 놀라게 된다. 문법에 틀리지 않는 영어를 자연스럽게 하고 세부아노를 현지인처럼 하기 때문이다.

우리 세 사람이 그렇게 열심히 설명했음에도 불구하고 그는 아무런 대답이 없다. 표정의 변화도 없다. 우리는 우리 자신이 누구인지를 설명했을 뿐 아니라 여기서 우리가 잘못한 일이 없다는 것을 설명했다.

파인애플을 훔치려고 왔다면 좋은 것들을 따서 차의 트렁크에 넣었을 것이다. 당신이 조사해 보면 알겠지만, 우리가 가진 파인애플은 좌석에 세 개뿐이다. 이것은 땅에 떨어진 것을 주운 것이다. 우리에게는 처음에 올 때부터 이곳 파인애플을 허락 없이 가지고 갈 의사가 전혀 없었다. 이것이 우리의 주장이었다.

이 부처같이 말이 없는 사람을 상대로 셋이서 번갈아 말하기를 이십여 분 했을 것이다. 이제는 더 할 말이 없었다. 드디어 그가 입을 열었다. 영어로 말을 했다.

"열매가 있다는 것은 심은 사람이 있다는 것입니다."

우리로부터 그렇게 많은 말을 듣고서 그가 선문답을 하듯이 그렇게 대답을 한 것이다. 그 말의 뜻을 금방 알아들었다. 왜 너희가 심지 않은 것을 가지고 가려고 하느냐는 뜻이다.

그리고 우리에게 사진을 같이 찍자고 했다. 옆방에서 사진사가 커다란 카메라를 들고 들어온다. 김경애 선교사가 기겁을 한다. 잘못한 사람으로 얼굴이 외부에 알려질 수 있기 때문이다.

그때 이 사람이 웃었다. 처음으로 우리에게 보이는 인간적인 표정이다. 자기도 같이 찍겠다는 것이다. 우리가 자기 나라를 위하여 하는 일이 고마워서 기념으로 사진을 가지고 싶다고 했다.

한국 사람들은 이렇게 교단이 서로 다른데 같이 일하냐고 물었다. 그리고 우리가 가지고 온 파인애플을 모두 가지고 가라고 했다. 필요하면 더 가지고 가라고 했다. 대한민국이 좋은 나라라는 것은 알고 있었지만 이렇게까지 좋은 나라일 줄 몰랐다고 한다.

그는 이십 분 동안 감동이 되어서 듣고 있었다고 한다. 이렇게 깊은 시골까지 와서 각각 열심히 일하고 또 서로 함께 지내는 모습이 너무나 아름답다고 한다. 갑자기 폭풍우가 지나고 맑은 날이 되는 것 같다. 걱정은 기쁨이 되어 우리를 감싼다.

14
임포탄테는
나의 오른팔

'임포탄테'는 필리핀인 목사의 이름이다. 필리핀에서는 이름을 지을 때 영어식으로 짓기도 하고 스페인식으로 짓기도 한다. 임포탄테는 스페인식 이름이다. 이름 짓는 것에 대한 이야기를 민다나오에서 온 목사에게서 들은 일이 있다.

어느 젊은이가 신학 공부를 하게 되었다. 그는 무엇보다도 설교를 잘하고 싶었다. 설교 잘하는 목사님을 흠모하고 설교에 관한 책은 많이 사서 읽고 설교할 기회가 있으면 정성껏 준비하였다.

서론, 본론, 결론 그리고 클라이막스
이 사람은 꿈을 꿀 때에도 설교하는 꿈을 꾼다고 했다. 남편이 설교에 마음을 두고 있으니 그 부인도 시간이 갈수록 남편과 같은 마음을 가지게 되었다.

두 사람이 첫 아들을 낳았다. 아이 이름을 '인트로'라고 지었다. 첫 아들이기 때문에 설교의 서론(인트로덕션)이라는 이름을 붙인 것이다. 얼마 후에 둘째 아들을 얻어서 이름을 '바디'라고 했다. 설교의 본론이라는 의미이다.

그리고 다시 얼마 지나서 셋째를 낳고 이름을 '콘쿨루젼(결론)'이라고 했다. 삼 형제가 날마다 무럭무럭 잘 자랐다. 이 목사님도 점점 더 설교를 잘하는 사람이 되었다. 그런데 얼마 뒤에 또 아이를 가지게 되었다. 이제는 설교를 염두에 두고 이름을 지을 수 없어서 고민하게 되었다. 교인들도 넷째 이름이 무엇이 될 것인지 무척 궁금했다.

이 아이도 건강하게 태어났다. 그리고 이 아이가 부모로부터 얻은 이름은 '클라이막스(절정)'였다. 설교의 절정이 결론 다음에 오게 되는 기이한 순서가 되었다. 그래도 이 목사님은 아이들이 좋아서 싱글벙글이었다.

내가 필리핀에서 지내는 동안 임포탄테는 너무도 중요한 사람이었다. 그는 나에게 오른팔처럼 꼭 필요한 사람이었다.

처음 필리핀에 가서 조수처럼 일할 사람이 필요해서 씨닛 목사님에게 의논했다. 그는 M이라는 신학생을 데리고 가라고 했다. 그의 학생 중에서도 우수하고 유능한 사람이었다. 나의 형편을 생각하고 당신이 데리고 있던 사람 중에 최고의 사람을 소개한 것이다.

나는 그를 세부에서 다른 전도사들처럼 공부하도록 하고 마닐라에 있는 본교에서 공부하도록 진학시켰다. 이때부터 나는 그의 후원자의 역할을 하였다. 그가 공부를 잘한다는 말을 듣고 퍽 기뻤다. 마닐라에 있는 동안 그는 교회 봉사도 자연스럽게 그곳에서 하게 되었다. 나는 주로 세부에 있고 가끔 마닐라에 가서 강의하던 때여서 몇 달이 지나야 한 번씩 그를 만날 수 있었다.

어느 날 마닐라 신학교에서 공부하던 그에게 결혼할 처녀가 생겼다는 말을 들었다. 이프가오 출신이며 신학생이라고 했다. 서로 마음을 허락했다고 한다. 나는 기쁘게 생각했다. 내가 학교에서 그 여학생을 가르친 적이 있었다. M에게는 분에 넘친다고 해야 할 만큼 엄전한 규수였다.

얼마 후 나는 민다나오에 있는 가가이얀 드 오르라는 도시로 이사했다. 방학 중에는 M이 이곳에서 나와 같이 있었다. 큰 집을 얻어서 주일에는 집에서 예배를 드렸다.

어느 주일 날, 한 청년이 처음으로 교회에 출석했다. M의 삼촌이라고 했다. 이름이 임포탄테였다. 친근감이 가는 얼굴이었다. 결혼할 나이가 이미 지났는데 아직 혼자 지내고 있다고 했다. 그날은 요한계시록을 읽고 마지막 심판에 관하여 설교를 했다.

교인들이 얼마 되지 않아서 예배를 마치면 우리 집에서 점심을 같이 먹고 헤어졌다. 임포탄테는 그날 내가 처음으로 만나는 사람이어서 나와 비교적 긴 시간 대화를 나누었다. 그는 오후 두 시가 넘어서 집으로 돌아갔다.

교회에 새벽기도 시간이 있지만 교인들이 좀처럼 오지 않는다. 특별한 일이 있는 사람들이 간혹 새벽기도회에 참석한다. 그래서 많은 날을 M과 둘이서 새벽기도회를 하거나 혼자 앉아서 기도하고 묵상하고 시간을 보냈다. 베란다 한쪽에는 의자를 쌓아 두었다. 이 의자를 내려서 둘러앉으면 교회가 되는 것이다.

다음날 임포탄테가 새벽기도회에 참석하였다. 아주 반가웠다. 같이 기도하고 찬송을 부르고 내가 설교를 하고 각자 기도하고 마쳤다. 밖으로 나가면서 그가 말했다.

"어제 불이 났습니다. 옆집에 불이 나서 우리 집으로 옮겨 집이 다 탔습니다."

너무나 황급한 이야기를 갑자기 듣자 실감이 나지 않았다. 그가 계속하여 말을 하였다.

"어제 목사님이 최후의 심판을 말씀하시던 그 시간에 우리 집이 불타고 있었습니다."

그는 워낙 간소하게 혼자서 살아 집에는 가재도구가 별로 없었다. 그러나 비를 피할 지붕이 있던 집이 소실되었기 때문에 본인에게는 큰 손실이었다. 이런 상황에서는 무슨 말을 해야 할지 생각이 나지 않았다.

그는 자기 집을 포함하여 마을이 다 타고 화재가 진화될 때까지 아무것도 모르고 나와 함께 있었다. '이 사람이 다시는 교회에 걸음을 하지 않겠구나' 하는 마음이 들었다. 우리는 함께 기도하고 하나님의 선하심에 모든 것을 맡기고 헤어졌다.

그러나 그는 매일 새벽기도회에 참석했다. 그날 이후 새벽과 주일 예배에 빠지지 않았다. 내가 먼 곳으로 여행할 때에는 혼자서 새벽기도를 하고 돌아갔다.

그러던 중에 놀라운 일이 벌어졌다. M이 없어져 버린 것이다. 방학이 지나서 그가 마닐라에 있는 학교에서 공부하고 있을 것으로 생각하고 있었다. 임포탄테에게 물어보았다. 행방을 모르겠다고 했다. 여간 큰일이 아니었다.

몇 주간이 지나서 소식을 듣게 되었다. 그가 아직도 미성년인 여자아이를 데리고 모슬렘 지역으로 잠적해 버린 것이다. 여자아이의 집은 가다아얀 드 오르에서는 행세를 하는 집안이었다. 교회 전도사의 신분인 M의 일은 아무도 이해할 수 없는 추문이었다. 감당할 수 없는 지경에 이르자 두 사람은 사랑의 도피 행각을 벌였다. 이 사건은 모든 사람에게 수치스럽고 분하고 허탈하고, 그 결과가 두려운 상황이 되어 버렸다.

학교는 M에게 퇴학 처분을 내렸다. 교단에서는 교단 전도사 자격을 정지시켰으며 선교부는 그와의 관계를 끊었다. 마닐라 신학교에서 M과 결혼할 것을 생각했던 이푸가오 여학생은 배신의 늪에서 깊은 슬픔을 맛보았다.

몇 달이 지나서 여자아이의 집에서 그를 용납하겠다는 의사를 전해 왔다. M은 돌아와서 관계된 모든 사람과 단체를 찾아다니며 잘못을 사과했다. 나에게도 장문의 편지를 보냈다. 그리고 우리는 만났다. 우리는 함께 기도하고 헤어졌다. 세월이 한참 지난 후에라도 같이 일할 수 있기를 바랐다.

이푸가오의 여학생이 편지를 보냈다. M을 용서할 마음이 든다는 내용이다. 그리고 내가 M을 용서해 주기를 바랐다. 나는 선교지에서 처음 얻은 전도사를 잃어버리는 쓰라린 경험을 하였다.

씨닛 목사님이 나를 믿고 보내 주었는데 이렇게 실패를 하고 보니 그분에게는 너무나 송구스러웠다. 그분은 M을 탓했지만 나는 자책할 수밖에 없었다.

몇 년 후에 그를 만났다. 필리핀 어느 교단에 속하여 일을 잘하고 있다고 했다. 이프가오의 여학생도 결혼하여 이제는 목회자인 그의 남편과 함께 훌륭하게 사역하고 있었다. 태풍이 지나가고 이제 모든 것이 다 회복이 되었다.

그러나 이들의 젊은 시절의 상흔은 우리의 마음을 한없이 아프게 한다. M을 생각할 때, 그의 처를 생각할 때, 이푸가오의 여학생을 생각할 때 회한은 감당할 수 없는 짐이 되어 마음속 깊은 곳에 내려앉는다.

옆에는 항상 임포탄테가 있었다

삼촌은 조카와 너무 다르다. 임포탄테는 결혼하지 않은 상태에서 나를 도왔다. 결혼해야 하지 않느냐고 물으면 웃기만 했다. 그는 새벽 기도를 마치고 날마다 나와 성경공부를 했다. 정상적으로 대학을 마친 사람이어서 그와는 대화가 쉬웠다.

나이가 든 사람이기 때문에 여러모로 신중하게 판단하는 그가 나에게는 큰 도움이 되었다. 그가 트럭 운전사로 여러 곳을 다니며 일을 한 경력이 있어서 여러모로 요긴하게 나를 도왔다.

그를 마닐라신학교에 보내 본격적으로 신학 훈련을 시켜서 목사가 되도록 해야겠다는 마음이 든 것은 어느 새벽기도 이후였다. 그때 그는 찬송을 부르며 한없이 눈물을 흘렸다. 평소에 감정을 잘 나타내지 않는 그였지만 그날은 흐르는 눈물을 숨기려고 하지 않았다.

'오 신실하신 주'라는 말을 여러 번 노래하며 하나님의 신실하심에 감격하고 있었다. 하나님께서 그의 영혼에 반석같이 변함이 없는 사랑을 보여 주신 것이다. 그의 모습을 보고 내 마음이 뜨거워짐을 느꼈다. 그가 목사가 되었으면 좋겠다는 마음을 가지게 된 것이다.

한 번은 그와 함께 민다나오를 종단한 일이 있었다. 북쪽 가가이얀 드 오르에서 남쪽 다바오까지 가는 길이다. 보통은 해안을 따라서 가는 길을 택한다. 길이 아주 잘 열려 있다.

북쪽에서 동쪽으로 해안을 돌아 남쪽에 오는 길이 이 길이다. 그러나 간혹 산길을 따라 직선으로 종단하고 싶은 충동을 느낀다. 민다나오의 중심을 관통하는 길이다.

이 길은 중간마다 포장이 되어 있지 않고 유실된 곳이 있어서 시간이 더 걸린다. 계속해서 달려야 한다. 만일 차가 고장이라도 나서 날이 저물면 어려운 처지에 놓이게 된다. 그 당시 민다나오는 곳곳에서 산도둑이 나타나고 심할 때는 반란도 일어나는 형편이었다. 아침에 일찍 출발하여서 해가 넘어가기 전에 바다오에 도착할 수 있을 것이라는 확신이 있을 때 시도하는 길이다.

그 당시 쌍용자동차에서 만든 코란도를 가지고 있었다. 임포탄테와 나는 이 길을 달렸다. 처음에는 내가 운전하고 도시를 벗어나면 운전대를 맡겼다. 그는 빨간색 모자를 즐겨 쓴다. 너무 오래되어서 색깔이 바랜 빨간색이다. 언덕을 넘고 들판을 지나 차는 계속해서 달렸다. 표지판이 없는 길이었다.

마을이 나타나고 또 없어지고 하면서 계속하여 오르막길을 달렸다. 가끔 비가 지나간 길이 굳지 않아서 바퀴가 헛돌기도 하고 자갈을 튀기며 달리기도 하고 먼지를 길게 끌고 달리기도 했다. 몇 시간을 달려도 전혀 사람을 만나지 못한 채 한적한 길을 가다가 또 전혀 예상치 않은 곳에서 인가를 발견하기도 했다.

높은 바위에 올라섰다. 둘은 원시인이 된다. 나란히 서서 방뇨를 한다. 몇 시간 참아 온 것을 다 쏟아 내니 날아갈 듯이 상쾌하다. 아주 높은 곳에 왔다고 생각했는데 이곳에 차를 세우고 좀 더 걸어서 올라가자고 했다. 나는 그를 따라서 한참 올라갔다. 우리 차가 저 아래 까마득히 보였다. 그가 말을 했다.

"여기가 이 길로 올 수 있는 가장 높은 곳입니다. 몇 년 전부터 이곳에 다시 와 보고 싶었습니다."

산은 이상하다. 높은 곳에 올라갈수록 두려움이 없어지고 더 평안하게 느껴진다. 이런 느낌은 한국에서나 이곳에서나 마찬가지였다. 높이 올라가면서 마음이 아주 편안해졌다.

이 사람은 아주 옛날에 이곳에 몇 번 온 적이 있다고 했다. 최근 몇 년 동안 가끔가끔 이곳이 생각났다고 한다. 그가 나를 데리고 이곳에 온 것이 고마웠다.

눈에 들어오는 경치가 아주 멀리 보이는 곳이다. 아주 높은 곳은 안

정감, 포만감을 느끼게 한다. 내가 이미 많은 것을 가지고 있는데도 누군가 나에게 더 가지라고 하는 것 같은 기분이었다. 오래오래 이곳을 보고 싶다. 그리고 다시 오고 싶었다.

미국에서 그랜드캐니언을 보았을 때 내가 상상할 수 있는 어떤 광경보다 더 크고 넓은 곳이었다. 그러면서도 어딘가 친숙한 느낌이 지워지지 않는 장엄함이 있었다.

그것은 하나님이 만드신 곳이기에 그럴 것이다. 이렇게 장엄함에 익숙하도록 우리를 만드셨기 때문에 그럴 것이다. 그런 생각을 했다. 이곳을 그랜드캐니언에 비교할 수는 없다. 전혀 거기에 미치지 않는다. 그러면서도 장엄함이 주는 친밀함은 이곳에서도 느낄 수 있었다.

그랜드캐니언과 다른 점은 내 옆에 임포탄테가 있다는 것이다. 그랜드캐니언을 구경하러 갔을 때 그곳에서 한 인디언 처녀를 만났다. 무심히 바위를 돌아서는데 한 여성이 바로 앞에 앉아서 멀리 내려다보고 있었다. 나는 처음에 그녀를 한국 여성이라고 생각했다. 얼굴이 한국 여성 같았기 때문이다.

인사말을 하려다가 곧 인디언이라는 것을 알고는 돌아섰다. 아무도 없는 그곳에 혼자 앉은 인디언 처녀가 한동안 뇌리에서 사라지지 않았다. 그 웅장하고 거대한 협곡이 내려다보이는 곳에 혼자 앉은 처녀의 모습이 신비스럽기도 했다.

나는 임포탄테와 같이 있었다. 이 사람은 나와 역사를 만들어가는 실존이다. 한 번 보고 그 후 곧 나의 과거의 세계에 갇혀 굳어 버릴 허

168

상이 아니다. 민다나오의 산하가 살아 있는 것 같았다.

우리는 경치에 매료되어 흘러간 시간을 수습해야 했다. 더 늦기 전에 정상을 돌아 내려가야만 어둡기 전에 시내에 들어갈 수 있다. 흙먼지 휘날리며 내려오는 길은 배가 너무 고프고 목이 마르지만 참아야 했다. 시간을 더 낭비할 수 없었다.

임포탄테와 함께 마리벨레스교회 개척하다

임포탄테가 마닐라에서 공부하던 시절 우리는 함께 교회 개척을 했다. 마리벨레스가 바로 그 교회가 시작된 지역이다. 세계2차대전 때 맥아더Douglas McArthur 장군이 타던 전용 비행기의 이름이 바타안이다. 우리 교회가 개척되던 마리밸레스는 바타안 반도에 있다.

마닐라만은 아름답다. 그리고 아주 넓은 만이다. 만 입구에는 코리히도르라는 이름을 가진 섬이 있다. 여기가 맥아더 장군의 전설이 있는 곳이다.

제2차세계대전이 일어날 때 필리핀에 주둔해 있었던 미군의 지휘관은 맥아더 장군이었다. 전쟁 초기 일본의 엄청난 병력과 화력에 밀린 미군은 바타안 반도와 코리히도르에 갇히게 된다. 맥아더는 섬을 요새화하고 응전했으나 수도 마닐라를 일본군이 점령하게 된다. 최후의 보루가 된 바타안에서 필리핀군과 미군은 일본군과 치열한 전투를 벌였다. 많은 미국과 필리핀 군인들이 포로로 잡혀서 죽음의 행진을 하게 된다. 드디어 바타안 반도마저 잃게 되고 코리히도르는 육지와 바다에서 완전히 포위되고 만다.

빠져나갈 길이 없는 맥아더는 잠수함을 타고 탈출할 것이라고 사람들은 생각했다. 그러나 그는 모든 일본 군인들이 바라보고 있는 가운데 소형 함선을 타고 유유히 탈출했다. 의표를 찌른 것이다. 비행기와 군함이 동원되었을 때 그를 실은 함선은 이미 사정거리를 떠나 있었다. 그는 필리핀을 떠나며 전국에 방송했다.

"나는 돌아올 것이다 shall return."

사람들이 희망을 가지고 그를 기다리도록 만들었다.

오스트리아까지 후퇴를 했던 그는 이 년 후에 여러 섬을 뛰어넘어 드디어 필리핀 레이떼 섬으로 돌아왔다. 그리고 전국에 방송했다.

"내가 돌아 왔다 have returned."

그리고 얼마 후 동경만에 군함을 띄워놓고 그 함상에서 일본 왕의 항복을 받아내었다. 전쟁이 끝나고도 몇 년 동안이나 동경에 머물며 그는 다 죽어가는 일본을 살려냈다.

바타안 반도에는 엄청나게 큰 십자가가 있다. 2차대전 때 죽은 사람들을 생각하고 만든 것이다. 이 십자가 속으로 계단이 있고 이 계단을 팔십 미터 정도 올라가면 양 옆으로 방이 나온다. 임포탄테와 나는 교회로 오고가는 길에 이곳에 올랐다.

본래 이 엄청난 십자가 조형물을 세운 사람들의 취지가 무엇인지 잘 모른다. 우리는 그곳에서 필리핀 선교를 위하여 기도했다. 나는 필리핀 교회와 한국 교회가 동아시아의 쌍벽이 되게 해 달라는 기도를 드렸다. 동남아에서 동북아에서 서쪽으로 나란히 복음을 전파하는 두 기둥과 같은 나라들이 되기를 바라는 마음으로 기도를 드린다.

내가 살던 집이 있는 신학교에서 마리벨레스로 가는 길은 마닐라 만을 육지에서 완전히 돌아가는 길이다. 이백 킬로미터를 달리는 거리였다. 남쪽에서 북쪽으로 가서 마닐라를 완전히 가로질러 빠져 나와야 하므로 시간이 엄청나게 걸린다. 임포탄테와 나는 매주 이 길로 다녔다.

마리벨레스는 산업지구이다. 신발 공장이 많이 있었다. 초기에 신발 공장이 생길 무렵에 많은 필리핀 사람들이 부산에서 신발 공장에 취업하고 있었다. 이 필리핀 사람 중에 부산남교회에 출석하면서 신앙생활을 새로 시작한 사람들이 있었다.

이 사람들이 필리핀에 돌아와서 여러 공장에서 일을 하고 있었다. 그중에 마리벨레스에서 온 사람들이 많았다. 이들을 중심으로 교회를 개척한 것이다. 당시 부산남교회에서 이들을 지도한 사람은 한정건 목사와 김두식 전도사였다.

부산남교회 현치호 장로님이 헌금을 보내주셔서 이곳에 땅을 마련하고 예배당을 지었다. 그리고 임포탄테 전도사가 이곳에 지내다가 목사가 되었다. 그 뒤에는 황성곤 선교사가 마닐라 신학교에 봉사하면서 이 교회를 돌보았다,

임포탄테는 힘을 다하여 교회를 섬겼다. 내가 프로젝트 중심의 선교를 하지 않고 가르치는 것을 중시한 선교를 했기 때문에 그는 다른 필리핀 전도자보다 더 힘들었는지 모른다. 주 안에서 위로를 받는 것

외에는 내가 해줄 것이 아무것도 없다는 것을 그가 나보다 더 잘 알고 있었다. 그를 더 다정스럽게 사랑해 주지 못한 것이 후회스럽다. 아 듀! 임포탄테.

15
안자는
마리벨레스교회의 천사

1994년 9월 즈음에 마리벨레스교회의 강단에서 설교한 적이 있다. 이곳에 도착하기까지 많은 어려움을 겪었다. 대중교통을 이용하여 이백 킬로미터의 거리를 열 시간 가까이 걸려서 도착했다. 금요일 세차게 휘몰아치는 태풍과 폭우로 화산재가 빵아시나^{Pangasina} 들판을 덮어 버려서 버스 길은 무릎까지 오는 물바다였다. 소형차들은 높은 곳에 있는 임시 도로로 우회하고 버스는 물살을 가르며 거북이 걸음이었다.

척박한 땅에 세운 마리벨레스교회

우리 집에서 이곳까지 도착하는 길은 모터사이클, 지프니, 버스, 전철 다시 버스를 바꾸어 타야 하는 대장정이었다. 더위, 먼지, 소음, 자동차 배기가스에 범벅이 되어서 시간을 잊고 시달리다가 어느덧 도착하는 곳이 마리벨레스이었다.

정오에 배낭을 메고 집을 나선 이후 밤 열 시에 교회당에 도착하기까지 필리핀의 삶의 현장을 몸으로 겪게 되었다. 이것은 안식년 동안 영국에 살면서 잊어버리고 있었던 삶의 한 방식이었다.

마리벨레스는 수도꼭지에서 나오는 물을 그냥 먹을 수 있을 만큼 수질이 좋고 물이 풍부한 곳이다. 게다가 가까운 곳에 큰 발전소가 있어서 전기도 풍부하다. 마리벨레스에서 이 나라의 수도인 마닐라까지 고압선으로 전깃줄이 연결된 이후 마닐라에 정전되는 일이 없었다.

이곳은 필리핀 정부가 수출입국을 꿈꾸며 의욕적으로 개발하고 있는 수출단지이다. 한국에서도 여러 기업체가 이곳에 들어와서 생산활동을 하고 있다. 이 기업체 중에는 필리핀 인력을 한국에서 고용하고 기술훈련을 시켜서 현지 공장에 돌려보내는 일을 하는 곳도 있다. 이러한 인력의 산업구조적인 유동 가운데 이곳에서 선교하는 길이 열리기 시작했다.

필리핀인 취업자들이 한국에서 일하는 동안 부산남교회에서는 그들 중에 적지 않은 사람들에게 주일마다 신앙 지도를 했다. 그리고 이 사람들이 현지에 돌아올 때에 이들을 지도하던 한정건 목사가 이 사실을 알려 주었다.

우리가 처음으로 한국에서 온 주소를 가지고 마리벨레스를 방문한 것은 1992년 정월이었다. 그달부터 한국에서 돌아온 현지인을 중심으로 예배드리는 일이 진행되었으나 예배 장소가 마땅하지 않아서 한

동안 적지 않은 어려움을 겪었다. 몇 달 후 적당한 위치에 부산남교회의 현치호 장로님이 헌금해 주어서 임시 건물을 포함한 432평방미터 대지를 마련할 수 있었다.

그 후 부산남교회의 계속적인 후원과 또 일년간 현지에 선교 훈련을 위하여 온 전도사들의 몸을 아끼지 않는 노력에 힘입어 마리벨레스교회는 그 척박한 토양에서도 뿌리를 내리기 시작했다. 신학교에서 가르치던 마르다 자매의 교회를 위한 노고도 남다른 것이었다. 이제는 현지 장로교에서 훈련을 마친 현지인 강도사가 교회를 전담하기에 이르렀다.

그동안 선교를 위하여 여러 사람이 이곳까지 와서 사랑과 정성을 쏟았다. 이들의 그리스도를 향한 사랑을 생각할 때 현지 선교사의 마음은 말할 수 없는 감동으로 가득해진다. 땅 위에서 하나님을 사랑하는 사람을 보는 것만큼 즐거운 일이 없을 것이다.

믿음으로 산 안지와 외아들 알렉스

마리벨레스교회 성도 중에 안지Angelita Alagao와 알렉스가 있었다. 무엇보다 안지를 생각하는 마음이 애절하다. 안지와 그의 외아들 알렉스는 이제는 우리가 땅 위에서는 만날 수 없기 때문이다. 가난과 질병 가운데 고통스럽게 살아가던 이들 모자는 하늘나라에서 안식의 기쁨을 누리고 있다. 우리 식구들이 안식년을 지내고 돌아와 보니 그들은 영원한 곳에서 우리를 기다리는 사람들이 되어 있었다.

지금 안지와 알렉스가 있는 곳은 에어컨으로 식힌 어떤 방보다도 더 시원하고 쾌적할 것이다. 주께서 친히 마련하신 깨끗한 세마포의 부드러운 느낌은 지상의 어떤 비단보다도 더 아늑할 것이다. 남을 생각하여 그 얼마 되지 않는 거친 음식조차도 사양하던 안지의 항상 주린 배는 지금 주께서 주시는 충만한 것으로 만족할 것이다.

그녀를 처음 본 것은 1992년 5월 어느 날, 무척이나 더운 때였다. 한국인 비슷한 얼굴을 가진 여성이었다. 영양 상태가 좋지 못한 모습이 그녀의 첫인상이었다. 그러나 그리스도를 향한 그녀의 사랑은 한결같았다.

안지는 어린 알렉스를 데리고 교회의 모든 일에 참여했다. 항상 먼저 봉사하는 여성이었다. 아직 미혼인 두 여동생을 교회로 인도하고 그들이 세례를 받게 되었을 때 눈물을 흘리며 기뻐하던 모습을 잊을 수 없다.

안지가 삼화고무공장에 산업 연수를 위해 한국으로 떠날 때 그녀의 나이 스물아홉 살이었다. 혼자서 아들을 키워야 하는 형편이어서 한국 연수를 통하여 얼마간 경제적인 문제도 해결하고 장래의 직장도 확실하게 갖고자 했다. 한국에서 안지는 그리스도의 사랑을 배우게 되었고, 얼마나 많은 필리핀 사람들이 잘못된 신앙생활을 하는지 알게 되었다.

한국에서 십 개월을 머물면서 그녀의 삶은 새롭게 발견한 그리스도의 사랑으로 불타오르고 있었다. 안지는 열심히 일했고 또 힘을 다하여 전도했다. 많은 동료를 신앙으로 격려하고 교회로 인도했다.

그리고 이 열심을 이해하지 못하는 사람들 때문에 그녀는 조기 귀국이라는 불이익을 당하게 되었다. 귀국하는 안지의 믿음과 각오를 보고 그동안 정들었던 한국의 성도들은 눈물 가운데 안지의 앞길을 하나님께 맡길 수밖에 없었다.

필리핀에 돌아온 이후에도 직장에서는 안지가 다른 직원들에게 전도하는 것을 허용하지 않았다. 안지가 그렇게 원했던 직장이었지만 두 달을 더 일하지 못하고 해고되고 말았다.

필리핀식 천주교의 사회구조가 안지의 신앙생활을 용납할 수 없었다. 이들에게 안지는 생업을 잃는 한이 있어도 타협하지 않는 신앙생활을 보여 준 것이다. 이제는 닥치는 대로 무슨 일이나 해야 할 형편이었지만 그녀의 기도, 감사, 기쁨의 생활은 조금도 변함이 없었다. 우리가 헤어질 때까지 보았던 그녀의 모습이었다.

1993년 4월 말 우리가 안식년을 가지려고 한국으로 출발할 때 그녀는 우리의 걸음을 수줍은 듯한 웃음으로 축복해 주었다. 우리는 교회에 그녀가 있기에 마음 든든하게 생각할 수 있었다.

알레스가 부른 마지막 찬송

1993년 7월 그녀는 어린 아들 알렉스와 함께 어떤 가게 앞에 서 있었다. 교회에 온 손님들을 대접하기 위하여 간식을 준비하던 중이었다. 그때에 운전자도 없는 빈 트럭이 미끄러져 내려와서 이들을 밀어붙였다. 급히 병원으로 옮겼으나 아이는 나흘 만에 세상을 떠나고 안지는 허벅지의 뼈가 골절이 되어 목발을 의지할 수밖에 없게 되었다.

하나밖에 없는 아들을 먼저 보낸 안지에게 위로가 되는 것은 아들의 마지막 찬송이었다고 한다. 알렉스가 세상을 떠나기 직전 나흘째 되는 날 희미하게 의식을 회복했을 때가 있었다.

그때 이 아이의 입에서 나오는 말은 찬송이었다.

"This is the day the Lord has made(이 날은 이 날은 주의 날일세 주의 날일세)."

그것은 우리 교회의 유년주일학교에서 많이 불렀던 찬송이었다. 그리고 그날 아이는 세상을 떠났다.

그 후 일년간 안지의 신앙생활은 많은 사람의 마음에 깊이 남는 것이었다. 그녀는 항상 즐거운 마음으로 남들이 하기 싫어하는 일들을 도맡아 했다. 아이를 잃었고 목발을 의지하고 있어야 했고 또 육신의 지병이 그녀를 점점 더 괴롭혔지만 안지의 삶은 주 안에서 누리는 평강 그것이었다.

1994년 7월 12일, 우리 식구가 안식년을 끝내고 귀국하기 위하여 준비를 서두르고 있을 때 안지는 고요히 주의 곁으로 가서 영원한 쉼을 얻게 되었다. 의사는 안지의 병은 과거 마르코스 대통령이 갖고 있던 동일한 병이라고 했다.

이제 안지는 나의 어설픈 설교를 더 듣지 않아도 된다. 주께서 사랑하는 딸에게 친히 말씀해 주시기 때문이다. 영광 가운데 빛나는 주의 얼굴을 뵙고 안지의 얼굴도 천사처럼 아름다울 것이다.

안지가 보고싶다

그러나 땅 위에 남아 있는 우리는 안지의 기도와 웃음과 봉사와 사랑을 그리워하고 있다. 교회 안에는 누구도 메울 수 없는 빈자리가 생겨 버렸다. 그녀의 하던 일들을 이제는 그녀의 동생들이 잘하고 있지만 안지를 그리워하는 우리의 마음은 여전히 채워지지 않는 공허함을 안고 있다.

안지는 예수님을 참으로 사랑했다. 주님도 안지를 너무나 사랑하셨다. 안지의 기도를 들어 주시고 주께서 그 동생들을 모두 교회로 인도하셨다. 그녀의 남동생에게 시집 온 여성까지도 주의 백성이 되게 했다. 그리고 그 후에 알렉스와 안지를 영원한 그곳으로 인도해 가신 것이다.

이 년 전 마리벨레스의 먼 길을 왕복할 때 안지는 여러 번 우리와 동행하였다. 필리핀인, 미얀마인, 일본인 그리고 한국인들이 함께한 코란도 안에서 안지의 입은 말할 듯 말할 듯 웃음지어 보였다. 주의 사랑은 얼마나 위대한가를 표현하고 싶어서.

그녀의 주님은 평강의 주님이었고 그녀와 함께 있을 때 사람마다 평안을 누렸다. 어떤 사람이 그녀의 겸손한 마음을 멸시할 것인가? 안지가 옆에 있을 때는 사람마다 행복할 수 있었다.

마리벨레스교회에서 주일 봉사를 마치고 집으로 돌아가는 버스에 앉아 창밖을 내다보았다. 얼마 전에 있었던 태풍과 홍수 때문에 또다시 밀려온 화산재로 뒤덮인 벌판을 바라보며 안지와 그의 아들 알렉스를 떠올렸다.

신학교에서 교사강습회가 있었을 때나 특별한 세미나가 있었을 때에 안지와 우리는 여러 번 이 길을 달렸었다. 이제 주께서 우리를 헤어지게 하신 것이다. 안지는 안식하는 곳에 우리는 전쟁터에 나누어 두신 것이다.

이제는 코란도도, 마르다 자매도, 전도사님들도, 안지도 없는 여행 길에서 천국에 있는 안지를, 지금도 한국에서 주를 위해 충성하고 있을 그들을, 마리벨레스의 용사들을 생각해 봤다. 주께서 말씀하셨다.

"죽도록 충성하라 그리하면 내가 생명의 면류관을 네게 주리라."

먼 곳에서 천사들의 찬송이 울려오는 것 같다. 그 속에서 안지와 알렉스의 찬송이 들리는 것 같다.

This is the day, this is the day that the Lord has made……

희망에 순종하다

제5부

아프리카 선교

가난한 마음속에 거하시는 지극히 부유하신 하나님, 나는 이 아프리카의 형제들과 함께 얼마나 더 깊이 내려가야 그를 만날 수 있는가?

16
아프리카로 부르시는
하나님

1997년에 남아공화국 스텔른보쉬에 유학하여 교회사를 공부하고 1998년에는 스텔른보쉬대학교에서 신학박사 학위를 취득했다. 일 년 걸려서 학위 논문이 통과된 것이다. 이렇게 짧은 기간 동안 박사 과정을 끝낸 경우는 오랜 전통과 명성을 지닌 스텔른보쉬대학교에서는 좀처럼 없는 일이었다.

학위 수여식이 있는 날, 내가 잠잠히 기다리며 바랄 때 하나님은 당신의 일을 온전하게 이루심을 깊이 깨달았다. 지금까지 살아오면서 너무 많이 계획하고 분주해서 내 속에서 하나님이 일하실 틈이 없었다.

이 새로운 깨달음은 이곳에서 십 년을 일할 수 있도록 했다. 앞으로 이곳에서 더 일할 수 있기를 소망하는 마음이 생긴다. 이곳에서 일하면서 이 학위가 이 나라 사람들에게 나에 대한 신뢰감을 심어 주는 큰 요소가 되는 것을 발견했다.

이 나라의 어디에 가서 누구를 만나도 내가 스텔른보쉬대학교에서 마지막 학위를 받은 사람인 줄 알게 되면 다른 것은 더 묻지 않고 나를 믿어 주는 것을 보았다. 하나님께서 이곳에서 나를 당신의 종으로 쓰기 위하여 박사 학위를 허락하신 것이다.

박사 학위 있으면 일 더 잘할 사람

나에게 주신 하나님의 사명은 교회의 목회자가 되려는 학생들을 가르치는 일이다. 나는 그렇게 믿고 살아간다. 이 일을 삼십삼 년째 하고 있다. 처음 십일 년은 고신대학교에서, 그다음 십 년은 필리핀에 있는 PTS와 그 분교에서, 그리고 지금 아프리카에서 십이 년째 일을 하고 있다. 그동안 안식년이 있었고 연구하는 기간이 있었지만, 이 모든 연구 기간도 강의 준비 혹은 선교지 교회 봉사를 위한 연구의 시간이었다.

한국과 필리핀에서 신학교를 섬긴 이십일 년 동안 나는 박사 학위를 취득하기 위하여 공부할 기회를 찾았다. 그러나 하나님께서는 그러한 시간을 나에게 주지 않으셨다. 그래서 그동안 가르치는 일을 하면서 동시에 공부하고 싶은 부분을 연구하는 생활을 해 왔다. 남아공화국에 오기 이전에는 학위를 목표로 연구 활동에 충분한 시간을 얻지 못했다.

내 나이 쉰넷이 되던 1996년, 이제는 학위를 공부할 나이가 지난 것으로 생각했다. 살아갈 세월이 많이 남지 않았으니 사역에 필요한 연구를 하며 가르치는 일을 하다가 사역을 마칠 생각이었다. 나는 내가 가진 모든 책을 필리핀 현지인들에게 주고 왔다. 그러나 놀라운 일은 그때부터 시작되었다.

1996년에 한국에서 교단 선교대회가 있어 이 일을 준비하기 위하여 한국에 나와 있었다. 서울 서초구 반포동 총회 본부 3층을 선교부가 사용하고 있던 시절이다. 우리 식구들이 그 건물 7층에 살았고 나는 3층과 7층을 하루에 몇 번이나 오가며 일을 했다.

하루는 사무실에 백인 할아버지가 들어왔다. 고신교회에 관하여 알고 싶은 것이 있어서 찾아왔다는 것이다. 이날 만난 노인이 바로 브라운 박사Dr Edward Brown이다. 그는 건물 4층에 있는 선교사훈련원Missionary Training Institute에서 훈련생들을 가르치는 중이었다.

그는 스텔른보쉬대학교 신학부 학장을 지내고 은퇴하신 분이다. 그가 은퇴하고 훈련원MTI에 와서 자원봉사자로 선교 훈련생을 지도하고 있었다.

그가 이 훈련원에 온 것은 선교 훈련만을 위한 것이 아니었다. 교회사를 전공하였기 때문에 한국 교회에 더 근접해서 연구하고 싶어서 자원봉사를 하였다.

그가 한국어를 알지 못하기 때문에 한국에서 연구한다고 해도 그가 읽을 수 있는 것은 영어로 된 문헌들이었다. 자료는 주로 서울을 중심으로 한 신학교와 교회에서 찾은 것들이다.

연구생활이 몇 달 지난 후 그는 고신교회를 발견하게 되었고, 그 본부가 바로 아래층에 있는 것을 알았다. 우리가 만나서 대화를 나누는 동안 그는 한국 교회의 역사에 관한 생각을 보충할 수 있었다.

그는 한국의 신학을 '한'恨의 신학으로 이해하고 있었다. 한국 신학 대학 교수들의 글을 많이 읽은 것이다. 그쪽에서 영어로 된 한국 교회에 관한 글들이 있었기 때문이다.

나는 그에게 고신교회의 역사를 설명하고 해방 후의 한국 개혁주의 교회의 특징과 그 의미에 대하여 이해시키려고 했다. 그가 얼마나 이해했는지는 모르나 우리는 대화하며 항상 즐거웠던 것 같다.

그렇게 자주 만나서 대화를 나누며 지내던 어느 날, 그에게 출국을 연기하고 몇 달 더 한국에서 지내면서 우리 선교 훈련원의 강사로 봉사해 달라고 요구했다. 그는 1950년대에 미국 프린스턴Princeton 대학에서 박사 학위를 받았다.

1960년대에는 남아공 줄루Zulu족을 위해 세운 신학교에서 교장을 지낸 경력이 있었다. 그러므로 정기적으로 열리는 우리 선교 훈련원의 주 강사로 자격을 갖춘 셈이다. 그는 흔쾌히 나의 제의를 받아들였고 그래서 우리는 함께 대전으로 내려갔다.

그때 나는 이 훈련 프로그램 운영을 맡고 있었고 브라운 박사는 주 강사였기 때문에 우리는 한 달간 밤낮을 같이 일하게 되었다. 그의 부인은 훈련생들에게 영어를 가르쳤다. 그의 강의는 적절했고 아프리카 선교를 호소하는 내용을 담기도 했다.

훈련이 끝나는 주간에 그가 나에게 이런 말을 하였다.

"한 달 동안 여러 사람과 함께 지내며 당신을 살펴보았다. 어떤 사람은 당신을 목사님이라고 부르고, 또 어떤 사람은 당신을 선교사님이라고 부르고, 또 어떤 사람은 당신을 교수님이라고 부르는 것을 보았다. 이제 당신이 누구인지 나에게 말해 주면 좋겠다."

그에게 내가 살아온 삶의 여정에 대하여 자세히 말할 수 있었다. 내 말을 다 들은 그가 말했다.

"당신은 박사 학위가 있으면 더 일을 잘할 사람이 될 것 같다."

그리고 고신교회를 주제로 하여 학위 청구 논문을 쓰면 어떻겠느냐는 제안을 하였다. 나는 선교사이기 때문에 이러한 방대한 연구 작업을 위하여 몇 년씩 시간을 낼 수 없다는 말을 했다.

그와 헤어져 숙소에 돌아왔으나 그의 제안이 생각나서 잠을 잘 수가 없었다. 모처럼 귀한 제안을 받았는데 이 기회를 살리는 길은 없을까 하고 깊이 생각하는 중에 한 가지 가능성을 발견했다. 다음날 그를 만났다.

"고신교회에 관하여 글을 쓴다는 것은 나에게는 너무 많은 시간을 요구하는 작업입니다. 그러나 교단의 창설자 한 분을 중심으로 '인물을 통하여 나타나는 영성'을 연구한다면 할 수 있을 것 같습니다."

그분은 나의 제안을 받아들였다. 그때 그와 의논하여 논문의 제목을 포괄적으로 정했다. 결국 「한상동 목사와 한국 개혁주의 영성에 관한 연구」라는 제목이었다.

그는 바로 대전 훈련원에서 스텔른보쉬대학교에 전화하여 입학원서를 팩스로 보내달라고 했다. 그리고 나의 입학원서를 그가 쓰기 시

작하였다. 논문은 일 년만 스텔른보쉬에 머물면서 쓰고 나머지 기간
은 선교지에서 쓸 수 있도록 위원회에서 의논하겠다고 했다. 논문의
참고 문헌은 한글과 영문으로 될 것이기 때문에 한국인 논문 지도교
수가 필요하다고 해서 이만열 교수를 모시기로 했다.

입학을 위한 논문 계획서proposal를 그날 저녁부터 쓰기 시작하여
그가 대전을 떠나기 전에 기본적인 연구 방향을 전할 수 있었다.

"읽어 보시고 고쳐야 할 부분을 말씀하시면 더 연구하여 계획서를
완성하겠습니다."

계획서를 읽어 본 그는 그대로 해도 될 것 같다고 했다. 그리고 그
는 남아공화국 스텔른보쉬로 돌아갔다.

척추염, 공부할 기회가 되다

그 후 몇 달이 지난 어느 날이었다. 새벽에 두 시간 정도 사무실 의
자에 앉아서 작업하다가 일어서려는데 허리를 펼 수 없었다. 조금만
움직여도 허리가 끊어질 듯한 통증이 왔다.

도저히 움직일 수 없어서 차에 실려 영동 세브란스 병원으로 옮겼
다. 몇 년 동안 간간이 아파 오던 디스크 증세가 심하게 나타난 경우
라고 생각했다. 병원에서 검사한 결과는 디스크는 물론 척추염이 더
심한 상태라고 했다.

한 달을 병원에 누워서 주사를 맞으며 척추염의 수치가 내려가도록
염증을 다스렸다. 그리고 병행하여 물리치료를 받았다. 한 달 후 조금
씩 걷는 것을 보고 의사는 수술하는 것보다 물리치료를 계속하는 쪽

으로 권유하였다. 한 달 후 퇴원하였으나 날씨는 추운데 몸은 정상적으로 움직일 수 없어서 쉬어 가면서 걷는 운동을 하였다.

다음 해인 1997년에 안식년을 얻어 우선 쉬고 시간을 낼 수 있는 대로 연구할 수 있을 길을 찾고자 했다. 그동안 브라운 박사는 스텔른보쉬대학교에서 입학에 필요한 모든 결정을 마치고 내가 오기를 기다리고 있었다.

선교부에서는 병가를 줄 테니 일년간 남아공화국에 가 있다가 오라고 했다. 유학생 비자를 얻기 위하여 선교부가 재정보증을 하였다. 같은 기간에 손승호 선교사가 스텔른보쉬대학교에 석사 과정을 하게 되어서 유학 비자 준비를 하며 서로 정보를 교환할 수 있었다. 나는 육신이 심히 연약한 상태에 있었기 때문에 같이 가는 사람이 있다는 것이 마음에 큰 의지가 되었다.

1997년 1월에 김영애 선교사가 아이들을 데리고 스텔른보쉬에 먼저 도착하고 나는 2월에 도착하였다. 선교부에서 1월 말 선교사 내부 훈련이 있어서 도와 달라는 총무의 부탁을 받고 이 훈련 프로그램을 운영하는 것을 마치고 온 것이다.

남아공화국 스텔른보쉬는 한여름인지라 무척 더웠다. 병원에서 퇴원을 한 뒤에 많이 좋아졌다고는 했지만 하루에도 몇 번씩 허리를 쭉 펴고 누워야 하는 상황이었다. 다행히 먼저 온 아내가 생활할 수 있도록 준비해 두어서 나는 공부만 할 수 있었다.

건강을 위하여 자전거를 타고 다녔다. 가끔 오른쪽 다리가 마비되어 자전거와 함께 넘어지기도 하였다. 나에게 주어진 시간은 일 년이었다. 일 년 동안 가능한 한 많은 글을 쓰고 나머지는 다음 선교지에서 완성하여야 한다. 그래서 건강이 허용하는 한 도서관에서 보냈다.

한상동 목사를 알리기 위해 영어로 된 그에 관한 글이 필요했다. 한상동 목사의 설교집 『고난과 승리』를 영어로 만들기 시작했다. 그리고 그의 『옥중기』를 영역하였다. 유월이 되자 브라운 박사는 지금부터 논문을 쓰기 시작하자고 했다.

브라운 박사는 신학교에서는 이미 은퇴를 하였기 때문에 공식적으로 나의 지도 교수는 꾸르쩬Coertzen 교수였다. 그래서 논문은 브라운 교수와 꾸르쩬 교수가 공동으로 지도하고 마지막으로 꾸르쩬 교수가 그 결과를 인정하면 되는 형태였다.

매주 화요일 오전, 브라운 교수의 집 이층 넓은 서재는 그와 내가 만나는 곳이다. 오전 내내 글을 쓰는 것에 대해 지도를 받는다. 한 주간 동안 쓰게 될 내용에 관하여 대화했다. 그리고 아래층으로 내려와 차를 나누었다. 루이보스 티에 우유를 조금 넣어 마시는 것이다. 그의 거실에는 칼뱅의 초상화가 있다. 우스갯소리로 그는 칼뱅을 "우리 할아버지"라고 불렀다.

오후에 집으로 돌아오면 그때부터 전쟁에 들어갔다. 한 주간에 열 페이지 가량 글을 만들어야 한다. 토요일까지 자료를 정리하고 책을 읽고 메모하는 시간이었다. 그리고 월요일은 정리하여 글을 만들어냈다. 화요일 아침 컴퓨터에서 완성된 것을 프린트했다.

화요일 아침 여덟 시, 자전거를 타고 그의 집으로 간다. 한 주간 연구하여 쓴 것을 주고 지난 주간 쓴 것에 대하여 지도를 받는다. 그리고 앞으로 한 주간 동안 할 작업에 대하여 의견을 나눈다.

보통 박사 과정에 있는 학생들이 한 달에 한 번 지도교수를 만나기 어렵다고 한다. 그러나 브라운 교수는 나를 매주 만나 주었다. 늘 시간에 쫓기고 살아가는 선교사인 것을 알기 때문이다. 그 자신이 십 년 이상 선교생활을 해 보았기 때문일 것이다. 나는 다른 유학생들이 한 달 동안 하는 일을 매주 해야 했다.

화요일에는 일을 마치고 아래층으로 내려와 두 사람이 대화할 때에는 위층에서는 전혀 다른 주제를 가지고 의견을 나누었다. 위층에서는 학문적으로 지도하는 대화를 하였다. 아래층에서의 대화의 주제는 아프리카의 선교에 관한 것이었다. 그가 나에게 여러 번 아프리카의 흑인들, 특히 남아 공화국 흑인들에게 한국인 선교사가 필요하다고 말했다.

이 나라에서는 흑인들과 백인들과는 함께 살지만 서로 마음을 열지 않는다. 그러나 한국 선교사들은 흑인들의 마음을 열 수 있을 것이라고 했다. 흑인들을 위하여 한국 선교사들이 필요하다는 말을 자주 했다.

1997년 12월은 나의 병가 기간이 끝나는 때였다. 육 개월 전에 쓰기 시작한 논문은 이제 반 이상 진행이 되고 있었다. 그해 연말에 IMF 외환위기 사태가 한국을 덮쳤다. 환율이 치솟아 오르자 선교부에서는 선교비를 송금할 수 없었다.

선교사의 움직임이 불가능해졌다. 정월이 되자 한국에서는 나에게 병가를 허락받고 공부를 했으니 선교부와 후원 교회를 실망시켰다는 서신을 보내기도 했다. 실행위원회에서 내게 설명을 요구하였다. 나는 선교부의 보증을 받아 정식으로 공부한 것과 학업이 어떻게 진행 중임을 설명하였다.

그러던 중 실행위원 중 한 사람이 나에게 전화했다. 방금 선교부에서 실행위원회를 열고 나의 문제를 논의해 공부가 끝날 때까지 남아 공화국에 지내도 좋다는 결정을 했다고 전해 주었다. 그것은 IMF로 인하여 선교사가 움직일 수 없는 상황이므로 연구 기간을 일 년 연장해 주는 것으로 이해했다.

한국에서는 외환 위기로 고통을 겪을 때 나는 여전히 한순간도 쉴 수 없는 나날이었다. 이곳에 온 이후 자동차의 핸들을 한 번도 잡아보지 못했다. 늘 자전거를 타고 도서관에 가고 일주일에 한 번 화요일이면 브라운 교수의 집을 왕래하는 것이 나의 일과였다.

그 당시 중앙도서관 개인 연구실을 사용자에 대해 출입 시간을 도서관 입구에서 기록했다. 아침 여덟 시에 가장 먼저 들어오고 가장 늦게 저녁 열 시에 도서관을 나가는 날도 여러 번 있었다. 나뿐만 아니라 여러 한국 유학생들이 이렇게 시간을 보내고 있었다. 돈이 송금되지 않는 여러 달이 있었지만 다 같이 힘들고 너무 바빠서 생활의 어려움을 심각하게 느끼지 못했다.

쓰러진 거목의 희망에 순종하다

1998년 6월 어느 화요일이었다. 브라운 교수는 나의 글을 돌려주면서 그만 써도 될 것 같다고 했다. 논문이 끝난 것이다. 글을 쓰기 시작하여 일 년 걸린 작업이다. 그리고 내외분이 무척 기뻐하셨다.

브라운 교수는 사십 년 전 당신이 학위 논문을 마치던 날을 이야기했다.

그 당시는 부인이 타이프를 쳤다고 한다. 새벽 두 시에 마지막 장을 마치고 두 사람이 밖에 나가서 야식했다는 것이다. 프린스톤의 밤공기가 더없이 포근하였다고 한다. 그들의 젊은 시절, 그 찬란하던 시간을 회상한 것이다. 이들은 평생 아름다운 삶을 살았다고 생각했다.

그리고 한 주간이 지나서 브라운 박사는 뇌출혈로 쓰러졌다. 다행히 소생했으나 그는 말문을 닫아 버렸다. 부인의 지극한 간호 덕분에 살아 있지만, 그의 명석한 판단과 부드럽고 유머가 풍부한 대화는 먼 과거의 것이 되고 말았다. 나는 그의 마지막 학생이었다.

그의 은혜를 잊을 수 없다. 한국에 와서 나에게 공부할 길을 열어 주고 논문이 끝날 때까지 지도하고 그의 평생 사역을 마친 것이다.

나는 그가 요청한 말을 들어야 한다. 이 나라의 흑인들을 향하여 나아가야 한다. 그가 요양해 있는 곳을 나와서 빗속을 걸었다. 추운 날씨에 비가 속옷까지 적시고 있었다. 비에 젖은 얼굴에 뜨거운 눈물이 하염없이 흘러내린다. 나는 아프리카의 사람이 되어야 한다.

내 논문을 읽은 공식적인 지도 교수 꾸르� 박사가 두 장two chapters

을 더 쓰면 좋겠다는 의견을 냈다. 그래서 논문의 분량이 늘어났다. 그리고 앞에 써놓은 것을 많이 수정했다. 이렇게 박사 논문은 꾸르쩬 교수와 함께 완성했다.

몇 달 더 걸려서 수정하고 영어를 모국어로 하는 사람에게 이 글을 넘겼다. 수정과 교정이 끝났으나 만족스럽지 못한 부분이 너무 많았다. 한 일 년이라도 더 살펴보고 보충하고 싶었으나 그럴 시간이 없었다.

내가 만난 학위를 가진 사람마다 그렇게 말을 하였다. 책으로 나오기 전에는 박사 논문은 아무것도 아니고 아무도 읽지 않는다고 했다. 하지만 나는 이것으로 만족하고 다음을 기약해야 할 것 같았다.

바인더로 만든 논문 1부를 한국에 있는 이만열 교수에게 보냈다. 이만열 교수는 시간을 많이 지체하지 않고 이 논문이 완성된 것으로 승인한다는 편지를 학교로 보내 주었다.

한국에서 십 년, 필리핀에서 십 년 동안 가르치면서 책을 싸 짊어지고 다녔으나 학위 공부할 기회가 없었다. 그러나 책을 다 주고 가볍게 남아공화국에 왔을 때 책의 바다가 나를 기다리고 있었다. 남아공화국 중앙도서관에는 어느 분야의 책이든 얼마든지 볼 수 있었다.

논문에는 도서관 화장실에서 나오다가 우연히 눈에 띈 책에 필요한 자료가 있어서 참고한 내용도 있다. 하나님께서 필요한 때에 필요한 방법으로 만들어 가시는 것이다.

1998년 11월 11일에 논문 심사가 있었고, 그해 12월 학위 수여식에 참석하였다. 그날 한 일간지에 다음과 같은 기사가 있었다고 한다.

139년 스텔른보쉬대학교 신학부 역사에 박사 학위를 받는 사람이 없었던 때는 올해가 처음이었다. 그러나 오늘 한국 사람 다섯 사람이 학위를 받았다.

나와 함께 졸업한 네 사람은 지금 모두 한국에서 열심히 봉사하고 있다. 세 사람은 신학교에서 한 사람은 교회에서 하나님 나라의 열심을 갖고 살고 있다.

남아공 선교사로 파송 받고 코사어 배우다

1999년 선교지 변경 청원을 하였다. 그리고 남아공에서 일하도록 허락을 받았다. 새로운 선교지에서 일하게 된 것이다. 우리 교단 선교부에서 신임 선교사에게 가장 먼저 요구하는 것은 현지 언어 훈련이었다.

나이 오십칠 세에 새로운 말을 배우는 것이 가능한가? 배울 수는 있겠지만 사용하기에는 쉽지 않은 나이이다. 그럼에도 불구하고 새로운 선교지에서 일을 시작하는 사람은 그 언어를 공부해야 한다.

나는 복음을 가지고 내가 섬기고자 하는 사람들의 마음에 이르고 싶다. 주께서 내 어린 양을 먹이라고 하셨다. 말을 모르면서 어떻게 복음을 전할 수 있겠는가? 그래서 나는 내가 박사학위를 받은 그 대학교에 일 학년 학생으로 다시 등록하였다. 우리 선교부에서는 처음 이 년 동안은 언어 공부를 위하여 사용할 수 있도록 규정하고 있다.

나는 누구보다도 더 열심히 현지어를 공부했다고 생각한다. 이 년 동안 열심히 공부했다. 그리고 지금도 코사어isixhosa를 공부하고 있다. 코사어에 시간을 쏟다 보니 영어를 많이 잊어버리는 것 같다. 그래도 현지어 공부를 중단할 수 없다. 복음을 가지고 그들의 마음을 열고 싶기 때문이다. 그리고 이 일을 더욱 잘하고 오래오래 하고 싶다. 이렇게 살아갈 수 있는 것이 너무도 감사하다.

1997년 본부의 허락을 받고 남아공에 병가를 얻어 왔다. 병가로 오면서도 선교부장의 학위 공부 추천과 재정 보증서를 가지고 왔다.

남아공화국에 와서 요양과 학위 공부를 마치고 그 후에 남아공 선교사로 파송을 받았다. 파송된 후 현지 언어를 이 년간 공부하고 2001년에 현지 선교부를 조직했다.[1]

---

1) 이 글은 현지 선교부의 요구로 2008년에 쓴 것이다. 어느 사람이 내가 선교사역 기간에 학위 공부를 했다는 글을 쓴 일이 있었다. 그래서 사람들 사이에 내가 선교사의 위치를 이용하여 개인적인 욕망을 달성하는 사람이라는 소문이 있었다. 현지 선교부는 이것에 대하여 글로써 설명할 것을 요구했다. 그래서 이 글은 보고서의 형식을 가지고 있다. 이 책의 진행 내용상 이 부분이 여기에 필요할 것 같아서 이 글을 사용한다.

17

코사인 선교를
시작하다

2001년 5월 16일 목요일에 유학생인 P목사가 스탤른보쉬Stellenbosch
에 왔다. 그에게 내일 킹 윌리엄스 타운King Williams Town으로 여행을
한다고 말해 주었다. 그가 나와 동행하고 싶다고 했다. 그런데 다시
연락이 왔다. 같이 갈 형편이 못 된다는 것이다.

처음으로 흑인들이 사는 곳 깊이 들어가서 그들과 먹고 자면서 함
께 지내는 여행이었다. 동행하는 한국 사람이 있어서 다행이라고 생
각했는데 이제 혼자 가게 되었다.

코사 문학 전공한 밤보와 여행하다

오전에 코사어 두 과목의 수업을 마치고 집에 돌아와서 여행준비를
했다. 기후는 이곳과 별 차이가 없지만, 현지인들의 집에서 여러 날을

지내야 하므로 여러 가지 준비할 것이 많았다.

작은 차는 수리하러 보냈고, 아내는 매일 진현이를 데리고 학교에 가야 하므로 내가 타고 갈 차가 없었다. 도움이 필요한 형편이었다. 한국 선교사 한 사람이 우리를 버스터미널까지 태워다 주었다.

밤보Mbambo와 함께하는 여행이다. 트랜스카이Transkay에 있는 그의 집으로 갈 것이다. 밤보는 코사 문학을 전공하는 대학원생이다. 코사 말로 소설을 출판한 적이 있고, 젊은 시절에는 그의 고향에서 라디오 아나운서를 한 적이 있었다.

그는 흑인 학생들 가운데 나이가 많은 편이다. 그래서 우리는 친구처럼 지내고 있었다. 우리는 몇 달 전부터 그의 방에서 기도회를 하고 있었다. 이번 여행은 그가 자기 집으로 초청하여 이루어진 것이다.

버스 터미널이 있는 랑가는 내가 생각한 것보다 훨씬 먼 곳이었다. 이곳은 흑인들의 세계였다. 단 한 사람의 백인을 만날 수가 없었다. 버스표를 사고 나서 아직 시간이 남아 이른 저녁 식사를 하기로 했다.

컨테이너를 개조한 식당 입구는 너무 밝고 안은 컴컴하다. 그릇을 씻는 물이 깨끗해 보이지 않았다. 큰 물통 하나에 물을 채워서 계속하여 같은 물로 음식 먹은 그릇을 씻고 있었다. 이 컨테이너에는 수도가 연결되어 있지 않다. 접시에 담아 주는 움코쇼(코사 사람의 전통 요리)와 닭고기는 좀처럼 목에 넘어가지 않는다. 그러나 밤새도록 차를 타야 할 것을 생각하고 억지로 먹었다.

앞에 앉은 거대한 사나이가 신기한 듯이 나를 바라본다. 검은 안경을 끼고 있다. 몇 마디 내가 말하는 코사말 대답을 듣고는 친근감을 표시한다. 번쩍이는 안경 뒤에 있는 그의 눈은 무엇을 보고 있는지 알 수 없다.

수많은 버스가 시동을 걸어놓고 있다. 더운 날 시끄러운 소리, 먼지, 파리, 냄새, 이런 것들이 함께 찾아왔다. 승객을 끌기 위하여 버스마다 사람들을 내보내 호객하고 있다.

버스는 출발 시간이 없고 승객을 채워야만 출발하기 때문에 얼마나 더 시간이 걸릴지 모른다. 사람들에게 물어보니 앞으로 삼십 분 안으로는 버스가 떠나지 않는다고 한다.

밤보와 나는 차에서 내렸다. 랑가를 둘러보았다. 여기 말로 '랑가'는 '태양'을 뜻한다. 이곳은 이주해 온 흑인들이 사는 곳이다. 바로 옆에 기차역이 있었다. 십 분 간격으로 기차가 들어오고 또 떠나가는데 수많은 사람이 오르내린다. 모두 검은 사람들이다. 케이프타운Cape Town에서 일을 마치고 돌아오는 사람들이었다.

사람마다 신기한 듯이 나를 쳐다본다. 나는 이들과는 절대로 섞일 수 없는 피부를 가지고 있다는 것이 따갑게 확인되는 순간이다. 한참 걷다가 다시 버스에 올랐다.

저녁 아홉 시에 겨우 버스가 출발했다. 사람들이 반도 차지 않은 채였다. 한 십 분 정도 달리던 버스는 어느 주유소에 멈춰 섰다. 기름을 넣는 줄 알았더니 앞차에 바꾸어 타라는 것이다. 다시 타고 보니 사람과 짐으로 한 차 가득하다.

밤보가 나에게 자리를 만들어 주었다. 그와 나는 나란히 앉을 수 없었다. 나의 양쪽 옆에는 산 같이 큰 아주머니들이 앉아 있었다.

아멘 버스 안에 유일한 동양인

이 버스의 이름은 '아멘'이다. 차의 앞쪽 유리창 위에 크게 붉은색으로 그렇게 적혀 있다. 그리고 그 아래에는 '시편 23:1'이라는 글자가 있다. 귀가 따갑도록 큰 소리로 음악이 들린다. 이 나라 사람들의 특유 복음송이다. 복음송을 들으며 아멘을 타고 갈 것이다. 그런데 나에게는 너무 시끄럽고 불편했다.

얼마나 시간이 흘렀는지 가늠을 할 수 없다. 반복해서 들리는 복음송에서 아는 단어를 들어 보려고 하다가 졸다가 이렇게 시간이 흘렀다. 나의 머리는 좌석 등받이를 기대고 있었다. 모두 잠든 시간이다.

뒤에 앉은 사람이 나의 머리카락을 만졌다. 내가 잠이 들었을 것으로 생각한 것 같다. 철사 같은 머리카락을 가진 흑인들에게는 길게 자라나는 동양 사람의 머리가 신비한 것이다. 두 사람이 번갈아 만지며 서로 소곤소곤 이야기했다.

밤 한 시에 부포트 웨스트Beaufort West에 도착하였다. 그리고 또 달리기 시작했다. 별을 보니 동쪽으로 달리는 것 같다. 허허벌판인데 버스가 멈춰 섰다. 사람들이 내리기 시작했다. 꼼짝없이 앉아 있던 굳어진 몸을 펴기 위하여 나도 내렸다. 휘영청 밝은 달이 하늘 중천에 걸렸다. 내려 보니 여자들이 버스의 뒤편으로 돌아갔다. 남자들은 내린 쪽에서 먼 곳을 바라보며 한 줄로 쭉 늘어섰다. 이 기회에 나도 저 사람들과 같은 일을 해야 한다는 생각이 들었다. 이곳이 중간 휴게소 역할을 하였다.

다시 차에 오르니 몸이 가볍고 정신도 맑다. 차 전체가 가벼워진 느낌이었다. 사람들이 다 잠이 깨어 있었다. 옆에 앉은 아주머니가 용기를 내어 나에 대해 물었다. 내가 한국 사람이며 이름이 무엇인지 알려 주었다.

나의 신상에 대한 정보가 입과 귀를 통하여 버스 저쪽 끝까지 전해졌다. 버스 안의 모든 사람이 궁금했다. 새까만 차 안에 노란 사람이 앉았으니 궁금한 것은 당연한 일일 것이다.

옆에 앉은 아주머니가 보퉁이를 열어서 먹을 것을 꺼낸다. 꺼낸 것을 먹어 보라고 권한다. 둘러보니 모든 사람이 각각 준비해 온 것을 먹고 있었다.

나에 대한 질문은 계속되었다. 그들은 내가 왜 이 나라에 왔는지 궁금해 했다. 사업차, 관광객, 살기 위하여 등등 여러 가지 추측을 하는 것 같았다. 나는 복음을 전하기 위하여 한국 교회가 보내서 왔고 생활과 일에 필요한 모든 돈은 한국 교회가 담당하고 있다고 말했다.

나의 이야기는 계속하여 사람들의 입을 따라 버스 끝까지 전해진다. 나는 조용히 이야기하면서 모든 사람에게 그리스도의 복음을 전할 수 있었다.

아침 일곱 시에 밝아오는 동케이프의 장관을 볼 수 있었다. 밤 사이에 우리는 서케이프 주를 지나서 동케이프 주로 들어온 것이다. 서케이프는 그 면적이 우리 남한만큼 넓다. 동케이프는 북한만큼 되는 땅이다. 십 킬로미터를 더 가면 알리스^{Alice}가 되는 지점에서 버스가 서 버렸다. 고장이었다.

사진을 몇 장 찍었다. 아름다운 이스턴 케이프의 아침 풍경을 사진에 담았다. 중늙은이 한 사람이 그 지방 특유의 담뱃대를 물고 있는 것이 보인다. 사진을 찍어도 되느냐고 물었더니 안 된다는 것이다. 사진을 찍으면 자기의 혼이 나가기 때문에 허락할 수 없다고 했다. 뒤에 알고 보니 그 여인은 상고마(무당)였다.

한적한 소도시 알리스의 친절

수백 년 명성을 떨치던 코사 문학의 중심지 알리스는 한적한 소도시였다. 포장이 되지 않는 도로가 많아 자동차가 지나가면 먼지가 일어났다. 학교에서 음악 선생을 여러 해 맡았고 지금은 성공회 목사인 쫄라^{Ncola}를 만났다. 그는 얼마 전에 교통사고를 당해 한쪽 팔을 석고로 감고 있었다.

그는 옛날 학생 밤보를 한눈에 알아 보았다. 그는 어젯밤 꿈에 내가 오는 것을 보았다고 했다. 그들 내외는 아름다운 영어를 사용하고 있었다. 차를 마시는 동안 새로운 힘을 얻었다. 내가 선교사 비자를 받기 위하여 추천서를 받고 싶다고 했더니 흔쾌히 허락하였다.

그의 의견을 따라 우리는 살아 있는 역사인 Mr. M을 방문하였다. 백인들의 반대와 위협 때문에 붓을 꺾어야 했던 과거를 가진 전설적인 인물이다. 나중에 다시 만나 그의 주장을 녹취하기로 하고 헤어졌다. 불과 십 분 걸으면 갈 수 있는 곳에 밤보의 처형이 살고 있었다. 그녀는 아주 잘 정돈된 주택을 가지고 있었다. 의료선교에 많은 관심을 보였다.

춘배강을 건너서 포트헤어Fort Hare대학이 있는 곳에서 합승하였다. 여기서 우리의 목적지인 킹 윌리암스 타운까지는 육십 킬로미터인데 합승요금은 십 란드이다. 흑인들은 이 도시를 콘네Qonnce라고 부른다.

옛 도시 콘네에서 다시 택시를 타고 밤보가 사는 집으로 가야 한다. 이 나라에서 택시는 정기 승합차를 말한다. 이 택시는 아주 오래되어 고물이 된 차이다. 차 안에서 사람이 차기까지 하염없이 기다렸다. 드디어 밤보의 집에 도착하여 쉴 수 있었다.

저녁에는 식구들과 예배를 드렸다. 시편 23편을 읽고 다윗의 신앙에 대하여 설교하였다. 샤워할 수 있는 물이 모자라서 불편했지만 아주 만족스러운 휴식을 할 수 있었다.

2001년 5월 19일 토요일이다. 방에서 내다보는 아침의 풍경은 이곳만의 선물일 것이다. 이곳의 아침은 참으로 아름답게 시작된다고 생각했다. 부드럽게 물결처럼 흐르는 언덕의 곡선이 지평선을 이루고 있다. 밤보의 집이 산꼭대기에 있기 때문에 멀리까지 보인다. 시가지는 언덕과 언덕 사이에 위치해 서 이곳에서는 보이지 않는다.

아침을 먹고 다시 알리스에 갔다. 쫄라와 오랜 대화를 가졌다. 준비해 온 몇 가지 서류를 주었다. 점심을 대접하겠다고 했더니 포트 헤어대학에 가자고 했다. 그곳에서 식사했다. 학교의 구내식당이므로 음식이 무척 소박하다.

그러나 이 노인은 이곳에 알리스에서는 가장 좋은 식당이라고 했다. 대학 캠퍼스 안에서 여러 곳을 둘러보고 사진을 찍었다.

쿠퍼Kooper 장로의 안내로 노회가 열리는 곳에 참석할 수가 있었다. 회무는 열기를 띠고 있었고 백인들과 흑인들 사이에 의견이 서로 맞지 않는 것 같았다. 회의를 마치고 나를 소개하는 시간이 있었다.

밖에서 에디 박사Dr. Eddie를 만났다. 콘네로 돌아가는 사람이 있어서 그의 차를 탔다. 생소한 곳에서 처음 만나는 사람들인지라 나에게는 꿈을 꾸는 것 같은 시간이었다.

그레이Grey 병원 근처에서 내려서 밀러Miller의 집까지 걸어갔다. 즐거운 만남이었다. 차를 대접받고 부인과 아이들을 보았다. 행복한 선교사의 2세들이었다. 밀러에게 부탁하여 집까지 태워달라고 했다.

흑인들이 가난하게 살아가는 마을을 지나 산꼭대기에 있는 밤보의 집에 도착하였다. 밀러는 이 도시에 살고 있지만, 흑인 지역은 처음 와 본다고 했다. 흑인들 마을에 이렇게 잘 지은 집이 있는 줄을 몰랐다고 한다. 나는 그에게 집에 들어가서 가족들을 위하여 기도하고 가라고 했다. 제대로 갖추어진 생활 규모를 보고 퍽 놀라는 눈치였다. 밀러를 보내고 방에 들어와 깊은 잠에 빠져들었다.

밀러는 이 도시에 있는 두미사니 신학교의 교수이다. 그는 교회사를 가르친다. 두미사니 신학교는 스코틀랜드 자유교회에서 이곳에 오랫동안 선교한 결과로 생긴 신학교이다. 그들은 백 년이 넘도록 여기서 일을 하였다. 교회가 많아서 이제는 노회와 총회를 가지고 있다. 이 신학교에서 공부하는 학생은 포체프스트룸대학교에서 공부하는 길이 열려 있다.

밀러는 한국에서 태어났다. 그의 아버지가 한국에서 선교사로 일했기 때문이다. 그는 스코틀랜드 장로교회의 대표로 고신교회의 총회에 참석한 일이 있었다. 총회가 서울 서문교회에서 열릴 때였다고 했다. 우리는 만나서 이야기하다가 이 모든 것을 알게 되었다. 백년지기를 만난 것 같았다.

2001년 5월 20일은 주일이었다. 밤보의 집에서 걸어서 갈 수 있는 침례교회에서 예배를 인도하였다. 어머니주일이기 때문에 삼상 1장을 읽고 '한나의 기도'에 대하여 설교하였다. 밤보가 통역을 했다. 그는 나의 한 마디를 두 마디로 풀어서 설명하는 능력을 갖추고 있었다. 교회 성도들은 다음에 다시 와서 집회해 달라고 요청했다.

이 소박한 시골 사람들에게는 항상 감동을 주는 편안함이 있다. 이들과 함께 있으면 너무 편안했다. 이렇게 코사인의 지역을 다니며 전도하고 교회를 돕는 일을 할 수 있었으면 좋겠다는 생각을 했다. 코사 지역의 교회들을 구석구석 찾아다니면서 복음을 전하고 싶었다.

밤보의 집에서 점심을 먹고 오후 네 시에 출발하였다. 집으로 돌아오는 길은 해안을 따라 달리는 간선도로[N2]였다. 버스의 뒤편이어서 그런지 몹시 흔들렸다. 토할 것 같아 빈 좌석에 다리를 뻗고 누웠다. 한결 나았다. 밤새도록 가야 하는데 라디오 소리는 귀가 따가울 지경이다.

얼마나 지났을까. 버스가 해안을 끼고 돌아간다. 남십자성이 보인다. 온갖 생각이 머리에 떠오른다. 코사 단어와 문장을 기억해 봤다. 그러다가는 잠이 들었다. 그 다음날인 5월 21일 새벽 네 시 삼십 분에 집에 도착했다.

18
주의 뜻대로
이루어지이다

Every man comes into the world wrapped in an
atmosphere of wonder. _H. Drummnond

사람은 누구나 경탄스러운 환경에 가득 싸여서 세상에 태어난다.
갓난아이는 처음 만나는 모든 환경이 경이로울 것이다. 온 세상을 선
물로 받는다.

삼십 대 초반에 신학생이 되어서 처음으로 교회의 전도사 일을 할
때가 생각난다. 교회가 시골에 있었기 때문에 아이들을 농촌에서 키
웠다. 이제 네 살 된 맏이를 데리고 부산에 간 일이 있었다. 아이의 손
을 잡고 도심을 걷고 있었다.

아이가 걸음을 잘 옮기지 못한다. 처음으로 높은 집들이 눈에 가득
한 거리를 걸으며 아이는 머리를 위로 젖히고 걸었다. 높은 집들이 신
기하여 걸음을 잘 걷지 못했다. 탁 트인 시골과는 전혀 다른 분위기에
싸여서 아이는 꿈꾸듯이 걷고 있었다. 새로운 세상을 발견한 놀라움

속에 빠져 있었다.

나이 들수록 삶의 경이를 잃는다

세월이 많이 흘러서 아이가 이제 마흔을 바라보는 나이가 되었고 그가 낳은 아이가 열 살이 되어간다. 지금 나의 손주들은 부산의 집들을 보고 경이에 가득한 눈으로 걸음을 못 옮길 그런 아이들은 아니다. 수십 년 전의 부산보다 더 큰 도시에서 익숙하게 생활해 온 아이들이다. 그러나 이러한 아이들에게도 날마다 새롭게 만나는 삶의 세계는 항상 경이로울 것이다.

아이들은 외면의 세계를 경탄하며 살아가고 성인이 되면 내면의 세계에 압도당하며 삶을 이어 간다. 폭풍이 부는 바다를 바라보며 아이들은 무서움을 느끼지만, 어른들은 외면적인 폭풍보다 그의 내면의 폭풍을 더 두려워하게 된다. 증오, 시기, 욕심, 유혹과 같은 내면의 폭풍을 이기는 힘을 성인들은 자기 속에서 찾을 수 없다.

수십 년 살면서 어른들은 자연환경에 대해 이미 익숙해진다. 슬프게도 너무나 많은 사람이 나이를 먹으며 삶의 경이를 잃어버린다. 자신들은 모든 것을 알고 있다고 생각하고 모든 것이 무료하다고 말한다.

제2차세계대전 이후에 이름이 많이 알려진 작가들의 표현대로 글을 쓰면 이렇게 될 것이다.

"태초에 심심증이 있었느니라."

이렇게 삶을 표현하는 공허한 군상들은 우리를 구토하게 한다.

2008년 성탄전야를 맞이했다. 그리고 마리아를 생각해 보았다. 예수님은 "롯의 처를 기억하라"고 하셨지만 나는 당신의 어머니를 더 많이 생각하는 것 같다. 특별히 십이 월이 되면 그렇다. 한국에서 살던 사십 년 동안 그녀의 생각은 늘 혹독한 추위 속에서 피어나는 에델바이스와 같은 것이었다.

선교지 열대 지방에서 처음 십 년을 지내면서 내가 생각하는 마리아는 야자수의 높은 나무 커다란 잎 위로 빠르게 흘러가는 구름 같은 것이었다.

그리고 그 후의 십 년을 나는 아프리카의 끝에서 수국hydrangea과 함께 그녀를 생각하고 있다. 일 년 중 낮이 가장 긴 때에 수국이 정원마다 풍성하게 피어오른다. 작은 꽃들이 무리 지어 한 송이를 이룬다. 흰색, 분홍색 그리고 옅은 하늘색 꽃들이 푸른 잎과 다투어 부풀어 있다. 코사 사람들은 이 꽃을 크리스마스 꽃이라고 한다. 이 계절이 되면 나의 주님을 탄생시킨 아름다운 여성의 이야기, 이것이 내 생각의 중심이 되곤 한다.

그리스도의 삶은 처음도 마지막도 순종

그녀는 열다섯 살 전후의 소녀였다. 그 나이가 그 당시 유대의 여성들이 정혼하는 나이였다. 오늘 그녀는 천사가 전해 주는 선물을 받는다. 소녀가 받은 선물은 너무나 거북하다. 그리고 두렵도록 신비스럽다. 여러 겹으로 포장이 되어 있어서 열어 보기 전에는 알 수 없는 선물과 같은 것이다.

오늘 받은 이 선물의 실체는 이 여인의 평생에 걸쳐 나타날 것이다. 그녀는 천사와 대화를 했다. 평생을 신학을 연구하는 학자들이 듣지 못하는 하늘의 음성을 이 소녀는 들었다.

"은혜를 받은 자여 평안할지어다. 주께서 너와 함께 하시도다."

"마리아여 무서워 말라 네가 하나님께 은혜를 입었느니라 보라 네가 잉태하여 아들을 낳으리니 그 이름을 예수라 하라 그가 큰 자가 되고 지극히 높으신 이의 아들이라 일컬어질 것이요 주 하나님께서 그 조상 다윗의 왕위를 그에게 주시리니 영원히 야곱의 집에 왕으로 다스리실 것이며 그 나라가 무궁하리라."

"성령이 네게 임하시고 지극히 높으신 이의 능력이 너를 덮으시리니 이러므로 나실 바 거룩한 자는 하나님의 아들이라 일컬어지리라."

"보라 네 친족 엘리사벳도 늙어서 아들을 배었느니라 본래 임신하지 못한다고 알려진 이가 이미 여섯 달이 되었나니 대저 하나님의 모든 말씀은 능하지 못하심이 없느니라."

소녀는 사람이 할 수 있는 가장 엄숙하고 또 가장 아름다운 말을 하게 된다.

"주의 여종이오니 말씀대로 내게 이루어지이다."

천사와 대화는 여기서 끝난다. 천사가 대화를 시작했으나 이 대화를 끝낸 것은 마리아였다.

"주의 뜻대로 이루어지이다."

이때 말씀이 육신이 되는 성육신이 시작된다. 그리고 이 기도는 그녀의 한평생 기도가 된다.

"주의 뜻대로 이루어지이다."

그녀는 그렇게 아이를 가졌다. 그리고 이 아들의 순종이 한평생 계속된다. 십자가에서 죽음을 맞이하는 일까지 순종하며 아버지의 뜻을 이루어 드렸다.

"아버지여 내 영혼을 아버지의 손에 부탁하나이다."

이렇게 보면 그리스도의 지상의 삶은 처음(알파)도 마지막(오메가)도 순종이었다. 마리아의 이해할 수 없는 순종, 그리스도의 죽음에 이르는 순종 사이의 모든 순종의 삶이 그리스도의 생애였다. 그리하여 그는 하나님 나라의 문을 모든 사람에게 열어 놓았다.

우리 시대에 나의 사는 실존 환경에서 주님으로부터 배운 대로 기도한다.

"하늘에서 하나님의 뜻이 이루어진 것 같이 땅에서도 이루어지이다."

이것은 우리의 소원을 담고 있는 기도이며 그렇게 되도록 능력을 구하는 간구이다. 다른 말로 표현하면 이렇다.

"하늘에 계신 우리 아버지 하나님의 뜻이 이루어지는 그 일에 나 자신이 드려지기를 감히 소원합니다"

2009년을 바라보는 성탄절을 맞이하며 우리의 마음은 이 기도로 뜨거워진다.

하나님 의지하는 사람을 통해 일하신다

다시 세월이 흘렀다. 2012년이다. 나는 앞에 써 놓은 글을 오늘 읽고 퇴고하고 싶어서 다시 내 생각을 기록했다.

개척 교회를 시작했다. 갓난아이를 안고 나오는 한 현지인 소녀가 있었다. 설교를 들으며 젖을 먹인다. 교인들이 돌아가며 아이를 안아 준다. 아이의 엄마는 고등학생이다.

몇 달 후에 청소년 집회를 열고 이 소녀를 참석시켰다. 소녀는 자기 아이를 시어머니에게 맡기고 집회에 참석했다.

사람들이 신발을 신고 들어오는 곳이기 때문에 아침마다 의자를 책상 위에 올리고 바닥을 쓸고 닦아야 한다. 고등학교에 다니는 학생보다는 대학생이 더 많이 모인 모임이다. 그런데 청소는 이 소녀가 하고 있었다.

소녀는 다른 사람보다 나이가 어리지만 아이의 엄마이다. 그녀는 내가 개척하는 교회의 교인이다. 추운 아침 그녀가 먼지를 뒤집어쓰고 비질을 하는 것을 보고 눈시울이 뜨거워졌다.

이 소녀에게는 새날에 대한 경탄이 있는 것이다. 경이로운 눈으로 하루를 볼 수 있는 시력이 있는 것이다. 나는 그녀의 기도를 듣는 것 같았다.

"주의 뜻이 이루어지이다."

그리고 다시 한 해를 지나고 2013년 새 학기가 되었다.

짓이겨진 한 소녀가 대학에 들어왔다. 몸과 마음의 상처를 추스르기도 힘든 상태이지만 자신 같은 불행한 사람들이 없는 세상을 만들기 위하여 공부하겠다고 한다. 교회에서 청소년들을 어떻게 가르쳐야 하는지 가르쳐 달라고 한다. 그녀도 그리스도를 만난 것이다. 나는 이 학생을 위하여 기도하고 또 기도한다.

아프리카의 회복은 이렇게 시작될 것이다. 연약하고 부서져가는 몸이지만 힘을 다하여 하나님을 의지하는 이 사람들을 통하여.

19

서랍 속에서 나온
성령의 언어

외국에서 살다 보면 한국말 어휘를 많이 잊고 지내게 된다. 다음에
요긴하게 쓸 것을 생각하고 책상 서랍 속에 간직해 두었다가 간직한
것조차 잊어버리는 그런 '잊어버린 단어'들이 있다. 그러다가 예기치
않은 곳에서 그 단어를 새롭게 듣고 깊은 감회에 잠기는 때가 가끔
있다.

이십 년간의 머슴살이

12월 중순 중남부 아프리카 선교사회에서 주관하는 제2차 전략 세
미나에 참석하였을 때였다. 당시 회장을 지내는 선교사가 이 모임을
위하여 머슴의 일을 한다는 말을 몇 번이나 했다. 고운 우리말을 사용
하고 있다는 생각이 들었다. 같은 날 새벽 설교를 하는 분이 버릴 것

은 빨리 버려야 한다며 노비 문서에 관한 이야기를 했다.

한국에서 있었던 일이라고 한다. 어느 집안에서 소중히 간직하고 있던 옛 문헌의 감정을 받으려 했다. 아주 오래된 책이기 때문에 진귀본으로 판정될 것을 기대했다. 감정 결과 그것은 노비 문서였다.

할아버지들이 종의 신분인 것을 말하는 옛 문서를 후손들이 깊이 간직하고 있었다. 조상을 자랑하는 한국사회에서 이런 것을 소중히 간직한 것은 웃음거리가 될 수 있을 것이다.

"바위 고개 언덕을 혼자 넘자니 십여 년간 머슴살이 하도 서러워 진달래꽃 안고서 눈물 납니다."

우리 가곡 「바위 고개」의 가사 중 한 부분이다. 나는 이 노래를 부르면 늘 마음이 애틋해진다. 십 년도 더 되는 오랜 세월 동안 남의 집 머슴으로 산 어떤 남자의 슬픔과 탄식이 담긴 가슴 아픈 이야기를 노래한 것이다.

외국에 나와 살면서 이 가사는 새로운 의미로 다가왔다. 자신이 서글퍼지는 감상에 빠지는 일이 자주 있었다. 그것은 언어의 장애 때문이다. 선교사 생활 이십 년을 하면서 남의 노예처럼 살았다는 생각을 하는 일은 한 번도 없었다. 그러나 내가 정상적인 생활을 할 수 없는 사람이라는 생각을 하지 않은 때가 한 번도 없었다.

나는 사람에게 가장 보배로운 복음을 가지고 있다. 이것을 사람들에게 전해야 하는 사명을 가지고 있다. 이 사람들의 말로 복음을 전하려고 한다.

그러나 내 마음속에 있는 생각의 절반도 제대로 표현하지 못한다.

내가 한 말을 이 사람들은 반도 못 알아듣는다. 이처럼 나는 언어 장애인의 서러운 이십 년을 살아왔다.

십여 년간 머슴살이가 하도 서러워 진달래꽃 안고서 눈물 난다는 서러운 사나이의 마음이 마음속에 저미어 드는 것은 이같은 장애인의 심정 때문이다.

내가 택한 길, 끝까지 가고 싶다

1960년에 로마에서 올림픽이 열렸다. 그때 에티오피아 사람 아베베는 마라톤 경주에서 맨발로 달렸다. 그리고 우승을 했다. 그는 자기 나라에서는 영웅이 되었고 세상에 그 이름이 회자되었다. 사 년 후에 열린 1964년 동경 올림픽 대회에서도 그는 다시 마라톤에서 우승하였다. 에티오피아의 국왕은 그에게 상으로 자동차를 하사하였다.

이 차를 타고 다니다가 그는 교통사고를 당하게 된다. 다리를 다시는 쓸 수 없을 만큼 중상을 당했다. 장애인이 된 것이다. 아직도 젊은 그는 올림픽의 꿈을 접을 수 없었다. 다리를 쓸 수 없게 되자 팔의 근력을 키우기 위하여 양궁을 시작하였다. 그리고 그는 장애인 올림픽 Paralympic에 출전하여 양궁으로 금메달을 얻게 된다. 이것이 아베베의 세 개의 금메달 이야기이다. 그는 세 개의 메달 중 세 번째 것이 가장 소중하다고 했다.

나는 내가 선택한 이 장애인의 길을 끝까지 걸어가고 싶다. 그것은 두 가지 이유다. 하나는, 장애인도 비장애인처럼 살아갈 수 있는 삶의 방법이 있기 때문이다. 세월이 갈수록 더욱 삶의 적응 능력이 높아 가기 때문이다. 또 한 가지 이유는 내가 또 다른 하나의 언어를 배우고 있기 때문이다.

그것은 성령의 언어이다. 그것은 방언과는 다른 의미의 언어이다. 내가 기도할 때 방언으로 기도할 때 다른 사람들은 못 알아듣는 그런 언어를 말하는 것이 아니다. 내가 말하는 이 언어는 구태여 청각을 통하지 않고도 대화가 가능한 언어이다.

내가 하나님의 말씀을 알아듣고 내 생각을 하나님에게 말씀드리는 언어이다. 나는 한국어로 생각하기 때문에 그분은 나에게는 한국어로 말씀하실 것이다. 그러나 그 말씀은 나의 감각기관을 거치지 않고 영에게 바로 전달되는 말씀이다.

그분의 말씀을 알아듣기 위한 노력을 하는 것이 너무도 소중하다는 것을 어느 날 발견했다. 외국어를 배우는 가장 좋은 방법은 그 언어의 환경에 들어가는 것으로 생각한다. 다른 언어로부터 고립되는 것이 필요하다.

한국 사람이 외국어를 잘 배우는 비결은 한국 사람들이 없는 곳에서 지내는 것이다. 배우려는 그 언어를 쓰는 사람들 속에 들어가서 시간을 보내며 살아가면 매우 빠르게 습득할 수 있다. 그러므로 성령의 언어를 배우려면 성령의 말씀을 듣는 환경을 항상 만들어 가는 것이 중요하다.

그렇다고 하여 사람들과 교제를 끊고 살아가는 것이 성령의 언어를 배우는 최선 길이라고 생각하지 않는다. 사람들이 없으면 우리는 말을 배울 필요가 없다. 우리는 사람들과 함께 있어야 한다.

성령의 언어를 가장 잘 배우는 길은 사람들과 함께 지내면서도 사람들로부터 고립되는 길을 찾아야 한다는 말이 된다. 사람들에게 싸여 있으면서 성령의 말씀을 듣는 것보다는 성령에 싸여 있으면서 사람들과 교제하는 길을 택해야 하는 것을 뜻한다.

이러한 생활이 가능한가? 그것은 우리가 할 수 없는 일이다. 우리가 할 수 없는 일이라고 해서 그 일이 불가능한 일이라고 생각하면 그것은 하나님을 부인하는 생각이 될 것이다. 우리가 할 수 없는 일을 하나님께서는 하시는 것이다. 그래서 우리는 기도하게 된다.

"주여 말씀하소서. 주의 종이 듣겠나이다."

성령께서는 기록된 하나님의 말씀 안에서 우리에게 말씀하시고 그리스도를 만나게 하신다. 이것이 가능한 것은 성령이 우리 영혼에 말씀하시는 그 언어 때문이다.

나는 새로운 말을 배우고 있다. 영원히 사용할 말을 배우고 있다. 이 말을 아주 잘 알아듣고 싶다. 땅에서는 장애인으로 남아 있을 것이다. 그리고 항상 더 잘 적응하는 장애인으로 지내게 될 것이다.

이것이 나에게는 성령의 언어를 배우는 길이다. 이제 이십 년간의 머슴살이가 서글프게 생각되지 않는다. 나는 영원한 언어를 배우는 과정에 있다.

20
비어 있는 땅
나미비아

2010년 10월 9일, 케이프타운에서 열린 제3차 로잔 대회에 참석하기 위하여 한국에서 친구들이 이곳에 왔다. 대회를 마치고 우리는 짧은 일정이지만 나미비아를 여행했다. 이 나라는 남아공화국 바로 옆에 있는 나라지만 한 번도 가 보지 못했다. 내가 한 번은 가 보아야 할 곳에 가게 되어서 다행이었다.

고독과 원시 분위기의 나라

나미비아는 면적이 823,000평방 킬로미터이다. 우리나라 남북한을 다 합친 면적의 네 배 가량이다. 국민들은 대부분 북쪽 국경 지대에서 강을 따라 살고 있다. 이 지역은 쿠네네강과 오카방고강을 따라서 빅토리아 폭포가 있는 곳까지 이어진다.

나미비아는 아주 건조한 곳이다. 북쪽 국경 지역에는 늘 물이 흐르는 강이 있으나 대부분의 남쪽 광활한 지역은 여름철 비가 올 때만 강이 되는 메마른 강들이 있을 뿐이다.

나미비아는 눈으로 보고 경탄할 만한 모습을 많이 가지고 있다. 빼어난 경치, 풍성한 야생, 다양한 종족들이 태양이 만들어 내는 특이한 기후 속에서 놀라운 특징을 나타낸다. 웅장하고 아름다운 경치는 가공할 넓이의 시야를 열어 주어 그 지평을 바라보며 감탄한다. 높은 산들이 우리를 하늘에 닿을 것 같은 거대한 고원 지대에 끌어 올린다. 끝없이 펼쳐진 모래 언덕과 모래의 바다는 그 크기가 스위스 전 국토와 같을 것이다.

사람의 발길이 미치지 않는 광대한 지역은 고독과 원시의 분위기를 가지고 있다. 곳곳에는 세상의 어느 곳보다 많은 종류의 야생 동물을 얼마든지 볼 수 있는 곳이다. 긴 해안을 따라 펼쳐진 바다는 풍성한 어자원을 공급해 준다.

다이아몬드의 원석들은 다른 지하자원들과 함께 나미비아의 자랑이다. 맑은 밤하늘에 나타나는 수억의 별들은 다른 어떤 곳보다 이곳에서 우리에게 더 친밀감을 준다.

오랜 옛날부터 이곳에 사람들이 살았던 흔적이 있다. 그러나 현재 사는 사람들은 지난 오백 년 동안에 이 나라의 북쪽 지방에서 이주해 온 사람들의 후손이다.

지난 125년 전부터 이곳에 독일인들, 남아공의 백인들이 오면서부터 땅을 나누고 사용하는 방법이 달라지기 시작했다. 백인들이 땅을 차지하면서부터 개인 농장이 많아지고 옛날 방식대로 공동으로 사용하는 땅은 줄어들었다.

현재 나미비아는 대략 43퍼센트의 면적이 자유롭게 보유하는 농장의 땅이며 39퍼센트가 공유하는 면적이고 18퍼센트가 정부 소유이다. 대부분 사람은 땅에서 얻는 자연 자원에 직접 의존하여 살아간다. 개인이 소유한 땅들은 농업, 목축업을 위하여 사용되고 있다. 옥수수, 수수 같은 작물을 재배하거나 소, 염소, 양을 먹이고 있다.

인구는 1백 83만 명이다. 국토의 크기에 비하면 아주 작은 숫자이다. 그중에 39퍼센트가 도시에 살고 있다. 젊은 세대가 차지하는 비중이 아주 높으며 열다섯 살 이하의 아이들이 전체 인구의 43퍼센트이다. 이 나라에서는 스물다섯 개 이상의 방언들이 사용되고 있다.

차가 모래밭에 빠지다

우리는 모두 다섯 사람이다. 나이를 합하면 삼백 년이 훨씬 넘는다. 살아 온 인생 경험이 상당한 부분 서로 겹치는 사람들이다. 이제 서로 감출 것도 자랑할 것도 없는 사이가 되었다.

우리는 모두 남아공 북쪽에 있는 오렌지강을 건넜다. 그리고 나미비아 국경을 통과했다.

나미비아에 첫발을 내디딘 시간은 황금처럼 밝은 아침이었다. 입국 심사를 받으며 우리는 아이 아이스Ai-Ais에 간다고 했다. 나미비아 관광 지도에서 발견한 국경에서 가까운 관광지역이다. 어디로 가느냐는 질문을 받고 쉽게 기억한 지명이었기에 그렇게 말했다. 그리고 이곳이 첫째 날의 숙소가 되었다. 그날의 일정은 먼저 피쉬캐년Fish Canyon을 둘러보고 저녁에 아이-아이스에 있는 온천에서 잠을 자는 것이었다.

처음 한 시간은 북쪽으로 향한 포장된 도로를 달렸다. 그리고 곧 서쪽으로 방향을 바꾸었을 때 넓은 비포장도로를 만났다. 아무것도 없는 땅 위에 도로만 나 있는 곳을 끝없이 달렸다. 도로 주변에 철조망이 있는 곳도 있고 그마저 없는 곳도 있다. 좀처럼 앞에서 오는 차도 만날 수 없고 우리를 뒤따르거나 추월하는 차들도 없다. 망망한 대지 위에 한 점 같은 우리 차는 계속하여 먼지를 일으키며 허공을 질주했다.

한 시간이나 그렇게 달렸을까, 문득 정신을 차리고 보니 차는 높은 산을 오르고 있었다. 차는 지금까지 본 것과 꼭 같은 모습의 고원을 달리기 시작한다. 말라서 죽은 것 같은 덤불이 가끔 보이고 그 외에는 먼지, 흙, 자갈 그리고 바위만 보이는 풍경이 한없이 계속되었다. 그리다 만 그림처럼 여백이 많은 무채색 공간이었다. 청춘을 다 보내고 자식 이야기를 하는 우리처럼 우리가 보는 환경도 찬란한 시절이 지나간 쭈글쭈글한 모습이었다.

지루한 시간이 계속되다가 이제는 지루한 시간도 한참이나 지났을 때, 저만치 먼 곳에서 낮은 산이 나타났다. 흙이 없는 산이다. 크고 작은 바위들이 산을 이루고 있었다. 이러한 산들이 점점 가까이 오고 또 높아졌다. 그리고 우리는 이 산들이 만들어 놓은 깊은 계곡으로 들어갔다. 이 계곡 길은 아래로 내리막길이었다.

이제는 너무 피곤하고 배가 고프다. 우리는 쉬기 위하여 큰 바위 아래에 있을 그늘을 찾았다. 좀처럼 발견할 수 없었다.

바위산 계곡은 급경사를 이루며 내려가고 있다. 다섯 사람의 나그네는 한 가지 공통점을 가지고 있었다. 그들은 모두 불평하는 유전자를 가지고 있지 못했다. 돌, 먼지, 침묵, 배고픔 그리고 극심한 피곤증이 우리가 살아 있다는 것을 확인할 수 있는 전부였다.

정확하지 않은 나의 이성적 판단은 엉뚱한 추측을 낳았다. 이렇게 아름답고 답답한 돌산의 연속이 아이-아이스의 모든 것일 수 있다는 것이었다. 점점 더 커지고 깊어지는 바위와 계곡의 웅장함이 이곳의 특징일 것이라는 가정을 말로 해 버렸다.

자연의 무게에 압도된 동행들은 내 말을 사실로 받아들이는 것 같았다. 그렇다면 우리는 이 현실을 받아들여야 하고 살아남기 위하여 어떠한 형태이든지 쉴 수 있는 그늘을 찾는 것이 급선무였다.

그때 우리는 초록빛 잎을 가진 나무를 한 그루 발견했다. 그리고 조금 더 돌아서 내려가니 계곡 사이에 모래밭이 있고 모래밭에 몇 그루의 나무들이 있는 것을 발견했다. 나무 그늘에 차를 세우고 밥을 먹으면 될 것이라는 의견에 다수가 동의하는 형국이 되었다.

즐겁고 가벼운 마음으로 도로를 벗어나서 나무 그늘을 향하여 들어가자 차가 달려야 할 그곳은 흙이 아닌 모래였다. 모래는 무서운 힘으로 자동차의 진행을 막았다. 자동차는 이제 일 센티미터도 진행하지 못하고 바퀴가 헛돌고 있다.

문을 열고 차 밖으로 나오니 모래는 뜨겁고 태양은 작열한다. 우리는 바퀴 뒤편에 돌을 넣고 차 앞에서 밀면서 후진으로 모래의 수렁을 빠져나오려고 했다. 바퀴가 헛돌면서 모래먼지를 짙은 안개처럼 쏟아붓는다. 앞에서 차를 밀려고 했던 사람들이 모래먼지 속에 갇히게 되었다. 자동차는 더 깊이 모래 속으로 들어간다.

우리의 힘으로 모래밭에서 차를 끌어내려고 했던 다섯 늙은이의 지혜와 노력은 이렇게 무참한 실패로 끝이 나고 말았다. 나미비아의 사막은 우리의 신중하지 못함을 조금도 용납하지 않았다. 한낮의 뜨거운 태양 아래에서 대한민국의 늙은이들은 이국땅의 준엄한 거부를 온몸으로 받아들이고 있었다. 우리 힘으로 벗어날 수 없는 환경에 사정없이 던져진 것이다.

그곳이 마을과 아주 가까운 곳이라는 것을 발견한 것은 이 무력감의 절실한 깨달음 직후에 있었던 일이다. 우리가 목적한 아이-아이스의 온천이 백 미터도 떨어지지 않는 곳에 있었다. 모퉁이를 지나면 바로 보이는 곳이었다. 온종일 광야 길을 달려온 우리는 바로 조금만 더 가면 되는 곳에서 모래 속으로 들어간 것이다.

길에 사람들이 걸어오는 것을 볼 수 있었다. 사륜구동 지프차를 타고 가던 백인 여성 둘이 길가에 차를 세우고 우리를 도와주겠다고 했다. 지나가던 청년이 마을에 가서 길고 튼튼한 밧줄을 가지고 왔다. 줄을 길게 연결하여 단단한 도로에서 지프차가 우리 차를 끄집어 올렸다. 우리는 다시 단단한 대지 위에 설 수 있었다.

선한 도움을 베푼 사람에게 음료수를 사 먹으라고 말을 하며 백 란드를 주었다. 행복한 표정으로 돈을 받는 그의 표정이 우리의 눈에는 너무나 고맙게 비쳐왔다. 그의 눈빛은 이런 것을 받으려고 도움을 베푼 것이 아니라는 뜻을 전하고 있었다.

우리는 조그마한 실수도 용납하지 않는 자연의 엄정한 대우에 말할 수 없는 연약함을 체험했고 그 이후 인간의 따뜻한 인정으로 그 어려움을 벗어날 수 있었다. 이것이 우리가 경험한 나미비아 사람들의 환영사였다.

아직도 해가 지려면 많은 시간이 남았지만 우리는 오늘의 여행을 이 온천에서 머무는 것으로 끝을 내었다. 모두 너무 지쳐 있었다. 나미비아의 물가가 예상했던 것보다 너무 비쌌다. 더 돌아다닐 힘도 재정적인 여유도 없었다. 우선 이곳에서 숨을 쉬며 정신을 차려야 할 형편이었다.

차 속에 싣고 다니던 것으로 점심과 저녁을 해결했다. 온통 먼지와 모래이다. 털어 가면서 앉고 털어 가면서 음식을 차리고 털어 가면서 먹었다. 이윽고 해가 기울었다. 별을 보기 위하여 밖으로 나왔다.

밖으로 나와서 보니 아직도 먼지 속에 우리는 숨을 조절해야 하는 것을 느꼈다. 호텔의 불빛을 피해가며 별을 찾고자 노력했다. 주위에 산들이 있고 구름이 하늘에 흐르고 있어서 성좌를 식별하기가 쉽지 않다. 남십자성은 보이지 않고 전갈자리만 어렴풋이 눈에 들어온다.

황홀한 사막 풍경

사막의 새벽은 우리에게 생동하는 힘을 준다. 양쪽으로 산에 갇혀 있는 곳이라 일출의 장관을 볼 수는 없었다. 바위산이 붉은빛으로 변신하는 잠깐을 음미하는 동안 신선한 아침의 매혹은 그 감칠맛을 잃어 간다.

부인들이 풍성한 아침을 차려 놓았다. 아직 남아 있는 재료를 가지고 준비한 것이다.

우리는 쉽게 예배 순서를 정할 수 있었다. 장로 한 사람, 권사 한 사람, 목사 부인 한 사람 그리고 목사 두 사람이 우리 일행이다.

목사 한 사람이 사회를 보고 또 한 사람이 설교했다. 장로가 기도했고 부인들은 예배에 참석했다. 권사님에게 찬양하라고 했으나 사양해서 더 이상 권하지 않았다. 성가대를 급조하는 것은 자연스럽지 못하다는 생각이 들어서 두 번 권하지 않았다.

모래와 별들이 풍성한 곳에 와서 아브라함을 생각하는 것이 좋을 것 같아서 우리는 함께 아브라함의 하루를 묵상하는 시간을 가졌다. 평생을 손님 대접하며 살아온 사람들에게 손님 대접하는 이야기를 강조하는 결과가 되었다.

또다시 먼지를 일으키며 달리는 여행이 시작되었다. 아무것도 없다고 생각했던 산에서 짐승들이 보이기 시작한다. 운전하면서 아프리카의 사슴들이 지나가는 것을 보고 토끼가 길을 피하는 모습을 발견하기도 했다.

우리에게는 달리는 차 속에서도 그림 같은 정물화를 찍어내는 전속 사진사가 있다. 그는 직관을 가지고 순간적으로 아름다움을 찾아내는 남다른 시야를 가지고 있다. 이 사진은 한국에 있는 많은 사람이 보게 될 것이다.

황량한 계곡에 살아가는 짐승들의 외로운 아름다움이 고독한 사람들의 마음에 떨림이 되었으면 좋겠다는 생각을 해 본다. 바위 위에 서서 우두커니 우리를 바라보는 저 짐승의 눈은 무엇을 말하고 있는 것인가?

피쉬케넌으로 가는 길은 앞으로 범상치 않을 경치가 눈앞에 펼쳐질 것을 예고하고 있었다. 아주 먼 곳에 성벽 같은 산이 길게 누워 있다. 가까이 가보니 수백 미터의 깊이를 가진 계곡이 눈앞에 전개된다. 계곡의 밑바닥에 실낱같이 흐르는 강이 보인다. 장로님은 우리 주변을 나는 작은 새를 걱정한다. 이 새가 저곳까지 가서 물을 먹고 오려면 한나절은 걸릴 것이라고 동정했다.

우리는 이곳에서 점심을 먹었다. 나는 치아가 좋지 않아 음식을 씹을 때마다 통증이 있다. 아주 천천히 조금씩 오랫동안 식사를 하였다. 음식을 씹을 때 아픈 것은 이제 벗으로 하고 살아야 할 것 같다. 이제 나에게는 떠나갈 수 없는 것이기 때문이다. 치아에 통증은 있으나 씹을수록 맛이 있다. 고난과 함께 떡을 먹는 경지에 들어가는 것 같았다.

우리는 계속하여 식당을 만날 수 없는 상황에서 지내고 있지만 먹을 것은 항상 풍성했다. 지평선까지 메마른 황량한 땅에서 우리는 신선한 과일과 채소를 즐기고 있다. 여성들의 손길은 음식을 맛있게 요리하는 것 이상으로 필요한 것을 만들어 내는 능력에서 더 평가를 받아야 할 것 같다.

어떤 백인 신학 교수의 여행 학설이 어이없이 무너지는 순간이다.

그는 말했다.

"부인과 함께 여행하면 경비는 두 배로 들고 재미는 반으로 준다."

포장도로를 만나려면 한 시간 이상 흙길을 달려야 한다. 빨리 벗어나고 싶어서 내가 운전대를 잡았다. 속도를 내어 보았다. 길에 돌이 많이 깔렸지 않아서 많이 불편하지는 않았다.

한 번은 흙 속에 숨어서 살짝 머리를 내민 큰 돌을 만나서 자동차가 크게 충격을 받은 일이 있었다. 충격으로 인해 접착제로 붙여 놓은 왼쪽 거울이 떨어져 나가 버렸다. 먼 길을 충성스럽게 달려 주는 차에 대하여 애착이 일어나기 시작하던 때인지라 차에 상처를 준 것이 마음에 깊이 남는다.

집으로 돌아가면 제대로 된 거울을 붙이고 더 잘 간수해 주고 싶다. 생명이 없는 기계도 그 효능을 잘하면 애정이 생기는 것을 발견하고 놀랐다. 내가 무생물인 차에 대하여 애정을 가지게 된 것이다. 그의 형상을 한 생명체를 바라보는 창조주의 마음은 어떤 것일까.

남셉 숙소에서 밥을 지어 먹다

포장도로에 들어오기 직전에 운전대를 권사님에게 넘겨 주었다. 우리는 해가 기울어가는 시간에 마리엔탈이라는 곳에 가서 잠시 쉬었다. 그리고 다시 한 시간을 달려 말타헤허에 도착했다.

그곳에는 호텔이라는 이름을 가진 곳도 있고 인(숙박업소)이라는 이름을 가진 곳도 있었다. 방값은 너무 비싸고 불편한 곳이었다. 가격은 고급, 질은 하급이다. 아프리카는 여러 면에서 거꾸로 되어 있는 것이 많다.

아직 어둡지 않았으므로 더 가면서 숙박할 수 있는 곳을 찾기로 했다. 도시를 벗어나는 곳에 숙소 안내판을 발견했다. 정문에서 십칠 킬로미터를 더 들어오면 숙박할 수 있는 곳이 있다는 간판이다. 우리는 그곳을 선택할 수 없었다. 만일 들어갔다가 숙박할 수 없는 형편이 되면 다시 십칠 킬로미터를 나와야 하기 때문이다.

길을 따라서 조금 더 내려가니 농장에서 운영하는 숙소가 있다고 쓰여 있었다. 들어가 보니 주인이 무척 친절하다. 자기 집은 이미 팔렸기 때문에 사람을 받을 수 없다고 했다. 조금 전에 우리가 들어가 보지 않고 지나 온 집에 전화해 주었다. 그리고 그 집에 적당한 방이 있으니 가 보라는 것이었다.

대문에서 현관까지가 십칠 킬로미터이다. 걸어서 간다면 네 시간 이상 걸릴 것이다. 울타리 안에 국도와 같은 길이 나 있었다. 이십 분 이상을 달려서 숙소가 보이는 곳에 이르렀다. 야생 동물들이 우리 옆으로 지나간다. 숙소에 가 보니 젊은 부부 내외가 우리를 맞이했다.

그곳은 높은 곳이다. 수평선 아득한 곳에 태양이 넘어간 여운이 남아 있다. 하늘이 푸르고 지평선 가까이는 붉은 빛깔을 잃지 않고 있다. 지평선 위에 화성이 밝게 비치고 그 바로 위에 초승달이 아름답게 떠 있다. 군청색 하늘이다. 처음에는 밝은 군청색이었다. 차츰 짙은 색조로 변해 간다.

우리가 서 있는 곳에서는 하늘이 땅보다 훨씬 더 넓게 보인다. 내가 평생에 살면서 본 하늘 가운데 가장 아름다운 장면이었다. 아름다움이 주는 감동이 마음에 저며 온다. 우리 일행은 말을 잃었다.

이곳에 오래 살고 싶다는 생각이 들었다. 이곳이 남셉이라는 이름의 여행자 숙소였다. 이것을 보려고 나미비아에 온 것이라는 생각이 들었다. 먼지의 세계는 끝이 난 것 같다. 여기는 아주 높은 곳이다.

다른 사람들은 나보다도 이곳의 아름다움을 더 많이 즐기는 것 같다. 아름다움에 대한 감탄사는 여러 가지 소리가 있는 것 같다. 우리는 내일 아무 곳에도 가지 않고 이곳에서 쉬기로 했다. 그래야 할 것 같다. 몸이 너무 피곤하다.

새벽에 일어났다. 별들이 사라지기 전이다. 밖으로 나왔다. 신선하고 싸늘한 밤공기가 피부에 다가온다. 하늘을 올려다보았다. 사냥꾼의 모습이 완전하다. 큰 개와 작은 개를 거느리고 밤하늘을 가로 지르고 있다. 어제 우리가 잠들 때는 지평선 너머에 있었다. 황소를 쫓으며 여기까지 와 있다. 남십자성은 케이프타운에서 볼 때보다는 더 남쪽 하늘에 내려와 있다. 우리는 그곳보다 천오백 킬로미터 북쪽에서 하늘을 보고 있기 때문이다.

온종일 살아가면서 나의 마음은 길을 잃을 때가 너무 많다. 마음의 행로는 오솔길을 달리기도 하고 고속도로를 달리기도 한다. 돌부리가 많은 길을 달리는가 하면 잘 다듬어진 도로처럼 부드러운 흙길을 몇 시간이고 지나가기도 한다. 그리고 길을 잃고 한참 헤매기도 한다. 마음이 방황하는 밤이면 나는 별을 본다. 필리핀에서도 아프리카에서도 별을 보았다. 북극성처럼 언제나 같은 곳을 지키고 있는 별도 있지만 내가 알고 있는 남반구 하늘의 성좌는 항상 궤도를 지키며 움직이고 있다.

나는 선교사로 나간 이후에 곧잘 별을 보는 흉내를 내곤 했다. 소란스러운 낮에는 쉬고 어두운 밤을 도와 별을 따르며 아기 그리스도를 찾아간 동방의 현인들을 생각하는 것이다. 마음이 흔들리고 있을 때 밤하늘을 우러러본다. 그리고 장엄한 행렬의 정확성을 확인한다. 그 계절 그 시간에 그곳에 있는 별들의 질서는 숨이 막힐 만큼 웅대하고 정확하다.

남셉 숙소에서 본 나미비아의 밤하늘도 천 년을 두고 만 년을 두고 변하지 않는 질서의 숨 막힘이었다. 어제 저녁 별들이 나타나기 시작하는 때 그렇게도 황홀하던 그 하늘은 지금 이토록 숭엄하고 정교하게 진행되는 대장정의 서곡이었다. 저녁이 되고 아침이 되니 셋째 날이더라. 우리는 숨을 죽이고 나미비아의 셋째 날의 시작을 기다리고 있었다.

사흘을 계속하여 매일 오백 킬로미터 이상을 달리던 사람들이 이제는 정중동을 즐기게 되었다. 그것은 사치라고 할 만큼 소중하게 느낄 수 있는 쉼이었다. 온종일 무엇을 했느냐고 묻는다면 우리는 대답할 말이 없다. 우리는 나미비아의 한 부분이 되어 조용히 숨 쉬고 있을 뿐이었다.

태양이 그 넓은 하늘을 가로지르는 것을 보았다. 짐승들이 물 먹으러 나오는 것을 보았다. 수천 마리의 새들이 한곳에 둥지를 만들어 놓은 것을 보았다. 그리고 독일의 젊은이들이 이곳에 삶의 둥지를 틀고 평생을 살아가는 그 첫 부분을 보았다.

"손님을 모시는 한 점의 오염 없는 마음 Genuine hospitality".

이 집 사람들은 이렇게 자신들을 소개하고 있다. 나미비아에서 가장 오래된 농장 중의 하나이다. 이곳은 1894년 '아들프 베른하르트'라는 이름을 가진 독일 사람이 군인으로 왔다가 이곳에 정착하면서 이곳을 소유하게 되었다.

같은 이름을 가진 그의 아들이 공부하기 위하여 독일에 갔다가 그도 군인이 되어서 이곳에 돌아왔다. 1950년에 이 땅의 주인이 되어 아버지의 일을 이어받았다. 그러나 이 아들은 1973년 아내가 세상을 떠나자 이 땅을 '얀 부르브' 집안에 팔고 떠난다. 지금은 '부르브' 집안의 소유이다.

이곳은 야생 동물을 자기 땅에서 살아가게 하고 사냥을 즐기는 사람들이 와서 묵어가며 사냥을 하도록 하는 곳이다. 그 면적은 이천 헥타 정도가 된다. 그러나 지금은 사냥꾼이 오는 것보다는 우리처럼 관광객이 많이 오는 것 같다.

오늘 밤에도 수십 명이 와서 집 전체를 다 사용하기 때문에 우리는 세 집을 쓰다가 한 집을 내어 주고 두 집에서 지내기로 했다. 이 젊은 이 내외가 이 일을 시작한 것은 아직 삼 년이 되지 않는다고 한다.

하루에 한 사람 숙박비를 이백 란드(사만 원)을 받는다. 아침을 먹으면 팔만 원이다. 저녁까지 다 먹으면 십이만 원이다. 하루에 미화 백 불씩 해서 세끼를 먹고 자는 비용이 된다. 아프리카를 미개하고 살기 힘든 흑인들의 나라라고만 생각하는 한국 사람들에게는 이 숙박비가 턱없이 비싸게 들릴 것이다.

이 숙박업소들을 찾는 사람들은 대부분 유럽에서 오는 사람들이다. 외국인들이 주로 사용하는 곳이기 때문에 이 근처의 숙박업소는 턱없이 비싸다.

이 집은 완전한 시설을 갖춘 곳이다. 그래서 질을 생각한다면 이 집은 근처의 다른 숙박업소에 비하여 아주 싼 편이다. 우리는 숙박만을 하기로 했다. 식사는 주변에서 재료를 구해서 우리가 직접 해 먹을 것이다. 집주인의 입장에서는 우리는 돈이 되지 않는 손님들이다. 그러나 조금도 그런 내색을 하지 않는다. 도리어 자기 집의 고기까지 내어 주면서 요리해서 먹으라고 한다.

우리는 내일 여행의 최종 목적지에 도달할 것이다. 그곳은 새시림 Sesierim이다. 나미비아의 모래 산을 체험하는 곳이다. 우리는 웅대하고 새로운 세계의 지극히 작은 한 부분을 경험할 것이다.

생명 넘치는 바다 끝의 무자비한 땅[2]

호탠토트 종족의 말, 나미브Namib는 물이 없는 곳이라는 의미이다. 황량하고, 냉혹하고 철저한 사막을 말한다. 이 땅에 와 보면 이 말이 과장이 아닌 것을 금방 알게 된다. 이곳의 태양은 지상의 어느 곳에서 보는 것보다 더 외로운 태양이다. 이 고적한 태양은 지상의 어느 곳보다 이곳을 더 메마르게 한다. 그것은 온 땅에 가득한 열기이다.

바다에서 처음으로 나미비아를 보게 될 때 그 모습은 두려움을 느

---

2) 나미비아 특유의 사구(모래산)가 전개된 이 지역의 분위기를 벌핀(T.V. Bulpin)은 그의 책 『Southern Africa, Land of Beauty and Splender』에서 이렇게 말하고 있다.

낄 만큼 장엄하다. 바닷가에서 바라보는 사막은 부조화의 당혹스러
움이다. 바다는 물로 된 엄청난 창고이다. 플랑크톤에서 물고기, 조류,
물개들에 이르기까지 생명이 넘쳐나는 곳이다.

자연은 장난하는 것 같다. 물이 끝나는 그 실낱같은 경계선을 넘어
자연은 갑자기 아주 분명한 황량과 완전한 피폐의 모습으로 나타나기
때문이다. 물가를 따라 걸어가는 사람은 한쪽 발은 풍요의 대양에 다
른 한쪽 발은 일 년 내내 비가 오지 않는 메마른 땅을 걸어가게 된다.
죽음과 생명의 갑작스러운 대조는 우울하다. 이런 환경이 만들어지기
까지 얼마나 긴 시간이 흘렀을까?

만일 이 해안을 따라 흐르는 뱅구엘라 조류의 수온이 몇 도만 더 올
라간다면 바다에서 증발하는 습기가 있을 것이다. 구름이 형성될 것
이다. 비가 올 것이다. 그리하여 사막은 정원으로 혹은 습지로 변하게
될 것이다.

삶과 죽음은 이렇게 위태로운 불확실성의 가장자리에서 균형을 이
루고 있다. 자연이 슬쩍 건드리기만 하면 생명이 시작되기도 하고 그
종말이 오기도 한다.

이 조야하고 완강한 지면에 바다 안개가 내려앉는다. 이것은 드
물지 않게 일어나는 현상이다. 내 눈에 이 광경이 처음으로 들어
왔을 때 나는 두려움으로 몸을 떨었다. 이 세상 어디를 가 보아도
이보다도 더 악마의 지역 같은 곳은 없을 것이다. 이런 땅에 유배
되는 것보다는 차라리 죽음을 택하는 것이 나을 것이다. 나는 그

렇게 부르짖고 있었다.[3]

나미브는 동서로 80킬로미터에서 160킬로미터의 폭을 가지고 남북으로 2천 킬로미터에 이르는 사막이다. 그 남쪽은 남아공화국이고 그 북쪽은 앙골라이다. 이 넓은 지역 내에 수많은 사구沙丘의 세상을 만들고 있다.

지구상 어떤 사구보다 더 높은 사구를 가지고 있다. 최고 350미터까지 이른다. 이곳에 신기루가 있고, 따가운 열풍이 있고, 모래 폭풍이 있고, 짙은 안개가 있다.

길을 떠난 지 나흘째 되는 날 새벽 세 시 삼십 분에 일어나서 별자리를 살펴보았다. 그리고 우리는 함께 차를 타고 수소일러Sussoyler로 향했다. 나미브 사막과 사구를 보고 체험하기 위한 여행이다. 포장되지는 않았으나 단단한 땅 위를 달린다. 야생 토끼가 뛰어 나왔다가 혼비백산하고 길옆으로 숨는다. 이런 일이 자주 있다.

더 큰 동물들이 우리를 보고 있을 것이다. 우리가 볼 수 있는 것은 자동차 전조등이 비춰주는 길뿐이다. 하늘에는 수많은 별이 우리와 함께 달린다. 날이 밝아지면서 우리는 아득한 광야의 중심을 달리는 것을 알게 되었다. 먼 산이 있고 아득한 지평선이 있다. 우리는 백 미터가 넘는 흙먼지의 꼬리를 달고 달렸다.

---

3) 19세기에 나미비아를 여행했던 앤더슨(Charles J. Anderson)은 이런 글을 남겨 놓았다.

모래언덕은 하나님 품속 같다

아침 여섯 시 삼십 분. 새시림Sesierim에 있는 사구의 입구에 도착해서 보니 앞서 온 사람들과 차가 줄을 지어 서 있었다. 차와 사람들 수에 따라서 입장료를 내야 한다. 울타리 안으로 들어갔다. 모래사막에 잘 포장된 길이 나타난다. 아침 공기는 쾌적하다.

천천히 차를 타고 가며 한 번도 본 적이 없는 경치에 정신이 팔린다. 가끔 짐승들이 보인다. 붉은 모래 산이 연이어 펼쳐져 있었다. 가끔 차에서 내려 걸어서 모래 산을 오르려고 해 보았다. 너무 힘이 들었다.

이제는 아스팔트의 끝이다. 자동차는 더 갈 수 없다. 관광객은 모두 그 지형에 맞도록 개조된 차를 타야 한다. 여러 나라 사람들이 한 차에 타고 사막의 더 깊은 곳으로 들어갔다. 차에서 내려 얼마간 걷는 곳이 있었다. 다른 사람들은 올라갔지만 나는 산 아래에서 쉬었다.

우리는 사람이 만들어 놓은 길이 있는 곳에만 여행했다. 관광객의 발길이 끝나는 곳 너머로는 가지 않았다. 이것만으로도 충분하다는 것을 알 만큼 나이를 먹은 사람들이다.

우리가 걸어 본 곳은 이 사구의 동쪽 끝이다. 모래가 아직도 차가운 시간에 사구에 올라가 보았다. 그러나 바다가 있는 곳은 우리가 가 본 곳으로부터 너무 멀었다. 우리는 바다의 소리를 듣지 못했고 그 냄새를 맡아 보지도 못했다.

사구는 바라보는 아름다움이 있었다. 피부에 닿는 부드러움이 있었다. 어떤 때는 굵은 모래와 같았고 어떤 때는 미세한 분말과 같았다.

모래 알갱이는 주로 석영이다. 그곳에 부는 바람의 강도에 따라서 크기가 달라진다. 직경 0.5밀리미터에서 0.07밀리미터 사이이다.

밖으로 나와서 주차장에서 기름을 채웠다. 그리고 다시 근처의 협곡Canyon으로 간다고 한다. 나는 쉬겠다고 했다. 두 시간 이상 지난 뒤에 이들이 돌아왔다.

세 시 삼십 분이 되는 것을 보고 숙소로 향하여 다시 달렸다. 새벽에 캄캄해서 볼 수 없었던 곳을 이제는 바라보며 달린다.

조용한 대지에 먼지를 일으키며 한없이 달렸다. 그리고 계속하여 올라가서 고원을 달리기 시작했다. 아직 해가 지기 전에 숙소에 도착했다. 저녁을 먹고 바로 잠이 들었다. 너무도 피곤한 하루였다.

13일의 수요일이다. 여전히 우리는 움직이고 있다. 번갈아 운전하며 계속하여 동쪽으로 달렸다. 점심을 먹고 이번에는 계속하여 남쪽으로 달렸다. 해질녘에 올리판트강을 넘었다. 국경을 넘은 것이다. 한참을 더 남하하여 큰 도시를 만났다. 스프링복Springbok이다.

며칠 전 이곳을 지날 때 지냈던 같은 집에서 잠을 잤다. 이번에는 혼자서 방을 썼다. 우리는 늘 방을 세 개 사용했다. 두 가정은 각각 한 방씩, 그리고 나는 혼자서 한 방을 차지했다. 날은 춥고 방은 평안하다. 내일도 하루종일 달려야 할 것이다.

나미비아에서 우리가 자연을 만나고 또 사람들을 만난 것은 일상을 벗어난 경험이었다. 순간마다 우리의 눈과 귀와 혀와 코와 피부의 감각은 모두 새로운 자극에 놀라고 있었다. 그 가운데서 우리는 지극히 편안하고 항상 다음을 기대하는 시간을 보내었다.

우리는 아버지의 품속에 있는 어린아이들이었다. 매일 미지의 세계를 더듬으며 다녔으나 하나님의 품은 끝없이 평안하고 안전하다.

노곤한 몸이 물먹은 솜처럼 풀어지지만, 나의 생각은 웅대한 사상의 편린을 맛보며 내일을 기대한다. 이렇게 놀라운 세상을 창조하시고 이렇게 섬세하게 인간 사회를 주장하시는 그분을 사랑해야 된다는 사상이다.

우리가 하나님을 사랑할 수 있고 또 사랑해야 한다는 생각은 잠 속에서 더 이상을 생각할 수 없는 그 순간까지 나를 행복하게 한다. 이것이 며칠 전까지 진행되었던 제3차 로잔 대회의 고백이었다. 우리가 하나님을 사랑할 수 있다. 우리는 그렇게 살아야 한다. 하나님은 그것을 원하신다. 그리고 무엇보다도 그분이 우리를 먼저 사랑하셨다. 세상에 이보다 더 행복한 생각이 어디에 있는가?

21
기쁨이 흐르는
강물처럼

나는 이제 일흔의 세월을 소유하게 되었다. 목사직의 정년에 도달했다. 당연히 기억해야 할 것도 까마득히 잊어버리는 것을 보고 스스로 놀라는 일이 자주 있다. 부자연스럽게 공부한 외국어는 더 쉽게 잊어버리는 것 같다. 단어가 기억이 나지 않아서 내가 하고 싶은 말을 쉬운 말로 적당히 표현하는 것이 익숙해진다.

그렇게 힘들게 공부했지만, 이제는 영어로 설교하고 강의하는 것도 마지막이 되어 간다는 것을 생각하니 슬픈 마음이 든다.

마지막 수업을 하는 심정으로

이 성경신학교Back to the Bible Training College의 강의를 마지막 신학교 수업이라고 생각하고 최선을 다하기로 마음을 먹었다.

한 주간 동안 골로새서를 가르쳐야 한다. 120명 학생에게 한 주간 동안 혼자서 하는 수업이다. 이 학교에는 아프리카 전체의 반 이상이 되는 45개국에서 학생들이 와서 공부하고 있다.

이 학교는 성경만 가르친다. 삼 년 동안 신구약 66권을 모두 배우고 졸업하게 된다. 나는 이 학교에서 지난 3년 동안 해마다 와서 '나훔', '미가', '이사야', '스가랴'를 강의했다. 나는 강의 부탁을 받을 때마다 기쁨으로 수락한다. 강의를 준비하는 동안에 내가 배우는 것이 너무 많기 때문이다.

평소에 깊이 연구하지 않고 읽던 책들을 살펴보게 되어서 하나님의 말씀에 대한 의무를 이행하는 것 같은 생각을 가진다. 올해는 골로새 서를 가르친다.

사 년 전 우연히 어떤 모임에서 이 학교의 교장을 알게 되었다. 그는 자기 학교에서 내가 가르치기를 원했다. 그 후 이제는 몇 년째 해마다 가고 있다. 학교에 한 번씩 가려면 비용이 많이 든다. 거리도 멀고 교재를 포함한 모든 준비를 내가 해야 하기 때문이다.

학교에 가 보면 반드시 도와주어야 할 일들이 적지 않다. 과거에는 이 사역을 위하여 따로 후원을 받은 일도 있었다. 이러한 사정 때문에 나 같은 선교사에게 이러한 기회가 오는 것이라는 생각이 든다. 돈이 생기고 명예가 되는 일이면 이곳에 와서 일할 사람들이 적지 않을 것이다.

우리 집에서 이곳까지는 2천 킬로미터이다. 케이프타운에서 이곳까지 바로 오는 길이 매우 멀어서 이번에는 요하네스버그에 가서 은

헤로교회를 방문했다. 교회에서는 이틀간 나에게 숙소를 제공해 주고 정성껏 먹을 것을 준비해 주었다. 적지 않은 후원을 해주었다. 그리고 다섯 시간을 와야 하는 외딴곳에 있는 이 신학교까지 태워다 주었다. 담임 목사를 비롯한 당회원들의 정성이 한 가족처럼 따뜻하고 은근했다.

여러 해 다니다 보니 이제는 익숙해지고 정이 들어서 모든 사람과 허물없이 지내게 되었다. 나는 이곳에서 아프리카의 미래를 본다는 마음을 가진다. 이 사람들이 그리스도를 바로 배우면 아프리카의 46개국에서 한 알의 밀알들이 될 것이다.

학생들의 선량한 눈망울을 볼 때마다 고맙고 안타까운 마음이 든다. 평생을 주를 바라보고 십자가의 길을 걸어갈 이들이 공부하는 지금도 헐벗고 굶주리는 생활을 하고 있다. 가난한 자들의 유학생활은 날마다 고달프기만 한 것이다.

올해는 남부 수단에서 학생이 하나 왔다. 지구상에 가장 최근에 생긴 나라이다. 이제 건국한 지 이 년이다. 혼란스러운 나라에 자리한 교회는 궁핍하기 짝이 없다. 이곳에 유학하기 위하여 아내와 아이들은 이웃 나라인 우간다로 보내었다고 한다.

교회에 부담을 줄 수 없어서 그렇게 한 것이다. 그의 교회는 아랍어로 번역된 성경을 읽는다고 한다. 어느 날 오후 나는 그를 내 방에 불러서 그의 이야기를 들었다. 나는 그를 도와야 한다는 마음이 들었다.

2004년에 나는 아프리카 종단 여행을 하면서 수단의 국경에서 서

성거렸다. 결국 비자를 받지 못하고 들어가지 못했던 일이 생각났다. 종단 여행을 마치고 돌아오는 길에 혼자서 우간다의 국경에서 남부 수단의 문을 다시 두드린 적이 있었다.

이제 그 남부가 떨어져 나와 독립을 한 것이다. 이 나라는 북부의 수단과는 다르게 기독교국이다. 이 나라에 강하고 아름다운 주의 교회가 왕성해지도록 기도해야겠다.

이 학교의 예배에서 나는 '사슬에 매인 바울'이라는 제목으로 설교했다.

"그는 로마 감옥에서 매여 있는 몸이었으나 로마의 황제보다도 더 위대한 일을 하고 있었다. 모든 사람을 그리스도 안에 완전한 자로 만드는 일(골 1:29)을 목적으로 하고 일하고 있었다."

이것이 나의 설교 내용이었다.

그는 감옥에서 지내면서도 에베소, 빌립보, 갈라디아, 아데네, 고린도, 알렉산드리아 등 당시 세계에서 가장 큰 도시에 제자들을 파송하여 교회를 돌보고 격려하고 양육하는 일을 지휘하고 있었다.

그는 여러 서신서에서 자신이 지금 무엇을 하고 있는지 사람들이 안다면 이 지식 그 자체가 격려될 것이라고 말을 한다. 이러한 사실은 그는 갇혀 있고 매여 있으나 하나님은 자유롭게 그를 사용하시고 모든 일을 하신다는 것을 알 수 있게 해준다.

우리는 모두 여러 면에서 매인 사람처럼 제한과 속박 가운데 살아간다. 질병, 가난, 못 배움, 인간의 신체적, 정신적 연약성이 우리의 현실을 속박하고 있다. 우리는 이렇게 매여 있으나 하나님은 자유로우신 분이다. 우리를 위하여 당신의 뜻을 조금도 모자람 없이 이루어 가신다.

오히려 우리의 연약을 사용하셔서 우리를 완전히 당신의 것으로 만드신다. 그가 친히 오셔서 우리를 위하여 사시고 돌아가신 것은 우리를 완전한 자로, 당신의 형상을 이루어 가도록 하신 것이다. 우리가 주를 섬기며 살아가는 것은 주께서 우리를 완전한 사람으로 만들어 가시기 때문이다. 또한 모든 사람을 완전한 자로 만드시는 주의 뜻을 따르는 일이다. 우리는 메여 있으나 하나님은 자유로우시다. 이런 내용으로 설교했다.

이것은 하나님께서 나에게 말하도록 주신 말씀이다. 나는 강의 준비를 위하여 골로새서를 몇 달 동안 수없이 읽었다. 그리고 이 책의 마지막 구절을 통하여 나에게 그렇게 말씀하신 것이다.

"모든 사람을 완전한 자로 세우기 위하여"

우리는 함께 부르심을 받은 것이다. 한국 사람인 나도, 아프리카 사람들인 그들도.

복음의 사슬에 매인 사람은 주저하지 않는다

금요일 오전에는 한 주간 배운 것을 가지고 시험을 치는 날이다. 학생들은 세 시간 동안 답안지를 작성한다. 시험을 끝내고 식사를 하러 가는 시간에 전화가 왔다. 스와질란드에 있는 김종양 목사가 전화했다. 차를 보낼 것이니 스와질란드로 오라고 한다.

이곳에서 스와질란드는 두 시간이면 갈 수 있는 곳이다. 나는 주저하지 않고 가겠다고 했다. 내가 받은 주의 말씀을 그곳에 있는 사람들에게도 전해야 한다는 마음이 있었기 때문이다.

이곳을 찾아오는 운전사가 길을 잘못 들어 너무 늦게 도착했다. 국경에 가니 이미 날이 어두웠다. 선교사의 집에 가서 저녁을 먹었다. 한 주간 내내 이상한 것을 먹다가 한국 음식을 먹으니 몸이 새로워진 것 같다.

피곤이 바닷물처럼 밀려온다. 침대 이불 속으로 들어가니 온몸이 솜처럼 풀어진다. 그렇다고 잠이 오는 것은 아니었다. 피곤한 몸이지만 정신은 말짱한 것이다. '모든 사람을 완전한 자로 세우는 일'이라는 생각이 마음에 헤집고 들어온다. 스와질란드 사람들이 그리스도 안에서 완전한 자로 세워지는 것을 생각해 본다.

다음날은 토요일이다. 대학 캠퍼스를 조성하고 있는 곳을 둘러보았으나 안개 때문에 시계가 넓지 못하다. 온종일 날이 흐리고 비가 온다. 학교를 짓고 있는 곳은 내일 날이 맑으면 다시 보아야겠다는 생각을 했다.

오후에는 학생들의 답안지를 읽었다. 백이십 명이 세 시간 동안 쓴 것을 읽는 일이 쉽지 않다. 창밖으로 언덕 아래에 있는 시골 마을 같은 도시의 모습이 눈에 들어온다. 비가 내린다. 마음은 여전히 '모든 사람을 완전한 자로 세워지는 일'을 생각한다.

주일 김종양 선교사가 개척한 교회에서 '사슬에 매인 바울'에 대하여 설교를 했다. 스와지어로 통역하는 사람이 나보다 더 큰소리로 외친다. 교인들과 설교자가 한마음이 된다.

그리고 월요일 아침이다. 마지막 헤어지기 위하여 차를 타면서 우리는 모두 눈을 감고 손을 잡았다. 김종양, 김상원 선교사 부부, 남영주 선교사 그리고 나이다.

그때 우리는 이렇게 기도했다.

주께서 이곳에서 일하시는 것을 감사드립니다.

주께서 이곳에 귀한 일꾼들을 보내어 주셔서 감사합니다.

이들이 날마다 전력을 다하여 일하는 가운데 하나님의 마음을 알게 되는 축복이 있게 하시고 그리하여 순간마다 남모르는 기쁨이 있게 하소서.

주께서 이곳에서 성공하시고 영광을 받으시기를 원합니다.

이곳의 주민들에게 긍휼을 베푸시고 고난 중에 살아가는 사람들이 구원의 은총을 받게 하시기를 원합니다.

주의 종들의 모든 수고와 힘겨운 노력 위에 아름다운 열매가 있게 하시고 그 결과가 아프리카 전역에 나타나게 하시며 주께서 이곳에서 인도하시는 그 빛이 온 세상에 미치게 하소서. 주님의 거룩하신 이름 의지하고 기도드립니다. 아멘

남영주 선교사는 간호학을 공부하고 미국에서 박사 학위를 취득한 사람이다. 그는 몇 해 전에 서부 아프리카에 봉사하러 갔다가 선교지를 위하여 마지막 학위가 필요한 것을 알고 더 공부하기로 결심을 했

다고 한다. 이곳은 의과 대학이 시작되고 있다. 그녀는 그의 꿈을 이루기 위하여 이곳에 왔다. 참으로 귀하고 꼭 필요한 일꾼이다.

김종양, 김상원 선교사 부부는 한국에서 태어났지만 이제는 스와질란드 국왕과 백성들이 함께 신뢰하는 스와질란드 사람들이다. 김종양 선교사는 가장 힘들고 어려운 곳에 보내 달라고 기도했다고 한다. 그들은 갈수록 더 큰 도전 가운데 들어가는 삶을 살아간다.

아프리카 전역에 훈련된 선교사를 내 보내고 스와질란드 사람들의 육신을 어루만져야 한다. 이제 시작하는 의과대학은 토목공사와 건축공사, 신입생과 교수를 선발하고 가르치는 일을 모두 함께 하고 있다. 주님을 위하여 몸을 바친 이들의 넓은 품이 온 세상을 안고 있는 것 같다.

호주머니 속의 넣어 준 사랑

나는 세 사람과 헤어져서 국경이 열리는 대로 일찍 남아공화국으로 넘어와야 한다. 나는 아침 여섯 시가 지나서 일어났다. 밤중에 일어나서 몇 시간을 뒤척이다가 다시 잠이 든 것이다. 다행히 어제 저녁에 짐을 싸 두었기 때문에 급히 내려가서 밥만 먹으면 된다.

김종양 선교사 부부는 새벽 네 시 반에 일어난다. 교회에서 새벽기도를 인도하기 때문이다. 사모님은 교회에 다녀온 즉시 나를 위하여 아침을 준비해 주었다. 그리고 가면서 먹으라고 삶은 고구마를 싸 준다. 짐을 다 쌌기 때문에 고구마는 호주머니에 넣을 생각을 했다. 두 개는 호주머니에 너무 가득 차기 때문에 하나만 싸 달라고 했다.

떠오르는 아침 햇살을 받으며 스와질란드 국경을 넘었다. 남아공화국이다. 태양 빛이 눈부시다. 나는 나를 찾았다는 생각이 든다. 나는 상한 갈대처럼 연약하고 쓸모가 없지만, 나의 하나님은 완전히 자유로우시다. 마음도 몸도 쓰러질 듯 하는 생활을 하던 나에게 두 가지 일을 모두 마치게 하셨다.

이곳 신학교에서, 그리고 스와질란드에서 주님이 내 속에 계신다. 말씀으로 계시고 그 이름으로 계신다. 모든 사람을 그리스도 안에서 완전한 자로 세우고자 하는 이 일에 나도 부르심을 받은 것이다.

이 일을 위하여 하늘의 능력이 나에게 임할 것이다. 죄와 더불어 싸우고자 하는 마음이 불길처럼 내 속에서 일어나는 것을 본다. 그리스도 안에서 나는 궁극적으로 이 전쟁에서 승리할 것이다. 남아공화국의 넓은 광야를 달리며 나는 조수처럼 밀려오는 기쁨을 맞이한다. 마음속에 기쁨의 눈물이 강물처럼 흐르는 것 같다.

나를 이곳까지 인도하던 이반van이 말했다.

"승합차City-bug로 바꾸어 타는 곳에 보어전쟁 유적지가 있습니다."

예약한 승합차가 올 때까지는 아직 한 시간 가량 여유가 있다. 전몰장병의 무덤이 있는 곳에 들어가 보았다. 이백여 구의 영국 병사들 무덤이 비교적 잘 관리되고 있다. 그리고 건너편에는 자기 땅을 지키려고 했던 보어(이곳 사람들)의 무덤이 있다.

청년 시절 이 보어전쟁에서 포로로 잡혔다가 극적으로 탈출한 영국 수상 윈스턴 처칠(1874~1965)을 생각해 본다. 그리고 그와 같은 시기에 한성감옥에서 영어 공부를 하고 전도하던 청년 독립투사 이승만 (1875~1965)을 생각했다. 불같은 열정을 가진 젊은이들이다.

이들은 모두 세계사에 남을 위대한 일을 이루어 낸 사람들이다. 노년기에 이 두 사람에게는 똑같은 한 가지 집념이 있었다. 그것은 철의 장막을 땅 위에서 제거하는 것이었다. 일흔여덟이 된 대한민국의 노老 대통령은 반공포로들을 석방해 버린다. 휴전을 위한 노력에 걸림돌이 될 수 있는 일을 해버린 것이다.

일흔아홉 살이 된 영국 수상은 이 사실을 알고는 말할 수 없는 충격을 받게 된다. 이 노인들은 온 세상의 여론에 개의치 않고 국익을 따라서 행동하는 의지를 보인 사람들이다.

그들은 이 세상을 떠나며 불과 몇 십 년 후에 한국 선교사가 이곳에 와서 복음을 전하는 미래가 있을 것을 꿈에도 생각할 수 없었을 것이다.

처칠은 2차세계대전을 승리로 이끌고 영국을 구해 냈다. 이승만은 혼란 가운데 있던 대한민국의 기초를 놓은 사람이다. 나는 여기서 이 아프리카 사람들을 위하여 모든 사람을 완전한 사람으로 만들어 가시는 하나님의 뜻을 받들어 일하고 있다.

노산 이은상 선생님은 말했다.

"동포여, 우리에게 조국이 있습니다."

나는 아프리카 사람들에게 말한다.

"형제여, 우리에겐 하나님의 나라가 있습니다."

'한국 교회의 개혁과 아프리카의 회복'을 위하여 기도할 수 있는 것

이 너무나 행복하다. 고구마를 한 입 먹고 물을 삼킨다. 스와질란드의
향기가 입에 가득차 온다.

성령의 언어, 기쁨

제6부
창조적 소수를 위하여

우리는 영원히 사용할 아름다운 말을 배울 것이다. 우리는 성령의 언어로 말하게 될 것이다. 내가 하는 모든 말, 내가 듣는 모든 단어는 감동으로 우리의 마음을 함께 떨리게 할 것이다. 우리의 말은 그 모든 어휘 속에 사랑과 기쁨이 담겨 있을 것이다.

22
남위 34도
그리고 가든 루터

　우리 '보름마당' 세대는 위도에 대하여 남다른 의미를 가지고 살아온 것 같다. 아주 어린 시절부터 38선이라는 말이 우리 일상생활 가운데 깊이 들어와 있다. 말을 배우기 시작할 때 세계2차대전이 끝나는 것을 보았다.

　초등학교에 들어갈 때까지 자연스럽게 38선이라는 말을 사용하고 있었다. 우리는 초등학교 시절을 전쟁 중에 보냈다.

　처음에 북위 38도선을 경계로 우리는 나누어져서 살았다. 그리고 다시 전쟁이 있었고 그후로 '38선'과 '휴전선'이라는 말을 특별히 구별하지 않고 사용한다. 남한과 북한을 나누는 경계선이라는 뜻으로 혼용하여 사용한다. 이렇게 우리는 다른 나라 사람들보다 위도에 대한 개념이 뚜렷하다. 이미 우리의 삶 가운데 들어와 있기 때문이다.

위도 개념이 익숙한 한국인

1987년, 내 나이 마흔넷이 되던 때 삶의 위도를 더욱 낮은 곳으로 선택했다. 한국을 떠나서 남쪽에서 살았다. 이곳은 세 계절이 있다. 덥고, 더 덥고, 아주 덥고, 이렇게 더위만 끝없이 반복되는 곳이었다.

바다가 뜨겁고 태풍이 만들어지는 곳이다. 필리핀이다. 이 나라에서 세부와 마닐라를 오가는 십 년을 지냈다. 마닐라 근처에 본교가 있고 세부에 분교가 있었다. 이제 개척되는 두 학교를 오르내렸다. 배를 타면 온종일 걸리고 비행기를 타도 한 시간 이상 걸리는 거리였다.

그런데 두 지역은 아주 다르다. 마닐라는 태풍이 일 년에 서른 번 정도 불어온다. A부터 태풍 이름을 짓기 시작하여 끝까지 가고 다시 시작하여 F나 G가 되면 일 년이 끝난다. 그러나 세부는 바람은 있으나 큰 태풍은 좀처럼 없다. 왜냐하면 그 근처의 바다에서 태풍이 만들어지기 때문이다. 아주 작은 위도의 차이이지만 세부를 떠나 북쪽으로 갈수록 태풍이 강해지는 것이다.

십 년이 지나서 내 나이 쉰다섯이 되던 1997년부터 더 남쪽으로 내려가서 남위 34도를 동서로 다니는 생활을 하고 있다. 내가 학생들을 가르치는 학교는 넬슨 만델라 메트로폴리탄(포트 엘리자베트)에 있고 집은 스텔른보쉬에 있다.

이 두 도시는 750킬로미터나 떨어져 있다. 내 차로는 열 시간, 버스를 타면 열한 시간 그리고 비행기를 타면 한 시간 이상 걸리는 곳이다. 그러나 두 도시는 같은 위도상에 있다. 남위 34도이다.

나는 두 지역을 지난 십년 이상 수없이 왕복했다. 나에게는 이 길이 조금도 지루하지 않다. 길가의 풍경이 지날 때마다 남다르게 감동을 주기 때문이다. 혼자 다녀야 하는 나그넷길, 너무나 아름다운 경치를 혼자 보는 아쉬움이 외로움이 되어 늘 마음에 남는다.

이 두 도시는 같은 위도상에 있다. 그래서 학교에 갈 때에는 열 시간을 계속하여 동쪽으로 달린다. 그리고 집으로 돌아올 때에는 서쪽만 바라보고 오게 된다. 오전에 동쪽으로 향하는 때는 몇 시간이고 계속하여 태양이 전면에 있어서 운전하기가 몹시 어렵다. 그리고 오후에 서쪽으로 집을 향하여 오는 경우에도 계속하여 몇 시간씩 태양을 보고 운전을 해야 한다.

내가 남위 34도를 동쪽으로 혹은 서쪽으로 달린다. 언덕 위에 서 있는 타조들의 다리 사이에 빛나는 태양이 눈을 할퀴듯이 강렬했던 기억이 난다. 바로 앞에서 빛나는 태양 때문에 도로가 전혀 보이지 않을 때도 있었다. 큰 병을 앓고 또 나이를 더 먹으면서는 이 길이 너무 멀어서 중간에 하루를 자고 가는 일도 자주 있었다.

내가 이 길을 달리며 감동하는 것은 수려한 풍광 때문이다. 내가 그 속에 파묻혀 지나가는 자연의 아름다움 때문이다. 언덕, 산, 바다, 계곡, 숲이 어우러지면서 만들어가는 경치의 변화 때문이다. 경관은 매일 다른 색조로 나타난다.

생애 한 번은 가 볼 만한 가든 루터

하루에도 태양의 조명은 시간마다 다른 경치를 만들어 낸다. 이 길이 너무나 아름다워서 여기에 사는 사람들은 '가든 루터'(에덴 동산의 길)라고 부른다. 남아공화국에 사는 사람들도 평생에 한 번만이라도 보고 싶어한다. 일조량이 적은 곳에 사는 북구의 키 큰 주민들이 즐겨 찾는 곳이다. 잘 닦여진 길, 맛있는 음식, 깨끗하고 다양한 숙소 그리고 곳곳마다 전개되는 절경이 어디에나 있다.

바닷속을 보기를 원하는 사람들, 파도타기를 좋아하는 사람들, 낚시를 즐기는 사람들에게도 이 길은 깊은 만족을 준다. 이곳에는 유럽에 있는 식물보다 더 많은 종류의 식물이 있다. 나무 사이에 오가는 새들을 보기 위하여 흥분한 노인들이 쌍안경을 들고 즐기는 모습은 언제나 눈에 뜨인다.

남위 34도에는 세계적으로 아름다운 도시들이 온 세상을 돌아가며 정렬해 있다. 우루과이의 몬테 비데오, 아르헨티나의 부에노스아이레스, 칠레의 산티아고가 남위 34도에 있다. 호주에 가면 시드니가 34도이다.

그리고 인도양을 건너 남아공화국에 오면 넬슨 만델라 메트로폴리탄, 나이스나, 모슬베이, 스텔른보쉬 그리고 케이프타운이 모두 남위 34도에 있다. 이 도시들은 모두 빼어난 아름다움을 가지고 있다. 그 하나하나가 전혀 다른 형태의 아름다움을 가지고 있다.

내가 사는 스텔른보쉬도 34도이다. 이 도시는 다른 도시와는 전혀 다른 아름다움을 가지고 있다. 도시의 중앙에 큰 대학 캠퍼스가 있고 이 도시를 둘러싸고 수많은 포도 농장이 있다. 도시의 동쪽은 천 미터가 넘는 산들이 벽을 이룬다.

수년 전에 서울에 사는 딸 진아가 이곳에 왔다. 진아는 오랜 세월

콘택트렌즈를 눈에 붙이고 다녔다. 너무 부작용이 심해서 눈 수술을 받기 위하여 이곳으로 왔다. 한국에서 라식 수술이 선을 보이는 단계에 있을 때 이곳에서는 이미 일반화되어 있었다.

수술을 받으면 한국에서 하는 것보다 그 비용이 훨씬 적게 들어서 항공료를 벌 수 있던 시절이었다. 딸은 같은 비용으로 눈 수술도 하고 이곳 가족들도 볼 수 있는 두 가지 목적을 달성하는 방법을 선택했다. 추석 휴가를 연장해서 두 주간 동안 내어 이곳에 머물렀다.

눈 수술은 성공적이었다. 수술 후 며칠이 지난 뒤에 아주 잘 보인다고 했다.

"하나님께서 눈을 회복시켜 주셨으니 늘 아름다운 것을 보고 하나님의 영광을 위하여 살아라."

내가 딸에게 말해 주자 "예" 하고 대답하는 소리가 아름답다고 생각했다. 그날 밤 딸아이는 이제 눈이 잘 보이게 되니 자다가 일어나서 모기 잡는 일에 열중하고 있었다.

시력은 아주 좋아졌으나 귀국할 날이 곧 다가와서 가든 루터를 보여 줄 시간이 넉넉하지 않았다. 테이블마운틴과 희망봉을 둘러보는 것이 고작이었다. 루이보스 차를 몇 봉지 사서 손에 들려 보내는 것이 내가 할 수 있는 일의 전부였다.

밝은 눈으로 이곳의 아름다움을 충분히 보여 주지 못한 것이 아쉬웠다. 이 아이는 그 후 결혼하여 온 식구들과 함께 이곳을 다녀갔다. 이제 우리는 가든 루터에 대하여 같은 경험세계를 가지게 된 것이다.

내가 글을 쓰는 것을 생업으로 삼았다면 평생 글을 쓸 수 있는 소재

와 영감을 이곳에서 얻을 수 있었을 것 같다. 이곳은 보여 줄 것이 너무 많고 함께 보고 싶은 곳이 많다. 여기서 만난 한국의 젊은이에게 신혼여행을 이곳으로 오라고 권해 보았다. 오기만 하면 내 차에 태우고 구경을 시켜 주겠다고 했으나 아무도 온 사람이 없다.

외로운 아프리카의 나그네는 혼자서 낮에도 밤에도 이 가든 루터를 달린다. 피부가 검은 이곳 주민들 가운데 이 대륙을 회복시키는 인물이 나타나는 꿈을 가지고 벽오동 심는 몸짓을 거듭한다. 어제도, 오늘도.[4]

---

4) 나는 경남고등학교의 15회 졸업생이다. 우리 동기들이 「보름마당」이라는 정기 간행물을 내고 있다는 것을 몇 해 전에야 알았다. 원고가 필요하다는 말을 듣고 오십 년 가까이 만나지 못한 옛 친구들을 생각하며 나의 근황을 쓴 것이다. 멀리 살다 보니 필요한 때에 보낼 수 없어서 정작 「보름마당」에는 이 글을 보내지 못했다. 그래서 내 친구 김양정에게 미안한 마음이 있다.

한국 여행을 하기 전 김영애 선교사가 주선하여 개최한 〈행복한 부부학교〉에 참석했다. 이 모임은 한인 디아스포라 교회가 한국인 세계 선교를 활성화해 가는 한 사례를 보여 준다. 시애틀 형제교회, 두바이 한인교회, 시카고 한인교회에서 지원하였다. 남부 아프리카에서 사역하는 선교사 사십여 가정이 참여하여 가정마다 선교를 위하여 다시 일어설 수 있는 새로운 힘을 얻었다.

이 모임에서 나는 새로운 도전을 받았다. 나에게 아버지의 관점에서 성경을 읽어 보도록 만들었다. 그 결과 이번 한국 방문은 하나님 아버지를 묵상하고 많은 사람과 같이 나누는 여행이 되었다. 메시지를 전할 기회가 있을 때마다 '우리 아버지'라는 제목으로 설교했다.

하늘 아버지는 완전하시다

한국에서는 미국에서 사는 넷째 아이 진욱이가 나를 기다리고 있었다. 나를 만나기 위하여 젖먹이를 두 달 동안 데리고 서울에서 기다리고 있었다. 그는 나를 처음 만났을 때 "아빠 팔 년 만이에요"라고 말했다.

내가 기억하고 있는 이십 대 초반의 그 여린 모습은 다 없어지고 삼십 대의 아주머니가 되어서 내 앞에 서 있었다. 아이 둘을 나에게 안겨 주었다. 하나는 조이레, 네 살 되는 아이이고 또 하나는 조이슬, 사 개월 된 젖먹이였다. 나는 손주들을 처음 만났다. 이 풋풋한 아이들은 신선한 생명 그 자체였다.

결혼하고 바로 미국에 가서 온갖 노동을 다하며 지금까지 살아온 딸에게 나는 아무것도 해준 것이 없음을 발견하였다. 그러나 딸이 말했다.

"아빠, 우리는 잘 살아요."

내가 아이들에게 할 수 있는 말은 한 가지뿐이었다.

"하늘에 계신 너희 아버지는 땅 위의 어떤 아버지보다도 완전하시단다."

나는 이 아이들과 또 그들이 낳은 아이들과 함께 "하늘에 계신 우리 아버지"의 이름을 부를 수 있어서 너무 행복하다. 내가 부르고 또 아프리카인들에게 가르치는 그 이름 "우리 아버지"를 나의 아이들과 손주들이 부르고 있는 것이다.

가능하다면 이번에는 많은 시간을 이 아이들과 함께 다니려고 했다. 우리는 너무 오랫동안 헤어져 있었고 또 얼마 지나지 않아서 헤어져야 하기 때문이다. 우리는 전국을 여행했다. 서울, 대전, 거제, 부산, 양평. 가는 곳마다 목사님들과 교회의 사랑이 극진했다.

거제도 고현교회에서 정해 준 호텔에 머물며 비바람 치는 바다를 바라보았다. 밖의 폭우와는 대조적으로 방안이 너무나 조용하고 평안했다.

우리는 오랜 세월 쌓였던 회포를 실타래처럼 풀어갔다. 그리고 내일을 위하여 잠을 청했다. 아이들을 온 땅에 흩어 놓고 오랜 세월 나그네로 지낸 시간을 간추려 보았다. 수없이 이어지는 단상들 가운데 면면히 지켜 주신 하나님의 사랑이 있었다. 이것을 생각하니 눈물이 베개를 적신다.

사 개월 된 젖먹이에게 보조를 맞추어서 여행 일정을 만들었다. 이 아이의 눈으로 사람들을 보고 또 사람들을 만나는 일이 연속되었다. 천천히 아주 천천히 다녔다. 그러나 과거 한국에 나와서 바쁘게 다니던 시절보다 더 많은 일을 하고 있음을 발견하게 되었다. 놀라운 일이다.

어느 주일 오후 우리는 점심 초청을 받았다. 엄마가 쉴 수 있도록 잠시 젖먹이를 맡기라고 하는 사람들이 있었다. 얼마 후에 가 보니 아기가 아직도 자고 있었다. 그동안 다른 아이의 엄마가 아이에게 젖을 먹였다고 한다.

젖을 나누어 먹이는 젊은 여성들이 대한민국 교회에 있는 것이다. 이런 사람들이 있기에 나는 이 나라의 선교사가 된 것이 자랑스럽다.

몸에 불편한 것들 치료하다

지금 내가 사용하는 의치는 너무 오래되었다. 한국에 나오기 전에 이미 중간에 금이 가기 시작하여 음식을 안심하고 씹을 수 없었다. 고현교회와 울산시민교회에 출석하는 치과 선생님들이 수고하여 입에 맞도록 고쳐 주었다. 한국 체제 기간이 길지 않기 때문에 온전한 치료를 받을 수는 없었다. 안식년까지 이번에 수선한 것을 쓸 수 있다고 했다.

세계로병원의 이승도 원장님이 나의 혹을 하나 제거해 주었다. 오래전부터 비행기를 타든지 혹은 오래 앉아 있으면 나에게 고통을 주던 혹이었다. 이 수술로 인하여 세계로병원에 여러 번 갈 기회가 있었다. 이 병원은 세계 선교를 위하여 설립되었다. 설립 이념을 따라 많은 사람이 진지하게 일하는 모습을 보게 되었다.

날마다 온 힘을 다하는 사람들의 헌신의 결과가 아름답게 기적을 이루어 가는 현장이 바로 세계로병원이었다. 바쁜 가운데서도 원장님은 세계의 의료 선교 상황을 분석하고 기도의 제목을 제시한다. 사람을 키워야 한다는 것이다.

선교지에 병원을 만들어 가는 것이 힘들고 엄청난 일이지만 병원을 맡길 수 있는 현지인을 만들어 내는 것은 더 어려운 일이라고 한다. 사람을 키워서 현지인에게 병원을 맡기지 못하는 모든 의료 선교 사역은 허무한 종말을 맞이하는 것이다.

복음병원에서 지병에 대한 진단을 받고 처방을 받았다. 2004년 수술 이후 해마다 검사하는 내용이다. 신장의 기능이 이전에 비교하여 많이 나빠지지는 않았다고 한다. 허리 아래쪽으로 동맥 경화의 가벼운 징조가 나타난다고 했다.

사진에 나타난 심장의 색깔이 간의 색깔과 차이가 있다고 했다. 혈압을 정상화시키고 콜레스테롤의 수치를 내려야 한다는 것이다. 운동을 많이 하고 조심하며 살아가면 일을 하는 데는 지장이 없다는 의사의 소견을 들었다.

한국 여행을 마치고 선교지로 돌아오는 비행기를 타기 직전 인천 공항 로비에서 지인들을 만났다. 이들은 두바이를 거쳐서 서부 아프리카에 있는 가나로 가는 사람들이다. 두바이까지는 같은 비행기를 타게 된 것이다. 의사 한 분, 간호사 그리고 간호학교 학생으로 구성된 의료 봉사팀이다. 복음병원에서 파송된 사람들이며 한 주간 전에 먼저 가 있는 고신대학교 학생들과 가나에서 합류할 것이라고 했다.

8월 7일이 지나고 8월 8일이 되는 한밤중 두바이공항 로비에서 우리는 안부를 서로 묻는 소박한 대화를 나누고 있었다. 우리가 타고 갈 비행기에 문제가 있어서 출발이 지연된다는 방송이 나왔다. 우리가 같이 있을 수 있는 시간이 길어진 것이다. 덕분에 우리의 대화도 깊어졌다.

한 사람이 나에게 다가왔다. 과거에 내가 '창조적 소수'에 대한 메시지를 전한 것을 들었다고 한다. 그때부터 몇 사람과 더불어 창조적 소수가 될 것을 바라고 정기적으로 모이고 있다고 했다. 나에게 그 메시지를 기억하느냐고 물었다. 나는 기억하지 못했다. 그 순간부터 창조적 소수의 의미를 새롭게 생각하게 되었다.

우리의 삶은 하늘에 계신 우리 아버지로 인하여 새롭게 되었다. 하늘의 아버지 때문에 우리의 모든 순간은 영원한 가치, 영원한 사랑, 영원한 목표를 가지는 삶이 되는 것이다. 그것은 우리의 모든 순간이 영원한 창조에 참여하는 시간임을 의미한다.

그래서 우리는 세상에서 적은 무리일지라도 창조적 소수인 것이다. 하나님께서는 또한 우리가 적극적으로 창조적 소수가 되는 것을 기대하신다.

이렇게 2009년 7월 12일부터 2009년 8월 7일까지 한국에 머물렀다. 일 년 만에 보는 한국의 모습은 빗속에 젖어 있었다. 여름철의 한국은 비가 많이 오는 날들이 대부분이었다. 비 오는 창밖을 같이 바라보며, 같이 비를 맞으며 사람들을 만났다. 사람들과의 만남은 과거 현재 그리고 미래가 뒤섞인 만남이었다.

우리에게는 감사, 기쁨, 소망이 있었다. 이렇게까지 우리를 인도해 주신 분에게 대한 감사, 눈을 마주 보고 마음을 나누는 기쁨, 그리고 우리에게 주신 소망에 대한 기대가 있었던 것이다.

일 년 만에 찾아온 고국 방문이지만 만나야 할 사람들을 많이 만나지 못하고 돌아가는 여행이었다. 우리에게 주어진 시간이 너무나 짧았다. 강물처럼 흐르는 많은 사람의 사랑을 기억한다.

힘써 창조적인 소수로 살아가시는 분들에게 그리스도의 크신 은혜가 항상 함께하실 줄 믿는다. 인생은 너무나 아름답다.

24
감사하는 사람이
미래를 열 수 있다

　부산에 나이가 많은 권사님이 유치원을 운영하고 있다. 이분은 아프리카의 어린이들을 보고 특별한 사명감을 느꼈다.

　몇 해 전 아프리카에 유치원 두 곳을 지어 주셨다. 그리고 유치원에 필요한 교재, 비품 등을 보내 주신다. 권사님 부부가 다시 아프리카를 방문한 일이 있었다. 아프리카 아이들을 바라보는 노부부의 눈길이 그윽하다. 이분은 남모르게 봉사하기를 원하기 때문에 이 글에서 성함을 밝히지 않는다.

　2012년 9월에 한국을 방문했을 때 권사님께서 부산에 있는 동안 한 오피스텔에서 지낼 수 있도록 주선해 주셨다. 교통이 편리하고 필요한 것은 다 갖추고 있어서 지내기에는 너무도 적합한 곳이었다.

　그 방에서는 인터넷을 할 수 없었다. 가입해야 한다고 했다. 이곳에 열흘을 지낼 뿐인데 인터넷에 가입하는 것은 옳지 않은 것 같아서 근처에 있는 피시PC방을 출입하였다.

화면도 크고 의자도 편안해서 좋았다. 문제는 그곳을 이용하는 사람들이다. 오십 명이 족히 들어갈 수 있는 방에 십 대 이십 대 청소년들이 빼곡히 차 있었다. 이들은 모두 게임을 하고 있었다. 손가락과 눈을 재빨리 움직이는 동작을 끊임없이 하고 있다. 이들 가운데 앉아서 나는 한 시간 정도 메일을 보고 보냈다.

어느 날 이곳 출입을 하지 말아야겠다는 마음이 들었다. 옆에 앉은 아이들이 서로 이야기를 하면서 얼마나 욕을 많이 하는지 도저히 모른 체하고 들을 수 없을 지경이었다. 한마디 해주려고 얼굴을 돌렸다가 입을 다물었다.

아이들의 얼굴이 너무나 천진난만하게 보였다. 저렇게 맑고 아름다운 얼굴을 가진 아이들이 어떻게 그런 상스러운 욕을 천연덕스럽게 계속 할 수 있는지 놀랍기만 했다. 아름다운 우리말이 한없이 천해지는 것 같다. 천사의 얼굴을 가진 아이들이 거침없이 욕설을 쏟아내며 서로 대화하는 것을 이들의 문화라고 해야 할 것인가?

집 근처에 있는 빵집에 갔다. 커피를 한 잔 시켜놓고 앉았다가 종업원에게 물었다.

"혹시 인터넷 컴퓨터를 쓸 수 있을까요?"

"네, 할아버지. 비밀번호 가르쳐 드릴게요."

이제는 천사들이 욕하는 소리를 듣지 않아도 되었다.

Tous Les Jour(뚜레쥬르)! 이 빵집의 이름이다. 벽에 이런 글이 있었다.

Authentic Bakery.
Using high quality natural ingredients, we proudly offer fresh baked bread every day. We are ceaselessly doing our best to be a better bakery for your family's health and happiness.
우리 가족의 건강과 행복을 위하여 더 좋은 빵을 구워내려고 끊임없이 최선을 다한다고 한다.

우리가 더 좋은 말을 할 수 있기 위하여 끊임없이 최선을 다한다면 어떻게 될까? 피부가 다 쭈글쭈글해진 늙은이들이 천사의 말을 하는 것을 사람들이 들을 것이다. 아이들에게 노인들의 아름다움을 보여 주면 좋겠다는 생각을 해 보았다.

노인은 아이들에게 고마운 마음이 들도록 해야 한다. 다음 세대에 감사하는 마음을 줄 수 있으면 우리는 그들에게 모든 것을 주는 것이다. 감사하는 사람이 미래를 열어가는 사람이기 때문이다.

고마운 것을 모르는 사람은 아무리 많은 것을 가진다고 해도 결국 자기를 황폐하게 하고 사회를 어둡게 만들게 된다. 그들에게는 미래가 없는 것이다. 우리의 아버지, 어머니들은 더운 쌀밥 한 그릇을 그렇게도 감사하는 분들이었다. 그분들이 이렇게 밝은 한국의 미래를 열어 놓았다.

이제 이곳 오피스텔 생활이 점점 더 익숙해진다. 내가 이곳을 떠날 때가 가까워져 온 것 같다. 익숙해지면 떠날 때가 가까운 것을 느끼는 것은 평생을 통하여 익힌 삶의 이치이다. 땅 위의 여러 가지 일에 충분한 경험을 가질 때, 우리는 이 땅을 떠날 때가 가깝다는 것을 느끼게 된다. 새 사람들에게 넘겨 주고 영원한 주님 앞으로 가야 하는 것이다. 그날을 위하여 좀 더 준비되었으면 좋겠다.

25

사람은 가르치면서 배운다

1974년 봄부터 서울 서문교회에서 대학부를 담당하는 전도사로 일하기 시작했다. 이 교회는 당시 젊은 김만우 목사님이 열정적으로 사역하고 있던 때였다. 나는 아직 신학교에서 공부하고 있기 때문에 학교가 있는 부산, 교회가 있는 서울을 매주 오르내려야 했다. 서울에서 월요일 밤 열차(통일호)를 타고 부산에 도착하면 화요일 새벽이 된다. 바로 학교에 가서 기숙사에 책 보퉁이를 던져 놓고 세수를 하고 수업에 들어가야 했다.

서울과 부산 오가는 신학 공부

그 당시 기차는 한 자리에 세 사람이 앉았다. 비좁은 자리에 앉아서 흔들리며 뜬 눈으로 밤을 새운다. 여간 불편하고 힘든 일이 아니다.

사람들이 열차 안에서 담배를 자주 피웠다. 학교에 도착해 보면 입고 있던 옷에 담배 냄새가 배어 있다. 차 속에서 밤새도록 잠을 제대로 자지 못했기 때문에 눈은 충혈되어 있었다. 그 당시 유영기 전도사도 같은 교회를 섬기고 있었는데 밤 열차를 같이 타기도 했다.

그리고 금요일까지 빼곡하게 짜인 시간표대로 수업을 받았다. 금요일 저녁에는 또 밤차를 타고 서울로 향했다. 서울에 도착하면 아침이다. 씻고 밥 먹는 시간에 식구들과 함께 시간을 보낸다. 서울과 부산에서 한 주간 동안 있었던 일을 모두 나누어야 한다.

토요일에는 주일 교회 봉사를 위해 준비했다. 그리고 주일은 온종일 정신없이 움직인다. 다음날 월요일은 주일에 교회에 오지 않은 학생들을 심방한다.

월요일 밤 열차를 다시 탄다. 일주일 중 이틀은 기차에서 밤을 새웠다. 이렇게 학생의 일과 부교역자의 일을 해야 해서 두 가지 일 모두 시간이 모자랐다.

이때 나에게 큰 도움을 준 책이 패커James Packer가 쓴 『하나님을 아는 지식』Knowing God이다. 내가 패커에게 마음을 열게 된 것은 책의 서문을 읽으면서였다.

'어릿광대가 햄릿을 흉내 내려고 하는 것처럼 내가 이 글을 쓰고 있다.'

내가 신학공부를 흉내 내고 있던 시절인지라 나의 선생님을 만난 기분이었다. '진지하게 바로 해 보려는 절실한 마음이 저분에게도 있구나'하는 생각이 내 마음을 끌어낸 것이다. 학기마다 읽어야 할 책이 산더미 같은 상황에서 한 권의 책에 천착하기는 쉽지 않았다. 그러나 나는 이 책을 정독하였다.

주일 예배 후 대학부가 따로 모이기 때문에 그때마다 강의해야 했다. 강의 준비를 따로 할 시간이 없던 나에게 이 책은 나를 위하여 쓰인 것처럼 요긴하게 활용되었다. 기차를 타고 가면서 읽고 그 주일 강의의 재료로 삼았다.

그 당시 우리 학교에서 선교사 한 분이 영문서적을 팔고 있었다. 그분이 아주 좋은 책이니 꼭 읽어야 한다고 해서 이 책을 산 것이다. 뒤에 생각해 보니 그 책을 풍성하게 읽을 수 있었던 것은 그 책으로 학생들을 가르쳤기 때문이었다. 그때부터 나는 '사람은 가르치는 것을 통하여 배운다'는 생각을 가지게 되었다.

미국의 교육 철학자 존 듀이John Dewey는 '사람은 행함으로 배운다' Man learns by doing고 했다. 이 짧은 말은 미국의 실용주의pragmatism 사상의 배경과 근원을 이해할 수 있는 아주 중요한 의미를 담고 있다. 학교에서 배운 이론적인 지식은 학습자가 삶에서 적용하는 과정에서 학습자에게 참된 지식이 된다는 뜻이 될 것이다.

나는 이 이론을 비판할 생각이 전혀 없다. 특히 현재 우리나라처럼 선행 학습이 지나치게 강조되는 상황에서는 이 이론은 더욱 깊이 연구되어야 한다고 생각한다.

경쟁 위한 지식습득의 안타까움

오늘날 우리 젊은이들은 경쟁을 위한 지식습득에 몸과 시간을 다 바치고 있는 것 같아서 안타깝다. 지식습득의 궁극적인 목적이 상급 학교의 진학이나 취업에 있는 것이 사회의 일반적인 경향이라면 그 사회의 미래는 어떻게 될 것인가? 그의 머릿속에 깨알처럼 촘촘히 박혀 있는 그 지식은 어떤 지식이 될 것인가?

그 사회는 건전한 식견을 가진 생각하는 다수로 이루어진 사회가 되지 못할 것이다. 스스로 자기 생각이 있는 사람의 숫자가 그렇지 못한 사람보다 더 많은 사회가 되지 못한다.

여론에 따라 쉽게 부화뇌동하는 사람들이 다수를 이루는 사회가 만들어질 것이다. 많은 것을 알고 있는 개인으로 구성되어 있으나 방향 없이 표류하는 미래를 지금 우리가 만들고 있지는 않은가? 이렇게 볼 때 지식습득의 방법에 관한 사상은 사회의 미래를 결정할 만큼 중요하다는 생각을 할 수 있다.

지식습득의 방법에 관한 연구는 참으로 중요하다. 사람은 배움을 어떻게 얻을 수 있는가? 듀이의 주장은 우리가 간과하고 있는 한 사상의 중요성을 강조하고 있다. 그러나 이것은 그의 주장 외에 다른 배움의 방법은 없다는 것을 말하는 것이 아니라고 생각된다.

나는 '사람은 가르치는 것을 통하여 배운다Man learns by teaching'는 생각을 가지고 있다. 과문한 탓으로 이미 잘 알려진 사상을 내가 발견이나 한 것처럼 말하는 것이 아닌지 하는 두려움이 있다. 그러나 이것은 평생 경험으로 얻은 나의 지론이다.

나는 나의 삶 대부분을 학교에서 보냈다. 학생이 아니면 선생이었던 때가 대부분이었다. 사람들을 나를 선생님이라고 불렀지만 나는 학교에서 가르친 것보다 배운 것이 훨씬 더 많았다.

가정에서도 아이들이 여럿이 있으면 그중 장남이 된 아이는 동생들에게 특별한 리더십을 발휘하게 된다. 장남이 다른 아이들보다 더 책임감을 가진다. 이렇게 책임감을 가지고 아우들을 인도할 수 있는 능력은 먼저 태어나서 동생들을 가르치면서 얻게 된 지식에서 연유하는 것이다. 사람들은 나이를 먹고 아버지 어머니가 되면서 삶의 많은 새로운 지식을 자기의 지식으로 가지게 된다. 아이들의 삶을 가르치기 때문이다.

나보다 나은 사람 만들려 애쓰는 교육

옛날에 내가 교실에서 본 학생 중에 지금은 내가 우러러 보는 믿음직한 교회와 사회의 지도자가 된 사람들을 많이 알고 있다. 이들이 성숙한 인격을 가질 수 있게 된 것은 교인들을 잘 가르쳐서 자기들보다 더 나은 사람으로 만들어 보려고 애쓰며 세월을 보냈기 때문이다. 하나님의 말씀을 가르치면서 하나님의 말씀을 더 깊이 배우게 된 증거이다.

사람은 가르치는 일을 통하여 배운다. 우리는 얼마든지 이 사실을 실제적인 상황에서 증명할 수 있다. 사람은 타인을 가르치는 입장에 들어가면 새로운 시각과 판단을 통하여 새로운 지식, 살아 있고 무게 있는 지식을 쌓아가게 된다.

공부하는 학생들도 같은 동급생들에게 자기가 알고 있는 것을 가르쳐 주면서 배운 지식을 더욱 분명하게 이해하게 된다. 사람은 가르치는 것을 통하여 배우기 때문이다.

그러므로 항상 자기보다 못한 사람들에게 가르쳐 주려고 노력하는 사람은 점점 더 분명한 지식을 소유하게 된다. 몰라서 어려움을 당하는 사람들을 항상 잘 가르치려는 사람은 지혜로운 사람이다. 그는 더욱 분명한 자기 지식의 세계에 들어갈 수 있다.

세상에는 책임 있는 위치에 앉아 있으면서도 자기가 해야 할 일을 알지 못하여 자기도 모르는 말을 떠들어 대는 사람들이 가끔 있다. 이러한 사람들은 그 단체를 더욱 불행한 쪽으로 끌고 가게 된다.

그가 만일 그의 단체를 건전하게 발전시키기 위하여 부하 직원들을 가르쳐 보려는 마음을 가진다면 그는 곧 자신의 무지한 부분과 알고 있는 부분을 발견할 것이다.

이런 사람은 시간이 지나면서 좋은 지도자로 바뀔 수 있다. 이렇게 사람들을 잘 가르침으로 자기에게 꼭 필요한 지식 체계를 이루어 가는 사람이 많은 사회가 건강한 사회가 될 것이다

세상은 지구촌이다. 인류는 과거에 전혀 경험하지 못한 세계를 향하여 급하게 달려간다. 이제는 지구상의 어느 곳에 일어나는 문제이든지 구체적으로 다른 곳에 알려지고 한 걸음 더 나아가서 서로 영향을 미치는 시대에 들어간다.

이 시대를 이끌어갈 지혜는 우리가 어디에서 얻을 수 있을 것인가? 조금이라도 더 아는 자가 그 분야에서 더 몰라서 어려움을 당하는 자

에게 가르치기 시작하면 아는 자는 그가 아는 자식에 대하여 더욱 분명한 지식 체계를 가질 수 있다.

애정을 가진 교사는 전수되는 지식의 윤리적 의미를 개발해 갈 것이다. 그리하여 점점 더 잘 가르칠 수 있고 그 결과 이 시대를 이끌어 갈 예지와 사상을 발견할 것이다. 이렇게 아무도 경험하지 못한 세상을 이끌어 갈 수 있는 지식은 자기의 것을 가르치려고 애쓰는 사람에게서 발견될 것이다.

제임스 페커의 책은 내가 필리핀에서 학생들을 가르칠 때에도 도움이 되었다. 아프리카에 와서는 현지인 문학가의 도움을 얻어 그 책을 코사 말로 번역하기 시작했다. 이제 그 절반이 완성되었다. 빨리 책으로 만들어서 사람들의 손에 들려 주고 싶다.

'항상 가르치려는 태도로 사람을 대하는 것이 지혜로운 사람'이라는 말이 아니다. 결단코 아니다. 나의 주장은 '항상 가르쳐 주려는 마음이 있을 때 자기의 지식이 온전해질 수 있다'는 말이다.

그리고 세상에는 이러한 사람들이 반드시 필요하다는 말이다. '선생의 태도'가 아니라 '선생의 마음'이 자신을 성숙하게 하고 사회를 온전하게 발전시킨다는 말을 한 것이다.

시도 때도 없이 가르치려고 드는 사람을 좋아할 사람이 세상천지에 어디에 있겠는가? 이런 사람은 누구나 싫어하는 사람이 된다. 하나님도 그런 사람을 원치 않으신다.

야고보서 3장 1절에는 "내 형제들아 너희는 선생된 우리가 더 큰 심판받을 줄을 알고 많이 선생이 되지 말라"고 기록되어 있다.

선생이 된다는 것은 남의 부모가 되는 것만큼이나, 국가의 국왕이 되는 것만큼이나 책임이 따르는 일이라는 것을 우리의 선인들은 이미 알고 있었다.

선생을 하려고 나서기보다 선생이 되려는 마음을 가질 때 우리 자신에게 꼭 필요한 참된 지식을 쌓아갈 수 있다.

선생님 중의 선생님인 예수님은 이렇게 말씀하신 적이 있다.

너는 이스라엘의 선생으로서 이러한 것들을 알지 못하느냐 진실로 진실로 네게 이르노니 우리 아는 것을 말하고 본 것을 증언하노라 그러나 너희가 우리 증언을 받지 아니하는도다(요3:10,11)

그분에게는 진리를 가르치려는 불같은 마음이 있었고 '항상 눈으로 바라보고 있는 것 같은 참된 지식'이 있었다.

그러나 그분은 선생의 권위로 사람들을 억누르려고 하지 않으셨다. 오히려 무지한 사람들의 어두운 마음속의 길을 더듬으며 찾아가셨다.

26
알토란 같은
안식년

초창기 선교사들은 복음을 위하여 특별한 헌신을 했다. 선교지로 떠나며 평생 고향에 돌아오지 않을 것을 각오하고 선교지로 나가는 것이 초기 선교사들의 모습이다.

33년 동안 본국에 가지 않은 선교사

미국 교회가 처음으로 아시아에 파송한 선교사 아도니람 저더선 Adoniram Judson이 그런 사람이다. 그는 1813년에 아내와 함께 버마(미얀마)에 선교사로 간 이후 삼십삼 년을 한 번도 본국으로 돌아가지 않았다. 선교지에서 아내를 잃고 아내가 낳은 아이 셋을 모두 선교지에서 잃는다.

다시 결혼하여 여러 해 사는 동안에 여덟 명의 아이들을 다시 얻게 된다. 두 번째 아내가 중병에 걸리게 되자 그는 아내의 치료를 위하여 평생 돌아가지 않겠다는 약속을 깨고 미국으로 돌아간다.

미국을 떠난 지 이미 삼십삼 년이나 지난 때이다. 병이 깊은 아내를 치료하기 위하여 선교지를 떠나고 있었다. 이때 여덟 아이 중에 둘이 세상을 떠나고 여섯이 남아 있었다. 어린 세 아이를 현지에 남겨 두고 큰 아이 셋을 데리고 병든 아내와 함께 버마(미얀마)를 떠났다.

이 다섯 식구가 타고 가던 배가 아프리카를 돌아서 대서양을 북상하고 있을 때 그의 아내는 더 이상 병을 이기지 못하고 세상을 떠나고 만다. 배가 '센트 헤레나'라는 작은 섬에 잠시 정박하게 되자 그는 아내를 그곳에 묻는다.

그는 아내를 잃고 계속 항해하여 아이들과 함께 처음으로 미국으로 돌아왔을 때 그의 나이는 이미 오십칠 세였다.

삼십삼 년만에 다시 찾은 고국은 이미 과거의 모습을 가지고 있지 않았다. 친척들은 모두 세상을 떠난 상태였다. 그러나 다행히 또다시 결혼할 수 있게 되어서 스물아홉 살의 신부를 데리고 버마로 다시 돌아갔다. 그리고 사 년을 지내면서 그는 평생의 삶 중에서 가장 행복한 때라고 했다.

그의 나이 예순한 살이 되던 해에 중병을 앓게 된다. 요양을 위하여 배를 타고 미국으로 가다가 삶을 마감한다. 뱃사람들은 그의 시신을 수장한다. 그의 아내는 석 달 후에 미국으로 돌아가고 삼 년 후에 세상을 떠나게 된다. 버마(미얀마)에서 얻은 폐렴이 원인이었다.

그의 평생은 그리스도를 위한 고난의 연속이었다. 그것은 상상하기도 쉽지 않은 고통스러운 삶이었다. 그런 가운데서도 미얀마 말로 성경을 번역했다. 미얀마 말 사전을 만들었고 그가 전한 복음을 듣고 수많은 사람이 그리스도인이 되었다.

카렌족을 비롯하여 미얀마의 국경 근처에 사는 종족들의 많은 사람들이 신자가 되었다. 지금의 미얀마 교회는 그의 선교적 노력의 직접적인 결과이다. 한 알의 밀알이 떨어져 많은 결실을 맺은 것이다. 그의 모범은 우리에게는 참으로 위대한 유산이다.

안식년은 권장 아닌 필수사항

그의 삶과 비교한다면 나는 참으로 호사스러운 안식년을 누린 사람이다. 1987년에 아내와 함께 네 아이를 데리고 필리핀으로 갔다. 정년이 되면 나는 2013년까지 이십육 년을 선교지에서 일하게 된다. 그동안에 안식년을 가진 것은 1993년, 1997년, 2004년, 그리고 2010년이다.

사 년을 지나면 일 년을 쉴 수 있는 안식년 제도가 우리에게 있다. 안식년은 권장 사항이 아니고 선교사들에게 의무적으로 지키도록 하는 필수적인 사항이다. 선교사들은 이때 다시 사 년을 전력을 다하여 일할 수 있도록 재충전을 하는 기회로 사용해야 한다.

우리는 첫 번째 사 년을 지내고 안식년을 떠나지 않았다. 같이 일을 시작한 동료 선교사에게 기회를 주고자 한 것이다. 이제 막 필리핀에 일을 시작한 두 사람이 안식년을 갖기 위해 함께 떠날 수 없었다.

한 사람이 먼저 안식년을 지나는 동안 한 사람이 남아 있으면 현지 일이 연속성 있게 될 뿐 아니라 계속하여 사 년마다 함께 현지를 비우는 일을 피할 수 있었다. 그때 우리는 세부를 중심으로 한 선교지에서 뿌리를 내려야 하고 또 장로교의 연합운동으로 마닐라신학교를 돌봐야 하는 형편이었다.

신학교의 일을 하고 있었던 나는 뒤에 떠나는 쪽을 택하고 후배에게 먼저 안식년을 가지도록 했다.

선교지에 있으면서 안식년을 맞이하면 파사데나Pasadena에 있는 풀러Fuller신학교에서 선교학을 공부하겠다고 생각하고 있었다. 십 년 전인 1982년에 이미 이 학교에서 석사과정을 시작한 상태였다.

1982년 유학은 일 년 동안만 주어진 기회였다. 이렇게 일 년을 미국에서 공부하고 다시 기회를 기다린 것이 십 년이나 지났다.

이제 십 년이 지나서 안식년에 과거에 공부하던 선교학을 하려고 하자 한 가지 마음에 걸리는 문제가 있었다. 그렇게 공부하는 것을 하나님께서 기뻐하지 않으실 것이라는 생각이었다.

그 당시 한 학교에서 함께 일하던 '선교사 교수'들이 모두 선교학을 공부하고 있었기 때문이다. 안식년을 마치고 이곳에 와서 다시 가르치게 될 것이다. 나도 선교학을 전공하게 되면 학교의 교수진의 전문성에 균형을 잃게 된다.

이런 생각으로 인해 전공을 정하지 못하고 있을 때 옥스퍼드Oxford에 있는 위클리프 홀Wycliffe Hall에서 바울 신학을 연구할 기회가 왔다. 영국에서 공부한 송제근 교수가 신약학자 데이비드 웬함David Wenham과 연구할 수 있도록 주선해 주었기 때문이다.

송제근 교수는 데이비드 웬함David Wenham의 형이며 세계적인 복음주의 구약학자인 고든 웬함Gordon Wenham과 연구하여 학위를 마쳤었다.

그래서 선교사로 나가서 나의 첫 안식년은 옥스퍼드Oxford에서 바울 신학을 공부하는 것이 되었다. 나에게는 이것이 지극히 소중한 체험이 되었다. 이 기간에 브루스F.F. Bruce의 책을 많이 읽었고 또 학교에서 같이 공부하는 영국 학생들과 매주 두 번씩 모여 기도하는 시간을 가졌다.

프랑스RT France, 웬함David Wenham, 멕가르트 McGarthe의 강의를 들을 수 있었다. 주일에는 런던에 가서 존 스토트Jonhn Stott의 설교를 듣기도 했다. 뿐만 아니라 루이스C.S Lweis와 오스틴 파러Austin Farrer를 더욱 깊이 이해할 수 있게 된 소득이 있었다. 당시 스토트John Stott는 이미 교회를 은퇴한 상태였지만 가끔 주일에 설교하고 있었다.

영국에서 보낸 안식년은 그 이후 나의 선교 사역을 위하여 말할 수 없이 큰 도움이 되었다. 학위와는 전혀 상관 없는 연구 생활을 일 년 동안 하고 돌아왔으나 필리핀 사람을 가르치는 나의 사역은 그 방향을 확실하게 찾았다.

쉼이 열어 준 아프리카 선교

두 번째 안식년은 1997년이다. 나에게는 병가로 일 년을 쉴 기회였다. 이때 스텔른보쉬Stellenbosch대학교의 특별한 배려를 언어 박사 학위를 청구하는 논문을 쓰기 시작했다.

필리핀이라는 열대지방에서 십 년을 일하면서 생긴 병이다. 한국에서 오래 입원해서 지낼 수 없어서 병가를 얻었다. 남아공화국에서 병을 다스리며 쉬는 시간을 얻었고 또 특별한 섭리의 은혜가 있어서 공부하게 된 것이다.

이것이 나의 두 번째 안식년이다. 그해 연말에 IMF 사태가 일어나면서 우리나라의 경제를 얼어붙게 했다. 선교사들에게 송금도 못하고 선교사들이 다른 나라로 움직이지도 못하는 사태를 불러왔다. 병가로 일 년의 쉼을 얻어 온 상태였지만 국가적인 경제위기로 인하여 나는 계속하여 1998년까지 남아공화국에 머물었다. 그 결과 쓰고 있던 논문을 완성하고 1998년 12월에는 학위를 받고 졸업할 수 있었다.

그 이후 남아공화국으로 선교지를 선택하였고 이 년 동안 아프리카 현지 언어를 공부했다. 2001년에는 현지 선교부가 조직이 되었다.

2004년에 다시 안식년을 얻었다. 이것이 나의 세 번째 안식년이다. 이 기간에 아프리카를 더 알기 위하여 아프리카 대륙 종단 여행을 했다. 케이프타운Cape Town에서 카이로Cairo까지 여행할 계획을 하고 동행할 사람을 세 사람 더 얻어서 함께 여행을 떠났다. 모두 육 개월에 걸쳐서 카이로를 지나서 지중해에 있는 알렉산드리아까지 여행을 마칠 수 있었다.

그해 나머지 육 개월은 천안신학대학원에서 강의하였다. 이렇게 안식년을 마치고 선교지에 귀임하기 직전에 신장암이 발견되었다. 방사선과 성훈 선생님이 발견한 것이다.

수술하여 암을 가지고 있는 신장(콩팥)을 제거하였다. 다행히 다른 곳에 전이 되지 않은 상태여서 수술 후 재발하지 않았다. 만일 그때 발견하지 못했다면 나는 암을 가지고 선교지에 돌아갔을 것이다. 이 3차 안식년은 죽을병에서 치료를 받은 매우 뜻깊은 삶의 전환이었다.

2010년은 네 번째 안식년이다. 은퇴할 때까지 마지막 안식년이 되는 것이다. 아내가 가정 사역을 계속하여야 할 것을 생각하며 아내에게 기회를 주는 안식년을 가지도록 계획했다.

가정 사역을 위한 연구와 준비를 위하여 아내는 혼자 한국에 머물고 나는 아이들과 현지에 머물면서 아이들과 시간을 더 많이 가지려고 계획을 하였다.

안식년을 활용하여 짐바브웨를 여행하고 나미비아도 돌아볼 수 있었다. 현지에 머물면서 아프리카의 회복을 위하여 구체적으로 기도하는 시간을 가지게 된 것이 마지막 안식년의 은혜였다.

마지막 안식년을 보내는 동안 내가 가르친 학생 두 사람을 스텔른보쉬Stellenbosch대학교의 대학원 과정에 진학시켰다. 한 사람은 콩고 사람이고 한 사람은 나이지리아 사람이다.

2013년, 은퇴할 때까지 안식년을 네 번 갖게 되었다. 1차 안식년 옥스포드에서의 공부, 2차 안식년 스텔른보쉬Stellenbosch 공부, 3차 안식년 아프리카 종단 여행, 그리고 4차 안식년 아프리카 회복 운동을 위해 준비하며 보냈다. 이렇게 나의 공식적인 안식년이 마무리되는 것이다. 너무나 소중한 안식년을 보낸 것이다.

나의 안식년을 포함한 지난 일들이 주께서 간섭하셔서 반드시 필요한 일을 하게 하신 것으로 믿는다. 이제 나의 소원은 아프리카의 여러 나라에 파송할 선교사를 양성하는 것이다. 내가 하고 싶었던 일을 할 사람들을 현지인들 가운데 길러내는 것이 마지막 일이길 바란다.

27
하나님께서
말씀하시기를

내가 가족과 함께 한국을 떠난 것은 1987년이다. 그동안 나의 조국은 너무 많이 변하였다. 나는 가난한 고국에서 힘들게 살아가는 사람들이 정성껏 보내 주는 헌금으로 선교사역을 시작했다.

지금은 부유한 조국에서 자랑스럽게 보내 주는 선교비를 받으며 일한다. 우리나라가 그렇게 많이 변한 것이다.

그렇다고 하여 우리가 받는 선교비의 규모가 나라의 팽창에 걸맞게 많아진 것은 아니다. 그보다는 그동안 한국 교회는 수많은 선교사를 파송하였다. 이것이 우리의 기쁨이 될 것이다. 『세계 기도의 책』(Operation World, 2010)에는 한국이 21,500명의 선교사를 175개국에 파송하고 있다고 나와 있다. 우리나라는 미국 다음으로 세계에서 두 번째 많은 숫자의 선교사를 파송하고 있다.

이제 가깝고도 먼 나라 된 조국

사람이 할 수 없는 일을 하나님께서 하시는 장면은 미미하게 보이는 일상의 경험에서 더욱 구체적으로 나타난다. 지나고 보니 우리 가정과 나의 후원교회는 기적을 체험하며 살아왔다. 1987년에 한국을 떠날 때나 2013년, 일흔이 된 지금이나 본부에서 보내 주는 선교비는 그렇게 크게 다르지 않기 때문이다.

매달 삼천 불 정도를 이십육 년 동안 받으며 살아왔다. 우리는 궁색하지 않았고 얼마든지 나누어 주며 일을 할 수 있었다. 이것이 기적이다. 특별히 돈이 필요한 때에는 특별히 후원하는 분들이 있었다.

격변의 시대를 살면서 나의 조국에서 나는 점점 어울리기 어려운 사람이 되어가는 것이 아닌가 하는 마음을 가지게 된다. 언제부터인지 나는 말을 하기가 주저되는 분위기를 만난다.

"선교사님, 그렇게 말씀하시면 안 됩니다. 사람들이 정말 그런 줄 알고 그렇게 선교사님을 대하게 됩니다."

이런 충고를 받게 된 것이다.

예를 들면 '내가 이십 년 이상 선교지에서 일했지만 별로 한 것이 없습니다', '나는 말을 잘 못하여 사역에 어려움이 많습니다', '어릴 때 버릇 중에 아직도 고치지 못하는 것이 있습니다' 등등 이런 말들은 하면 안 된다는 것이다.

말을 하려다가 문득 다시 생각하고 어떻게 말을 해야 하는지 생각하는 중에 내가 말할 기회가 지나가 버린다. 이렇게 시대와 세상에 어울리지 않는 사람이 되어 간다.

사람들이 나에게 어울리지 않는다고 말을 하더라도 나대로 살 수밖에 없다. 지금 나의 눈에는 지금의 현상이 너무나 괴롭고 답답하다. 무엇보다 한국어의 변화에 대한 나의 적응 속도는 최선을 다하고 있음에도 불구하고 더 어눌해지고 언어 사용 능력은 더욱 현실과 간격이 멀어지는 것 같다.

사람들은 얼굴 미인을 '얼짱'이라고 한다. 그리고 '짱'을 붙여서 많은 명사를 만들어 사용한다. '대단한, 지독한'의 뜻으로 '왕'을 붙여서 말을 만들기도 한다. 처음으로 '왕초보'라는 말을 듣고 무슨 말인지 몰랐다. '완전히 초보자'라는 뜻이라고 한다.

'왕'을 붙여서 편리하게 사용하는 것을 알게 되었다. '왕따'라는 신조어도 그중에 하나일 것이다. 철저하게 따돌림을 당하는 것을 '왕따를 당한다'고 표현하고, 이제는 아주 자연스럽게 교단에서 강단에서 사용되고 있는 것을 보게 되었다.

'맨붕'이 무엇을 뜻하는지 알고 나서는 아예 어울릴 수 없는 사람으로 남아야겠다는 마음을 먹었다. 이제는 한국어와 외국어를 합성하여 말을 만들어 내는 것이 일상화되는 것 같다. 조국은 나에게는 가깝고도 먼 나라가 되어가고 있다.

아예 어울리지 않는 쪽을 택하고자 한 것은 나이가 많아서 나를 고치지 않아도 그럭저럭 살아갈 수 있다는 것만은 아니다. 어울림에 대한 내 생각이 있기 때문이다. 선교지에 나와서 나그네의 삶을 살면서, 세상은 본래 아무도 어울릴 수 없는 곳이라는 생각을 가지게 되었다.

세상에 태어나는 누구에게도 어울리지 않는 곳이 세상이다. 평생 필사의 노력을 한다고 해도 이 세상은 어울리지 않는 곳이다. 아무도 만족을 누리지 못하는 곳이 세상이다. 이곳은 우리가 영원히 살 곳이 아니기 때문이다.

우리에게 잘 어울리는 곳이 있다

미국에서 일년간 유학생활을 한 적이 있었다. 할리우드Hollywood가 가까운 파사데나Pasadena에 학교가 있었다. 학교에서 멀지 않은 곳에 귀중품 보관소가 있었다. 매주 목요일 오후 두 시 삼십 분이 되면 할머니 두 분이 이곳에 오신다.

그들은 보관소에 들어가서 자기들이 맡겨 놓은 다이아몬드 반지, 진주 목걸이 등을 목에 걸고 손가락에 껴 보고 즐긴다. 그리고 이 물건들을 다시 맡기고 평소에 하고 지내던 모조품을 걸치고 일상으로 돌아간다.

그들에게는 이렇게 한 주간에 한 번 이곳에서 자기의 것들을 만져 보는 것이 말할 수 없이 소중한 시간이다. 그리고 평소에는 늘 모조품 장신구를 걸치고 다닌다. 나와는 전혀 다른 삶을 사는 사람들이다.

필리핀에 있을 때 알게 된 이야기이다. 그곳은 날씨가 너무 더워서 아무리 부자라도 옷을 잘 입고 남에게 자기의 신분을 과시할 처지가 되지 못하다. 그래서 가끔 큰 홀에 에어컨을 틀어놓고 귀부인들이 모피코트를 걸치고 나와서 파티를 한다. 그 시간이 이 사람들에게는 너무도 소중한 삶의 순간들이다. 우리의 눈에는 전혀 부적절한 처신이다.

집을 떠난 나그네가 돌아다니는 생활 가운데 다른 사람들로부터 잘 어울리는 생활을 한다는 말을 들을 수도 있다. 그러나 그것이 얼마나 어울리는 생활이겠는가? 나그네의 생활은 숨길 수 없는 부자유와 불편이 있기 마련이다. 그가 자연스럽게 어울릴 수 있는 곳은 오직 그의 집뿐이다.

나는 십 년을 필리핀에서 살았고 십육 년을 남아공화국에서 살고 있다. 이렇게 오래 살아도 이곳 사람들은 나를 보고 금방 외국인인 줄 알고 외국인 취급을 한다. 내 피부가 검지 않기 때문이다. 사람들이 나에게 이렇게 대하는 것이 조금도 어색하거나 이상스럽게 보이지 않는다. 아주 자연스러울 뿐이다.

사실 사람은 모두 땅 위에서 어울리지 않는 삶을 살아간다. 죄와 사망이 지배하는 세상에 어울릴 수 있는 사람을 아무도 없다. 땅 위의 모든 사람은 아무도 예외 없이 울면서 태어난다. 전혀 어울릴 수 없는 세상에 태어나는 것을 알기나 한 것처럼.

그리고 한평생을 살고 수많은 사람이 탄식과 절망 가운데 삶을 마친다. 자기와는 전혀 어울릴 수 없는 세상을 살았기 때문이다.

우리에게는 우리가 잘 어울리는 곳이 있다. 그곳은 우리의 영원한 본향이다. 우리의 아버지 하나님이 계시는 곳이다. 소망을 가지고 영원한 본향을 바라보며 이 세상을 떠나는 사람들을 하나님의 자녀들이라고 불러야 할 것이다.

하나님이 그렇게 부르실 것이다. 천사들이 그렇게 부를 것이다. 사람들이 그렇게 부를 것이다. 거기서 그들은 어울린다는 말의 참뜻을 알게 될 것이다.

지금 이곳에서도 만물은 이러한 사람들이 나타나는 그 순간을 고대하고 있다(롬8:19). 하나님의 자녀들이 나타나는 것을 기다리고 있다.

모든 것이 다 잘 어울리는 때를 기다리고 있다. 그때는 아무도 따돌림을 당하지 않는다. 창조주와 피조물이 모두 억조창생이 모두 존재하는 기쁨으로 겨워할 것이다.

우리가 이 세상에서 잘 어울리는 사람으로 살아 보려는 생각을 아예 버릴 수 있다면 우리는 참으로 잘 어울리는 사람이 될 것이다.

우리의 선인들은 '안빈낙도'安貧樂道를 가르치려고 했다. 그것은 무책임한 가르침이다. 참으로 마음이 쉴 수 있는 가르침은 이렇게 표현되어 있다.

"마음이 가난한 자는 복이 있나니 천국이 그의 것이니라"(마5:3)

사람들의 무시와 따돌림으로 힘들게 살아가는 사람들이 나를 찾아오면 좋겠다. 나는 그들을 위하여 커피를 끓일 것이다.

아마 내 마음속에 외로움이 많아서 이런 생각을 하는지 모르겠다. 커피 향기 속에 우리는 세상의 요사스러운 인심을 한껏 웃어 주고 싶다. 우리에게 이런 자유로움이 있는 것은 우리에게 하나님께서 말씀하시기 때문일 것이다.

"너희가 내 말에 거하면 참 내 제자가 되고 진리를 알지니 진리가

너희를 자유케 하리라" (요8:32)

"그러므로 아들이 너희를 자유케 하면 너희가 참으로 자유하리라"
(요8:36)

제7부

하나님의 영광을 바라고
즐거워하는 사람들

- 로잔 언약과 한국 교회의 아프리카 선교

또한 그로 말미암아 우리가 믿음으로 서 있는 이
은혜에 들어감을 얻었으며 하나님의 영광을 바라
고 즐거워하느니라(롬 5 : 2)

이 글은 '중남부 아프리카 선교사회'에서 개최한 선교 전략회의를 위하여 썼다. '중남부 아프리카
선교사회'에서는 2010년 케이프타운 로잔 대회를 선교에 활용할 수 있는 방안을 의논하기 위하여
2년에 걸쳐 여러 차례 선교전략회의를 가졌다. 제3차 로잔 대회가 시작되기 전 한 해 그리고 대회
를 마치고 나서 한 해 동안 로잔 대회를 위한 우리의 준비와 적용의 문제를 다루었다. 그 결과 여
러 선교사가 참여하여 5편의 논문이 만들어졌다. 이 글은 그중에 한 편이다.

차 례

서론

이 글은 "한국 교회의 선교가 세계 선교에 효과적인 기여를 하기 위하여 로잔 운동과 정신을 어떻게 이해하고 활용할 것인가"에 대하여 설명을 시도한 것이다. 또한 이 글은 중남부 아프리카에서 사역하는 한국인 선교사들이 로잔 언약Lausanne Covenant을 어떻게 이해하며 로잔 운동에 어떻게 참여할 것인가를 생각해 보는 글이다.

'로잔 언약'에 나타나는 '로잔 정신'을 따르는 '로잔 운동'은 세계복음화를 위한 복음주의교회의 선교적 노력이다.

이 운동은 이 시대의 복음주의자들이 하나님 앞에서 깊이 회개하고 선교 사명을 새롭게 감당하려는 시도이다. 궁극적으로 그들의 시대에서 부흥운동이 일어나는 것을 바라고 기도하는 복음주의자들의 회개운동이다.

이 시대에 아프리카에서 한국 선교사들이 일하는 하나님 나라의 봉사는 세계복음화를 위한 복음주의교회의 노력에 적극적으로 참여하는 가운데 더욱 효과적인 사역이 될 수 있다. 여기서 '적극적으로 참여한다'는 말은 선교사들이 자기 사역에서 하나님의 영광을 위하여 최선의 봉사를 하려고 노력하는 것을 통해서 '하나님의 인도하심을 경험하는 것'을 뜻한다.

이렇게 선교사 개인이 하나님과 나누는 밀접한 교제The Communion with God는 그의 사역에서 하나님이 기뻐하시는 열매로 나타날 뿐 아니라 로잔 운동이 추구하는 목적을 이루는 일이 되는 것이다.

이러한 개인적인 결과는 그 선교사만이 가진 특별한 환경 가운데서 나타나는 세계복음화의 가능성의 편린이다. 이렇게 선교사는 자기 사역을 통하여 세계복음화라는 물결에 신선한 가능성을 제시할 수 있을 것이다.

이러한 의미에서 적극적인 참여는 창의적인 참여를 뜻하게 된다. 세계복음화라는 물결이 바른 방향을 잡아가도록, 개인적인 봉사를 통하여 자기 분야에서 기여할 수 있을 때 우리는 세계복음화에 참여하는 사람이 될 것이다.

우리는 이렇게 참여하는 위치에 서기 위하여 시편의 기자처럼 기도해야 한다.

"주께서 우리를 다시 살리사 주의 백성이 주를 기뻐하도록 하지 아니하시겠나이까?Will you not revive us again, that your people may rejoice in you?"(시 85:6)

로잔 운동은 생각을 깊이 하는think harder 선교 사역을 요구한다. 로잔의 문서들은 세계복음화를 위하여 함께 기도하고, 계획하고, 일할 것을 서약하는 문서들이다.

로잔 운동에 동참한다는 것은 자기의 선교 사역에 대한 꾸준한 자기 성찰이며 선교 방향에 대한 끝없는 자기 확인이다.

이것을 우리에게 적용한다면 중남부 아프리카의 한국인 선교사들이 세계복음화운동의 대열에 발을 맞추어 나가기 위하여서 사역 자체를 연구하고 공부하는 일에 더 노력해야 함을 요구하는 것이다. 여기에서 공부와 연구는 우리가 가진 '그리스도인의 지성Christian Mind을 더 개발하는 것'을 포함한다.

이것은 아프리카에서 일하는 선교사들이 다른 곳의 선교사들보다 더 연구를 많이 해야 할 형편이라는 말이 아니다. 외국인 선교사들보다 한국인 선교사들이 더 많이 공부해야 한다는 주장을 하는 것도 아니다.

우리 사역으로 세계복음화에 참여한다는 이 사역의 본질상 더 많이 공부하면 더 효과적인 일을 할 수 있다는 권유를 로잔 언약에서 받는다는 뜻이다.

또한 이것은 선교사들이 상아탑으로 들어갈 것을 권유하는 말이 아니다. 그보다는 그의 사역을 위하여 "마음으로 새롭게 되어 하나님의 선하시고 기뻐하시고 온전하신 뜻이 무엇인지"(롬12:2) 알기 위하여 열정적으로 우리가 할 수 있는 모든 수단과 방법을 동원하여 찾는 사역의 자세를 의미한다. 로잔 운동은 참여자의 측면에서 볼 때 그가 속한 지역의 부흥운동을 기대하면서 꾸준히 자신의 영성을 개발하는 것을 뜻한다.

1. 세계복음화를 위한 언약

1974년 스위스 로잔에서 '세계복음화를 위한 복음주의교회 대회'가 열렸다. 이 로잔 대회에 다녀 온 신학자 오병세 박사는 이 대회의 의미를 이렇게 정리했다.

1. 로잔 대회는 복음주의자들에게서 중요한 회의로 WCC에 대항하기 위한 것은 아니지만 WCC에 영향을 주었다.
2. 로잔 대회는 복음주의자들로 하여금 전도를 위한 연합을 가능하게 하였다.

3. 로잔 대회는 복음주의와 WCC를 대립적으로 보게 하는 계기가 된다. 전자는 전도에 더욱 힘쓰고 후자는 정치와 사회정의에 더 비중을 둔다. 선교의 양극화가 심화된다.

4. 로잔 대회는 복음을 듣지 못한 사람들의 영적 심각성을 세계에 깨우친 대회이다.

5. 로잔 대회는 넓은 복음주의 운동이었다. 즉 포괄주의의 요소가 있었다.[5]

선교학자 전호진 박사는 '세계화의 선구자 오병세 박사'를 논하는 글에서 이 대회의 선교학적 중요성을 다음과 같이 요약했다.

로잔 대회는 세계복음주의운동에서 획을 긋는 중요한 대회이다. 이 대회는 비록 세계 각 교회의 대표들로만 구성된 대회는 아닐지라도 세계 교회협의회(일반적으로 WCC로 통함)에 적수가 되는 복음적인 세계기구이다.

그래서 당시 타임지는 로잔 대회야말로 WCC의 주도적 철학에 도전하는 대회로 평가했다. 타임지가 평한 WCC의 주도적 철학이란 바로 타종교인들에게 구원의 복음을 전하는 것을 포기하고 대신 해방운동을 선교로 정의한 것이다.

1974년에 공교롭게도 WCC는 선교의 모라토리움을 제창하였는데 이것은 서구 기독교가 선교지에 선교사를 더 이상 보내지 말고 일시 보

---

5) 오병세, "로잔느대회에 다녀와서" (4), [고려신학보], (1975년 4월), 37

류하자는 운동이다[6]. 그러나 이것은 사실상 모라토리움moratorium은 전통적 선교의 중단을 선언한 것이다.

로잔 대회는 풀러신학교의 선교학 이론이 상당한 영향력을 행사했다. 그중에 하나가 미전도종족The unreached people 개념이다. 이것은 선교가 더 이상 개인 위주로 전도할 것이 아니라 복음을 듣지 못한 인종 단위로 선교해야 한다는 선교운동의 개념이다. 로잔 대회 이후 미전도종족 선교는 복음주의 선교의 가장 중요한 쟁점이 되고 유행이 된다.[7]

로잔 언약은 이 대회가 채택한 문서이다. 많은 사람이 이것을 근대 개신교회 시대의 선교 문서 중에 가장 의미 있는 문서라고 말한다.[8]

이 언약은 그 이후 지금까지 38년 동안 두 번 확인되었다. 1989년 마닐라대회에서 '마닐라 선언'Manila Menifesto[9], 그리고 2010년 케이프타운대회

---

6) William Martin, A Prophet With Honor: The Billy Graham Story(New York: William Morrow and Company, 1991), 430-449

7) 2001, 성역 50주년 기념문집 간행위원회, 부산 현대출판인쇄사.

8) Many regard this Covenant as the most significant missions document to be produced in the modern Protestant era. The one possible exception is perhaps William Carey's Enquiry (into the Obligation of Christians to Use Means for the Conversion of the Heathen) written in 1792. Carey's treatise gave birth to the modern missions movement. The Covenant has given an evangelical definition to world evangelization. It has also provided a framework for unity among Christians globally and formed the basis for many collaborative projects (FLWL 59참조).

9) 마닐라 선언은 'The whole Gospel, the whole Church, the whole Nation'을 강조한다. 그동안 성장한 비서구교회의 선교참여를 중점적으로 생각한 것이다.

Cape Town에서 '케이프타운헌신'Cape Town Commitment[10]이라는 문서들로 확인된다.

첫 번째 로잔 언약이 만들어진 이후 복음주의교회의 선교가 온 세상에서 활발하게 진행되어 비서구 사회에서도 새로운 교회가 많이 일어났다.

이렇게 세계적으로 선교지의 형편과 교회의 선교 참여 비중이 바뀌는 상황에서 새로운 선교방법을 모색한 것이 '마닐라 선언'이다.

그로부터 다시 21년이 흘러서 급변하는 지구촌이라는 새로운 시대의 세상에서 선교의 방향을 찾으려고 한 것이 '케이프타운헌신'이다. 이러한 두 번의 결의는 모두 로잔 언약의 시대적인 확인이며 구체적인 선교의 강조점과 방향을 찾으려는 노력이다.

1.1. 복음주의 지성의 각성

복음주의는 이제 기로에 놓였습니다. 2010년 10월은 이미 늦은 것 같은 감이 듭니다. 이번 모임이야말로 어둠이 더 깊이 뒤덮기 전에, 서구에서 기독교 윤리가 없어져 버리기 전에 우리 복음주의자들이 가질 수 있는 마지막 기회가 아닌지 모르겠습니다.[11]

---

10) 케이프타운헌신은 이 전에 만든 두 문서를 합한 것의 두 배가 넘는 분량이다. For the Lord we love: The Cape Town Confession of Faith 와 For the World we serve:The Cape Town Call to Action 두 부분으로 나누어져 있다. 너무나 달라진 교회 형편과 선교 상황에서 향후 10년의 road map을 제공한다는 의미를 가진다.

11) For the Lord we Love, p.3.

이것은 촌각을 다투는 다급한 내용의 메시지이다. 2010년에 열리는 케이프타운대회에 마지막 기대를 걸어보는 말이다. 이 메시지는 로잔 운동의 총재[12] 버드살SD Birdsall이 2008년 6월에 받은 것이다.

이것을 보낸 사람은 50년 동안 복음주의 발전을 연구해 온 어떤 연구자이다. 서구 기독교가 이미 쇠락하여 이제는 마땅히 서 있을 자리를 잃어가는 긴박한 상황을 말하는 것이다.

로잔 언약은 먼저 서구 교회, 교회사의 연장에서 이해되어야 할 것이다.

1793년 근대 선교가 시작될 때 전 세계 기독교 인구의 90%는 백인이었다.[13]

윌리엄 캐리William Carey가 인도로 선교를 위하여 떠나던 시기에 선교는 백인 교회의 책임이었다. 그리고 서구 백인들의 교회가 두 세기가 넘도록 선교 활동을 하여 기독교가 세계적으로 확산되는 일을 견인하는 역할을 감당하였다.

따라서 그 이후 20세기 중반에 이르기까지 250년 동안 세계 교회는 서구 기독교의 변천에 따라 결정적인 영향을 받아 왔다.

인류는 20세기 전반부에 두 번의 대규모 전쟁을 경험했다. 그것은 사람들의 기독교에 대한 생각을 바꾸었다. 그리고 글자 그대로 세상의 모든 것에게 참담한 상흔을 남기는 전쟁들이었다.

이 전쟁들은 모두 기독교 국가들이 일으킨 전쟁이었다. 공정하게 보아서 전쟁의 책임을 독재 군국주의자들에게 돌려야 하겠지만, 비서구사회의

---

12) Executive Chairman, The Lousanne Movement.
13) William Carrey의 『Enquiry』 참조 (ref: Timothy Georgy, 1991:The life and mission of William Carrey, Inter-Varsity Press:U.K.).

시각에서 보면 두 번의 세계대전은 모두 기독교 국가들이 온 세상에 벌인 참혹한 살상이었다.

동양에서 뒤에 전쟁에 참여한 일본만 예외가 될 것이다. 기독교 지성은 이 두 번의 전쟁 이후 세계의 사상사에서 그 지도력을 잃고 역사에서 표류하기 시작했다. 기독교가 바탕을 이루고 있는 서구 문명은 참담한 자화상을 그릴 수밖에 없게 되었다.

무신론에 의한 공산주의 국가들이 볼셰비키 혁명(1917년 10월)의 성공 이후 20세기 초반과 중반 그리고 후반에 이르기까지 해마다 세력을 넓혀 갔다. 해마다 지구는 공산주의의 붉은 땅이 확대되어가는 것을 보아야 했다.

그 가운데서 자행되는 무자비한 종교 탄압과 함께 믿음을 지키는 무수한 사람이 순교자가 되는 역사가 계속되었다.

서구인들의 눈에 선교가 활발하게 진행되는 것으로 보였던 아프리카는 깊은 종교적 혼합주의에 빠져 가고 있었다. 엄청나게 많은 아프리카의 기독교인 숫자는 수많은 이름뿐인 신자를 포함한 것이다.

아프리카에 기독교인이 얼마나 많은가 하는 것은 아무런 의미를 갖지 못하는 말이 되었다. 이곳에는 기독교를 통하여 빛으로 나아가는 삶의 변화가 없다. 부정, 부패, 혼란, 무지, 가난, 질병이 만연할 뿐이다.

20세기 초반부에 두 번의 세계대전을 모두 승리로 장식한 미국은 개신교회의 희망이었고 보루였다. 그러나 숫자상으로 본 미국 교회의 신자들은 대부분이 자유주의신학의 영향을 받고 있거나 근본주의 교회에 속한 형편이었다.

이러한 신학과 신앙은 사람의 영혼을 메마르게 한다. 서양인들이 삶의 의미를 상실한 시대에 기독교는 극심한 사상적 공황을 맞이한 것이다.

신학자들은 많으나 교인들은 교회를 떠나고 있었다. 사변적인 신학은 있으나 영혼을 먹이고 살찌우지 못하는 신학이기 때문이다. 이러한 신학적 사유는 교회 안에 신학적 동공화 현상으로 나타난다. 교회 안에서 공허한 신학이다. 교회 안에서 하나님 영광을 위하여 살아가는 경건한pietas 무리를 만들거나 인도하지 못하는 신학이다.

이러한 시대적인 신학의 동공화 현상이 일어나는 가운데 20세기 중반부터 오순절 운동이 일어나면서 기독교는 숫자상으로 새롭게 회생되는 모습을 보였다. 온 세계적으로 신자는 증가하고 모든 교회와 교단이 그 영향을 받았다.

라틴아메리카의 로마 교회 사회에서도 오순절 운동은 뜨겁게 진행이 되었다. 이 오순절 운동의 영향으로 교회는 전 세계적으로 새로운 경향을 가지게 되었다. 눈에 보이는 성령의 은사, 현실적인 축복에 대한 강조와 감성적인 기독교의 모습을 가지게 된 것이다.

이러한 시대적 기독교 현상 중에 복음주의자들의 각성 운동이 일어나기 시작했다. 경건한 신자들의 세계적인 결속이 필요했다. 이 결속은 방향을 가진 것이어야 했다. 더구나 이러한 결속은 기독교 지성의 회복에서 비롯된다고 생각하는 자각을 일어나게 했다.

앞에 언급한 세계적인 반기독교적이고 부정적이거나 유사기독교적인 사고와 신앙의 혼란 가운데서도 20세기 중반에 교회 안에서 기독교 지성을 밝혀 온 지도자들이 온 세상에 무수히 많을 것이다.

필자가 직접 간접으로 영향을 받은 사람 중에는 C.S.루이스C.S Lweis, 오스틴 파레Austin Farrer, 제임스 패커J.I Packer, 조지 레드G.J Ladd, 토저A.W Tozer, 로이드 존슨Lloyd Johns, 존 스토트J. Stott, 빌리 그레함Billy Graham 등을 꼽을 수 있다.

한국에서는 계시 의존적 사색을 강조한 박윤선, 하나님과 동행하는 삶을 가르친 한상동 등 수많은 교회 지도자들이다.

이들이 모두 로잔 운동에 참여한 것은 아니다. 그중에는 로잔 대회가 열리기 전에 세상을 떠난 사람들도 있다.

그러나 이들은 내게 기독교 지성Christian Mind이 무엇인지를 알게 해준 사람들이다. 세속적인 생각Secular Mind과 기독교 지성Sanctified Mind을 구별할 수 있게 해준 분들이다.[14]

로잔 언약을 기초한 존 스토트John Stott 박사는 1972년, 『당신의 지성이 중요하다』Your Mind Matters라는 책을 내었다. 기독교 반지성주의에 대응하여 균형 있는 교회를 설명한 것이다.

이 책의 내용은 그의 시대에 교회가 기독교 지성을 회복해야 할 것을 강조하고 있다. 20세기의 중반을 말하는 그의 시대에는 사상보다는 교회 활동을 내세우는 의식주의자들, 사회개혁으로 교리를 대신하려는 교회일치 운동 행동주의자들, 그리고 경험을 절대화하는 오순절 복음주의자들, 이들의 반지성적 경향이 교회를 대표하는 사상으로 사회의 전면에 나타나 있었다.

---

14) 나는 여기서 나를 깨우쳐 주시고 이끌어 주신 많은 선생님들을 생각하고 깊은 감사의 마음에 잠긴다. 내 영혼을 살찌게 해주신 목사님들, 강단에서 나를 가르치신 교수님들, 그리고 내가 만나 본 삶으로 기독교 지성을 실천하는 모든 분들에게 큰 은혜를 입은 것을 감사드린다.

이에 대하여 그는 이 책에서 교회의식, 행동, 경험과 함께 지성의 개발 hard thinking이 균형을 갖추어야 한다는 메시지를 전하고자 했다.

로잔 언약은 존 스토트 박사가 기초하였다. 이 언약은 세계복음화를 위하여 이 시대에 교회가 해야 할 일에 대하여 기도, 계획, 동참을 호소하는 이론적 설명이며 기독교의 지성에 호소하는 언약이다. 교회의 전통적인 신앙고백과 교리가 소중함을 일깨운 것이다.

로잔 언약은 서구교회의 회개와 새로운 각성의 의미를 가진다. 이것은 로잔 언약을 해설한 책『For the Lord We Love』(FLWL, 우리가 사랑하는 주님을 위하여)에서 잘 나타난다.

로잔의 정신은 손에 잡힐 만큼 쉽게 파악이 될 수 있었다. 그것은 겸손 그리고 뉘우침의 정신이라고 할 수 있을 것이다. 우리가 과거의 실패와 그럼에도 불구하고 날마다 일하시는 하나님을 생각하며 우리는 소망을 가지게 된다(Stott,2010:11,12).

세계의 복음화는 전해 주는 사람의 말을 듣고 사람이 그리스도의 십자가를 받아들이는 과정을 거듭하면서 이루어진다. 성령께서 조명하셔서 사람의 눈이 밝아지고 마음이 열리는 결과를 초래하지만, 그 과정은 전해 주는 사람이 듣는 사람을 설득하는 일이다.

전하는 사람은 상황과 대상에 따라 단어를 선택하여 말을 하게 되고 듣는 사람은 들은 내용을 생각하여 판단하게 된다.

이 과정은 이성을 통하여 이해되는 것이고 그것은 설득persuasion의 과정이며 지성의 사용이다. 그러므로 전하는 자는 복음의 내용을 알아듣도록 효과적으로 전하기 위하여 연구하고 공부해야 한다. 이것은 기독교 지성의 문제인 것이다.

세계복음화운동의 궁극적인 목표는 간단하고 분명하다. 그것은 온 세상에서 일어나는 부흥운동이다. 성령의 내적인 조명으로 열매 맺는[15] 개종conversion, 그리고 그것이 집단적으로 일어나는 부흥은 사람이 알아들을 수 있는 말로 하나님의 말씀이 전해질 때 일어나는 지성의 사용이라는 과정을 거친다. 초대 무디신학교의 학장을 지낸 토레이R.A. Torrey박사는 온 세상에서 일어나는 부흥운동을 이렇게 말한다.

> 부흥운동은 소생의 때 혹은 생명을 부여하는 것을 뜻한다. 생명을 주실 수 있는 분은 하나님뿐이다. 부흥운동은 하나님이 당신의 백성들을 찾아오셔서 성령의 능력으로 당신의 백성들에게 생명을 주시는 때를 말한다.
>
> 그리고 이 사람들을 통하여 죄와 허물로 죽은 죄인들에게 생명이 전해지는 것을 뜻한다. 우리는 역사를 통하여, 단순히 직업적인 전도자들이 교묘한 방법과 최면적인 영향력으로 사람들에게 종교적인 흥분을 일으키게 하는 것을 자주 경험한다.
>
> 그러나 이런 것들은 이 시대에 꼭 필요한 부흥운동이 아니다. 이런 것들은 마귀가 사용하는 부흥운동의 흉내에 불과하다.

---

15) Worldwide evangelization will become a realistic possibility only when the Spirit renews the Church in truth and wisdom, faith, holiness, love and power(The Lausanne covenant 14).

하나님에게서 오는 새로운 생명, 그것이 부흥이다. 세계적인 부흥운동은 하나님이 주시는 새 생명이 몇몇 지역에 제한되어 나타나는 것이 아니고 기독교국과 온 세상의 나라들에 공동적으로 일어나는 것을 말한다(Torrey, 96).

이렇게 기독교 지성이 중요하기 때문에 로잔 언약을 만들게 된 국제복음화세계대회The International Congress on World Evangelization의 두 기둥이라고 할 수 있는 빌리 그레함과 존 스토트의 메시지는 기독교 지도자들의 열정적인 공부와 연구에 대하여 강조하고 있다.

존 스토트는 깊이 연구하는 후배들이 일어나기를 바라고 기도했다.

하나님께서 오늘날 기독교 변증가들 혹은 기독교 전달자들의 새로운 세대를 일으켜 주시옵소서. 성경적 복음에 대하여 절대적으로 충성스럽고 성령의 능력에 대하여 흔들리지 않는 확신을 가지고 있는 사람들, 현대의 복음의 대안들에 대하여 깊고 확실한 이해를 하고 이 대안들을 신선하게, 날카롭게, 권위 있게, 적절하게 분석할 수 있는 사람들, 그리고 그리스도를 위하여 그들의 생각을 다른 사람의 생각에 이르도록 할 수 있는 사람들을 일으켜 주소서(1972:74).

이렇게 복음주의교회의 힘은 기독교 지성의 개발을 통하여 균형 있는 기독교를 이 시대에 제시하는 것이다. 남부 아프리카에서 일하는 한국 선교사들에게도 이것이 적용될 것이다. 아프리카의 영혼들에게 접근하기 전에 우리는 이 시대에 성령께서 조명해 주시는 눈으로 읽어낼 수 있는 성경의 본문 이해와, 교회의 전통적 신앙고백과 교회에 대한 이해가 있어야 한다. 스스로 갈고 닦는 기독교 지성이 없이는 아프리카의 영혼을 위하여 봉사하는 것도 세계복음화에 동참하는 것도 충실한 열매를 기대할 수 없을 것이다.

1.2. 언약

세계복음화를 위하여 1974년 스위스 로잔에서 만들어진 문서를 로잔 언약Lausanne Covenant이라고 한다. 그들은 선언서를 내면서 이것을 특별히 언약이라고 했다. 이 언약을 기초한 사람은 존 스토트이다.

그는 이 언약을 사람들에게 더 잘 이해시키기 위하여 로잔 언약 연구 지침서Your Study Guide to the Laussane Covenant인 『For the Lord we Love』(우리가 사랑하는 주님을 위하여)라는 책자를 만들었다.

이 『FLWL』[16)의 서문에서 그가 언약이라는 말을 사용한 이유를 이렇게 말했다.

> 우리가 로잔 선언Lausanne Declaration이라는 말보다는 로잔 언약Lausanne Covenant이라는 말을 사용하는 것은 우리가 무엇을 선언하는 것보다는 우리가 무엇을 하기를 원하기 때문이었다. 우리는 세계복음화에 우리

---

16) 『For the Lord We Love』, John Stott, 1974년에 작성된 Lausanne Covenant는 해설과 주석을 곁들여서 1975년 출판되었다. 지금 여기에 사용하는 개정판은 본래의 책의 해설과 주석을 다소 줄이기도 하고 이 시대에 맞도록 개선하기도 했다. 그리고 독자들이 더 연구할 수 있도록 질문을 덧붙였다.

자신을 바치기를 원하기 때문이다. 로잔 언약이라는 말은 우리가 어떤 약속의 책임 아래에 들어가기를 원했기 때문에 붙인 이름이다.

이러한 내용은 로잔 언약의 결론에 다음과 같이 확인된다.

그러므로 이러한 우리의 믿음과 결심을 따라 우리는 하나님과 사람 앞에 엄숙히 서약한다. 온 세상이 복음화 되도록 기도하고 계획하고 함께 일할 것이다. 우리는 다른 사람들도 우리와 함께 하도록 초청한다. 하나님의 은혜로 하나님의 영광을 위하여 우리가 이 언약에 충실할 수 있도록 하나님께 도움을 구합니다. 아멘. 할렐루야!

그리고 그가 쓴 로잔 언약 연구 지침서 『FLWL』에서는 이것을 다음과 같이 설명한다.

여러분들이 보신 바와 같이 이 로잔 언약은 절반은 우리의 믿음을 그리고 절반은 우리가 하려는 것을 기록한 것이다. 우리가 만들어 놓은 것은 이렇게 믿음과 헌신이 엮인 정신이다. 우리는 그렇게 언약에 들어가며 우리 자신의 약속에 대하며 의무를 진다.
온 세상의 복음화를 위하여 첫째로 함께 기도하는 것이고, 둘째로 함께 의논하는 것이고, 셋째로 함께 일하는 것이다.
이러한 순서는 또한 우선순위가 되기도 한다. 땅 위의 모든 사람에게 복음을 의미 있게 전하기 위하여서이다. 이것은 방대한 과업이다. 모든 신자를 동원해야 할 일이다. 무엇보다도 하나님의 은혜를 구해야 할 일이다.

하나님께서 우리를 신실하게 만들어 주시도록 기도한다. 우리는 우리의 약점을 알고 있으며 우리 자신을 신뢰하지 않는다. 우리가 신실할 수 있는 것은 오로지 하나님의 은혜 때문이다. 우리의 동기는 그의 영광이어야만 한다. 아멘, 할렐루야!

이렇게 세계복음화운동을 펴기 위하여 스스로 하나님과 사람들 앞에서 약속하고 이행하기로 원하는 이 '언약'이란 것은 본래 어떤 의미를 가지는 것인가?

로버트손Robertson은 그의 책에서 언약을 "하나님이 제정하신 피의 결속"The bond in blood sovereignly administered(1999:11)이라고 정의했다. 이 의무를 이행하지 않을 때는 죽을 수밖에 없는 것이라는 의미를 가진다.

성경에서 하나님의 언약은 역사적으로 여러 사건을 통하여 점진적으로 계시되었다. 이 모든 계시에 빠지지 않고 일관성 있게 나타나는 사상은 죽음과 맞바꾸는 신실성이다. 그리고 놀랍게도 그것은 궁극적으로 하나님께서 당신의 거룩한 피로서 인치신(서명하신) 것이었다.

붉은 포도주의 잔을 손에 드시고 이것은 "나의 언약의 피"라고 말씀하시는 주님의 모습을 우리는 잊을 수 없다. 우리 죄를 사하기 위하여 그분은 십자가에서 피를 흘리셨다. 목숨을 내어 놓고 언약을 지키신 것이다. 그리하여 우리를 하나님 앞에 설 수 있게 하셨다.

교회사에서도 성도들이 특별한 상황에서 언약을 만들고 그 언약이 포함하는 의무에 스스로 들어가는 일들이 있었다. 역사적으로 그 실제적인 예가 스코틀랜드에 있는 '언약 교회'이다. 목적을 달성하기 위하여 스스로 행동 강령을 선택하고 그 가운데 들어가는 신앙인들이 있었다.

1638년 2월, 스코틀랜드Scotland에서는 바른 신앙생활을 수호하기 위하여 거국적으로 언약National Covenant을 만들고 거기에 서명하게 된다(Walker,1997:554). 이 사람들은 왕정복고 이후에 말할 수 없는 수난을 당하게 되지만 많은 피를 흘린 이후에 스코틀랜드장로교회는 자리를 잡게 된다.

우리는 한국 교회사에서도 언약을 맺고 피로서 언약을 지켜가는 신앙인들의 거룩한 열정을 읽을 수 있다. 1945년 해방이 될 때까지 일본의 신도주의에 대항하던 한국 교회 성도들의 수난은 모질고 처절한 것이었다.

만주에서는 신사참배에 반대하던 한국의 장로교 신자들이 믿음을 지키기 위하여 언약을 만들고 믿음의 투쟁을 하는 일이 있었다.

모진 고문은 말할 것도 없고 그중에는 순교한 사람들이 있고 감옥을 열번 이상이나 들어갔던 사람들이 있었다. 만주에서 일하던 미국선교사들인 한부선, 바이람도 같이 언약을 맺었다.

그들은 외국 사람들이기 때문에 한국을 떠나가 버리면 그만이지만 그렇게 하지 않고 한국의 신자들과 목숨을 나누는 신앙의 투쟁에 들어갔다(Armes,2011:141).

이들의 신앙 투쟁이 한국 교회사에 나타나는 의의에 대하여 김영재 교수는 다음과 같이 설명한다.

기독교인에게 신사참배가 신사 앞에 가서 절 한 번 하는 국가 의식만은 결코 아니었다. 그것은 기독인의 신앙 양심을 앗아가는 우상 숭배였다. 그리고 그것은 교회의 순수성을 짓밟고 기독교를 혼합 종교화하는 무서운 적敵그리스도적 세력으로 점점 그 정체를 드러내었다. 한국 교회는 그로 말미암아 입은 타격과 상처는 너무 컸었다.

선교가 시작된 지 50년, 장로교회의 독노회가 조직된 지 겨우 30년도 채 못 된 어린 교회였기에 시련과 상처는 그만큼 더 컸었다. 이때 교회가 받은 상처로 인한 균열이 해방 이후 분열로 악화되었다. 교회가 공적으로 다 굴복한 한가운데서도 개인적으로 신앙의 자유를 위하여 싸운 신실한 성도들이 있었다는 것은 다행한 일이 아닐 수 없다 (1992:227,228).[17]

언약은 신실하게 지켜야 할 의무를 지는 것이다. 로잔 언약은 우리가 함께 세계복음화의 사역에 들어갈 의무를 질 거룩한 열정을 요구하는 것이다.

2. 복음주의교회의 세계복음화운동

로잔 언약은 세계복음화운동을 정의하기를 "모든 교회가 순수한 복음을 온 세상에 전하는 것"이라고 하였다. 이것이 전략적으로 더욱 구체화한 것이 '마닐라 선언'이다. 그리고 다시 20년이 지난 새 시대의 상황에서 교

---

17) 일본이 신도주의를 강요하던 제2차 세계대전 때에는 신사참배를 반대하던 신자들은 소수의 신자들이었다.

회가 이 복음화 운동을 어떻게 해야 할 것인가를 모색한 것이 '케이프타운 헌신'이다.

2.1. 세계복음화운동

로잔 언약은 세계복음화를 위한 언약이다. 이것은 먼저 세계복음화의 명제 앞에서 우리의 부족한 점에 대한 회개와 우리의 새로운 결의로 되어 있다. 이것은 선교문서이다. 세계복음화의 과정에서 세계복음주의교회는 어떻게 봉사하여야 하는가에 대하여 초점이 맞추어져 있다.

그러면 복음화 된 사람들은 어떤 사람인가? 복음을 들은 적이 있는 모든 사람을 말하는가? 그렇지는 않을 것이다. 복음화라는 말은 복음을 통하여 변화된 사람을 뜻한다.

그러면 복음화한 사람은 어떤 사람인가? 우리의 선교 목적은 우리의 선교 대상이 어떤 사람이 되기까지 변하는 것을 목적으로 하는 것인가?

이 질문에 대하여는 로잔 언약은 묵시적으로 대답하고 있을 뿐이다. 그것은 성경에서 대답을 찾을 수 있기 때문에 이 언약에서는 대답을 구체화하고 있지 않은 것 같다.

그러나 한국의 선교사들이 이 시대에 아프리카에서 세계복음화의 사역을 함께 감당하기 위하여 이 언약을 읽을 때 우리가 가지는 궁극적 목적에 대한 공통적인 이해가 있으면 더욱 효과적인 협력을 기대할 수 있을 것이라는 생각이 든다.

그것은 쉬운 말로 표현될 수 있어야 하며 각각의 사역자가 깊이 이해하고 사역의 원동력을 얻고 방향을 찾을 수 있어야 할 것이다. 이것은 로잔 언약의 부족이나 오류를 지적하는 것이 아니다. 언약 참여자들이 스스로 결정하여 행하게 될 일에 대하여 서로 확인해 보는 것이 선교를 더욱 효과적으로 하는 방법이라 생각하고 그 대답을 생각해 보고자 하는 것이다.

이것은 하나님 이해의 깊이에 따라서 더욱 바람직한 결과를 얻을 수 있다는 생각에서 출발한다. 제임스 패커가 지적했고 존 스토트가 확인하여 인용한 대로 "우리가 믿은 하나님이 왜소하면 우리가 왜소해지고 우리가 하는 일이 경박해지는 것"이다.

우리는 어떤 하나님을 믿고 있으며 사람이 궁극적으로 어떻게 될 것을 기대하고 선교에 임하는가? 그리스도인의 헌신과 예배의 본능은 하나님의 위대성에 대한 지식에 강하게 자극된다. 오늘날 아프리카를 포함한 대부분의 그리스도인에게 부족한 점이 이 지식이다. 바로 그 이유로 우리의 신앙은 여리고, 예배는 형식적이 되는 것이다.

> 우리는 현대인들이다. 현대인들은 그들은 스스로는 위대한 사상을 가지고 있다고 생각하겠지만, 일반적으로 말하여 하나님 사상은 너무 미약하다. 세상 사람들은 말할 것도 없고 교회에 있는 사람들도 그들이 하나님이라는 단어를 사용하지만 그 뜻은 하나님의 장엄하심을 가지고 있지 않다(Wells,1993:32).

세계복음화운동은 부흥운동이라고 생각해야 할 것이다. 사람들이 그리스도의 십자가에 나타난 하나님의 위대하심을 보고 그 앞에서 새로운 피조물로 바뀌는 것을 말한다. 사람들의 생각이 바뀌어서 그 생각 속에 하나님이 가득 찬 것을 말한다.

그리하여 하나님의 영광을 바라고 즐거워하며 살아가게 된다면, 이것이 복음화 된 사람의 모습이 될 것이다. 생각의 변화에서 시작하여 그리스도를 닮아가는 사람들이 출현하는 것이다.

이렇게 하나님의 위대하심 앞에 황홀해지는 사람, 그 생각이 하나님 생각으로 가득해지는 사람, 하나님의 영광을 바라고 즐거워하는 사람, 점점 더 그리스도를 닮아가는 사람, 이런 사람을 만들어가는 노력을 복음화운동이라고 본다면 우리의 사역이 더욱 분명한 목표를 가지게 될 것이다.

온 세상의 모든 사람이 변화되기를 원하는 세계복음화운동은 먼저 두 가지 사실에 대한 공동적인 이해가 있어야 할 것이다. 첫 번째는 사람들의 무엇을 바꾸는 일이며, 두 번째는 어떤 사람이 되는 것을 기대하는가이다.

우리가 성경에서 발견할 수 있는 첫 번째에 대한 대답은 사람의 생각을 바꾸는 데서 시작한다. 이것은 궁극적으로 "사람들이 하나님의 형상을 회복하는 것" 혹은 "그리스도를 닮아 가는 것"이라고 생각한다.

그리고 두 번째에 대한 대답은 "하나님의 영광을 바라고 즐거워하는 사람"으로 변화되는 것으로 생각한다. 이 사실을 존 스토트는 "하나님의 뜻은 우리가 그리스도처럼 되는 것이며 하나님의 방법은 우리가 성령으로 충만하게 하시는 것이라 했다."[18]

우리가 하나님의 영광을 바라고 즐거워하는 사람이 되는 것이다. 그리

---

18) 존 스토트는 그의 마지막 책 『제자도』(The radical discipleship)에서 자신의 삶으로 표현한 내용을 이렇게 썼다. p.45

스도의 사역은 궁극적으로 하나님의 영광을 위한 삶이었다.

개인과 집단적으로 나타날 이러한 변화는 사람의 생각 변화에서 시작된 것이다. 따라서 세계복음화운동은 사람들의 사색의 틀이 바뀌어서 하나님 중심의 인생관과 세계관을 갖게 하는 일이 될 것이다. 생각이 중요하다. 생각의 변화를 위한 노력이 먼저 있어야 하고 이것만이 신자와 교회가 모든 사람에게 줄 수 있는 것이다.

세상에 가난한 사람이 아무리 많다고 해도 이 사람들에게 떡을 나누어 주는 것이 우선이 될 수는 없다. 가난한 사람들이 무엇을 생각하는가에 관심을 가져야 할 것이다. 이것이 우리가 줄 수 있는 것이다.

우리의 손에 떡이 있다면 우리는 당연히 굶주린 자들과 나누어야 한다. 이러한 행위는 우리가 그들에게 주고자 하는 생각의 변화가 어떤 삶을 말하는가를 보여 주는 확인이 될 것이다.

2.2. 복음주의교회

복음주의는 18세기, 19세기의 부흥운동 이후에 열성적으로 일어난 성경 중심적인 신앙 사상을 가진 교회의 한 전통이다. 이 복음주의교회는 19세기, 20세기의 세계 선교에 크게 기여하였다. 20세기의 후반부와 21세기의 시작에서는 이 복음주의교회가 비서구 국가에서도 놀라운 성장을 보이고 있다.

맥 그라트Mc Grath는 복음주의교회의 성장에 대하여 이렇게 말한다.

1990년 미국 개신교회에서 가장 빨리 성장하는 500교회를 조사한 결과 그중 89%가 복음주의교회였다. 온 세상 어디에서도 복음주의 르네상스의 영향을 받지 않는 곳은 없다. 전통적으로 로마 가톨릭의 요새였던 라틴아메리카까지도 2025년까지는 여러 형태의 복음주의교회가 숫자상으로 우위를 차지할 것으로 보인다(1995:10).

2010년도에 출판된 『세계를 위한 기도 사역Operation World』의 세계 통계에 의하면 2010년 세계 인구는 69억, 기독교 인구는 22억, 그리고 복음주의자들의 숫자는 5억 5천만이라고 한다. 세계 2차 대전 이후에 성장한 복음주의 기독교는 이 시대의 세계 어느 종교의 발전보다도 더 많은 성장을 하였다.

이 성장은 주로 세계 여러 곳에서 일어난 지역 복음주의운동의 결과로 가능하게 되었다. 20세기 후반부를 지내며 복음주의교회는 새로운 시대의 새로운 복음주의 기독교로 양적인 성장을 하며 확산되었다.

복음주의는 그 시작에서부터 가지고 있는 전통적인 신앙의 특징이 있었다. 그래서 그들을 복음주의자들이라고 부르게 된다. 이들의 신앙적 특징은 네 가지 요약할 수 있을 것이다: 먼저 성경의 완전하고 최종적인 권위, 둘째로 인간의 전적인 타락, 셋째로 그리스도의 유일성, 넷째로 성령의 성화에 관한 교리이다.

이러한 신앙의 특징을 가진 복음주의교회를 세계복음화에 동원하면서 로잔 언약은 15개 항목의 구체적인 신앙고백을 삶의 강령으로 선언한다.

제3차 로잔 대회가 특별한 의미를 가지는 것 중의 하나는 이러한 복음주의가 변질하는 모습을 보이고 있는 것에 대한 자성의식 때문이다. 새로운 복음주의 기독교는 복음주의가 가진 핵심 사상의 변질을 내포하고 있다.

변질되는 복음주의를 한 마디로 설명하면 하나님의 영광보다는 나를 위한 구원에 치중하는 신앙 성향이다. 이것은 하나님을 알고 하나님과 동행하기를 원하는the communion with God 본래의 신앙 형태와는 차이를 보이는 것이다.

본래의 복음주의가 가지고 있던 거룩을 위한 추구, 죄를 죽이는 것 Mortification, 그리스도를 닮아가는 삶의 희열을 찾을 수 없다. 이보다는 자기만족, 자기 신장, 자아의 완성에 직접적인 관심을 가진다.

이러한 삶은 필연적으로 영적인 생활의 깊이에 있어서 본래의 복음주의자들의 그것과 차이를 나타내 보일 것이다. 20세기 후반부터 복음주의교회에 나타나기 시작하는 영성 하락의 경향 중에는 하나님의 은혜를 너무 값싼 것으로 이해하는 것Cheep Grace, 물질적인 축복 치중Porsperity Gospel, 여권신장운동Feminist movement, 동성연애의 문제 등이 제기되고 있다.

그러므로 로잔 언약은 오늘 서구세계의 교회에서 가장 시급하게 필요한 것에 대하여 다음과 같이 언급한다.

서구 기독교국에서 가장 시급한 것의 한 가지는 하나님을 더 깊이 아는 것a deeper knowledge of God 이다. 우리의 문화는 영적인 것을 억제하는 문화이다. 기독교는 우리의 당면한 요구를 해결해 주는 것이라는 관념에 너무나 단단히 고정되어 매어있다.

그리고 우리의 당면한 요구는 자신의 행복추구와 자아실현에 뿌리를 내리고 있다. 하나님은 우리의 필요와 바람을 충족시켜줄 가능성을 가진 어떤 위대한 존재일 뿐이다.

그가 어떤 분인지, 그가 우리에게 기대하는 것은 무엇인지, 그가 우리에게 무엇을 찾고 있는지에 대하여는 생각을 하지 않는다. 우리는 하나님의 거룩, 하나님의 사랑에 사로잡히지 않는다.

하나님 사상과 말씀을 생각하는 것은 너무 겉핥기식이다. 하나님의 참된 이해는 현대인의 대화에 잘 나타나지도 않으며 중요하게 생각하는 사람은 거의 없다.

성경적 관점에서 볼 때, 하나님을 더 깊이 아는 것은 위에 말한 여러 가지 영역에서 획기적인 발전이 있게 한다. 순결, 정직성, 복음의 효과적인 전도, 성경을 더 잘 공부하는 것, 개인이나 단체의 예배가 개선되는 것 등 이루 말을 할 수 없을 정도로 많다.

그러나 우리가 자신을 위한 것들을 추구하기만 하고 하나님을 더 깊이 알려고 하는 열정이 없으면 우리는 이기적으로 하나님의 축복만 바라고 하나님은 안중에도 없는 것 같은 사람이 되는 것이다 (1992:15,16).

세상에는 모든 것이 풍성한 가운데 살아가는 사회 속에 세워진 교회는 그렇게 많지 않다. 반면에 일용할 양식을 위하여 간절히 기도해야만 살아갈 수 있는 사람들 사회에 가운데 더 많은 교회가 세워져 있다.

이러한 세상에서 복음주의교회는 세계의 모든 교단과 신앙 전통을 포함하고 있다. 이 복음주의교회 안에는 신앙 전통마다 영성에서 서로 많은 그리고 깊이의 차이가 있음을 볼 수 있다.

영적인 생활의 차이는 "너무 얕고 천박하여 아무리 어린아이라도 절대로 빠지지 않을 정도의 깊이"가 있을 수 있고 "심연과 같은 깊이"가 있을수 있다. 이 차이는 영적인 활력과 영적인 능력의 차이로 나타난다spiritual vitality and power.

하나님을 향한 생각에 빠져들어 사는 사람들이 있고the communion with God, 형식적으로만 신앙생활을 하는 사람들이 있다. 하나님의 은혜 속에 깊이 잠겨 말할 수 없는 은혜의 세계에서 기뻐하며 모든 것을 드리는 삶이 있고 절대로 그 속에 빠지지 않고 몸에 물만 묻히고 살아가는 신앙생활이 있을 수 있다.

복음주의자라고 하지만 어떤 이들은 이타적인 윤리altruistic moralism와 경건성piety의 차이를 모른다. 장로교회 혹은 개혁교회에 속한 사람 중에서도 어떤 이들은 영적인 생활의 동력the dynamics of spiritual life을 이해하지 못한다.

"개혁주의 유산의 살아있는 심장이라고 할 수 있는 전통의 실체를 모른다."(Lovelace,1979:231).

이러한 모든 경건성의 차이에도 불구하고 로잔 언약은 현대의 교회가 거룩하신 하나님을 아는 지식에서 너무나 얕고 경건하게 삶을 살아가는 깊이에 있어서 너무나 형식적이라는 것을 말하고 있다.

이 영적인 깊이는 죄를 죽이는 삶mortification을 통하여 나타난다. 죄와 더불어 피를 흘리기까지 싸우는 사람과 죄를 즐기는 생활을 하며 살아가는 사람들 사이에는 말할 수 없는 깊은 차이가 있는 것이다.

320

대부흥운동이 일어나던 시절의 신앙생활과 풍부한 가운데 형식적으로 신앙생활을 하는 사람들의 사이에 차이가 있을 수밖에 없다.

이러한 상황에 있는 복음주의교회가 지금 해야 할 일이 무엇인가? 그 대답은 로잔 정신이 말하는 세계복음화운동이다. 신앙인으로 살아 온 우리의 삶을 모든 면에서 반성해 보고 증인의 삶을 살기 위하여 노력하고 이일에 다른 복음주의자들과 동참하는 것이다.

아프리카에서 일하는 한국 선교사들은 아프리카의 21세기 신자들을 위한 영적 생활의 성경적 모델을 만들어야 한다. 우리는 한국에서 이 시대를 잘 감당하며 아름답게 신앙생활을 하는 사람들의 모델을 많이 발견할 수 있다.

아프리카 사람들에게서 어떤 모델을 제시해야 할 것인가? 모델을 바로 제시하기 위하여 우리는 아프리카인들의 생각에 깊은 영향을 미치고 있는 시대적 사조에 대한 이해가 있어야 할 것이다.

2.3. 아프리카인들의 생각에 깊은 영향을 미치는 새 시대의 사조

로잔 언약의 문서 중 가장 최근의 것은 2010년 10월에 작성된 케이프타운헌신Cape Town Commitment이다. 이것은 앞으로 10년간 세계복음화운동의 안내서road map의 역할을 할 것으로 기대되고 있다. 이 문서는 새로운 시대에 대한 우리의 각오와 헌신을 담고 있다.

이것은 처음에 나온 로잔 언약의 일곱 배나 되는 내용을 포함하고 있다. 이것이 1974년과 2010년 사이에 교회가 처해 있는 세상이 얼마나 변화된 것인가를 보여주는 한 단면이다. 그만큼 교회가 고려해야 할 일이 많아졌다는 뜻이 될 것이다.

케이프타운헌신이 나왔을 때 그 내용에서 로잔 언약이 변하지는 않았다. 그러나 그 적용은 훨씬 다양해지고 복잡해진 세대를 맞이한다. 우리는 분명히 과거와는 여러 면에서 다른 새로운 시대를 경험하며 살아간다. 이 새로운 시대를 객관적으로 설명하려고 하는 여러 가지 시도가 있을 수 있다.

여기서 우리는 세계복음화의 관점에서, 특별히 아프리카인들의 생각에 깊은 영향을 미치는 새 시대를 설명하는 시도를 하고자 한다. 이미 시작된 이 새 시대에 아프리카의 사람들은 무엇을 생각하며 어떻게 살아가고 있는가?

2.3.1. 포스트모더니즘

아프리카의 젊은 세대는 시간이 갈수록 서양식 사고에 더욱 깊은 영향을 받고 있다. 그리고 이 세대의 인구 숫자와 사회에 차지하는 비중이 갈수록 커지고 있다. 서구사상의 변화는 이들에게 민감하다. 서구의 지성의 새로운 관점은 아프리카의 젊은 세대의 마음에 무비판적으로 흡수되고 있다.

포스트모더니즘은 글자 그대로 '후 근대주의'라는 말이다. 근대를 편의상 프랑스혁명이 일어나서 바스티유 감옥에 열리던 1789년부터 공산주의의 몰락의 상징인 베를린 장벽이 무너지던 1989년까지로 생각한다.

사람들의 생각이 하루아침에 달라지는 것이 아니기 때문에 근대의 시작과 그 마지막 시간을 분명히 말하는 것은 불가능하다. 그러나 역사적인 흐름에서 사상의 변화에 대한 구분이 필요할 때 때로는 이처럼 흐름의 변화를 상징성을 가지고 나누는 것이 도움이 된다.

포스트모더니즘은 문화와 문명 전반에서 말할 수 없이 다양한 형태로 나타나기 때문에 한마디로 정의하기는 쉽지 않다.

언어의 영역에서 보면 20세기 중반기에 이미 로랜드 버즈(1915-1980), 마이클 푸코(1926-1984), 야크 데리다(1930-)와 같은 작가들의 글과 함께 시작되고 있다.

이 포스트모더니즘은 근대 세계관에 대한 반작용이며 근대성의 모순과 부작용에 대한 대응이다. 그러므로 포스트모더니즘은 근대주의modernism의 부족한 부분을 보충한다는 의미에서 근대주의의 발전이라고도 할 수 있을 것이다.

포스트모더니즘은 20세기 후반기 이후에는 서구세계의 한 시대정신으로 자리를 잡기 시작한다. 새로운 세계관으로 형성되어 가는 과정의 사상이다. 후근대주의Postmodernism는 근대주의Modernism의 계승과 단절, 양면을 모두 포함하고 있다.

포스트모더니즘은 언어의 불완전성에 대한 비판과 본문의 해체deconstructionism, 관계적 세계관, 감성적 실존주의, 윤리적 상대주의, 종교적 다원주의 등의 특징을 가진다..

복음주의교회와 포스트모더니즘의 관계에 대하여는 목창균 교수가[19] 쓴 '포스트모더니즘과 포스트모던 신학'이라는 글에 간결하게 잘 요약되어 있다. 그의 글에 의하면 이 사상이 복음주의의 입장에서 긍정적으로 나

19) '포스트모더니즘과 포스트모더니즘 신학' 목창균, 서울신대교수, 총장

타나는 요소와 부정적으로 나타나는 요소는 다음과 같다.

포스트모더니즘의 공헌은 현대 이성과 과학의 한계성을 지적한 것이다. 포스트모더니즘은 이성의 자율성, 과학의 효능, 역사의 진보를 맹목적으로 신뢰한 계몽주의를 비판하고 그 환상을 깨트렸다.

기독교 세계관과 포스트모더니즘은 공통적인 요소를 지니고 있다. 계몽주의 인식론에 대한 비판도 그 하나다. 포스트모더니즘은 현대 정신의 토대, 즉 지식은 확실하고 객관적이며 좋다는 가정과 확실성의 기준은 인간의 합리적 능력에 있다는 가정을 거부한다.

복음주의적 기독교 역시 합리적, 과학적 방법이 진리의 유일한 척도라는 것을 부정한다. 이 외에도, 진보, 도덕적 완전, 기술적 발전에 대한 회의도 서로 공유하는 부분이다.

포스트모더니즘의 도래는 복음주의적 기독교인에게 큰 기회다. 포스트모더니즘은 새로운 의식으로 기독교 진리를 재진술하며 복음이 증거 될 수 있는 기회와 성서 계시의 의미에 대한 새로운 통찰을 제공한다. 따라서 기독교 정신은 포스트모더니즘을 비판적으로 수용할 수 있는 여지가 있다.

동시에, 포스트모더니즘은 기독교인에게 새로운 도전이다. 왜냐하면, 그것은 현대주의와 다른 근거에서 기독교를 공격하기 때문이다.

첫째, 포스트모더니즘의 철저한 상대주의적 입장은 객관적 또는 보편적 진리의 존재를 부정하고 성경의 절대성과 기독교 교리의 객관성을 손상시킨다.

둘째, 포스트모더니즘의 무중심주의는 실재의 통일된 중심이 있으며, 그 중심이 예수 그리스도라고 믿는 기독교 신앙과 충돌한다.

셋째, 포스트모더니즘의 중심교리, 즉 거대담론metanarrative[20]의 거부는 거대담론을 믿는 기독교 신앙과 모순된다.

기독교는 인류 구원과 창조 목적 완성을 위한 하나님의 활동 이야기가 거대담론이며, 그 초점은 나사렛 예수의 이야기라고 선언한다. 거대 담론에 대한 포스트모더니즘의 불신이 기독교 진리에도 적용될 때, 양자의 충돌은 피할 수 없다.

넷째, 포스트모더니즘의 다원주의는 기독교를 여러 다른 신앙 가운데 하나로 취급하며, 기독교의 배타적 교리의 희생과 성경적 계시와 영감의 거부로 귀결된다.

『Above All Earthly Pow'rs, Christianity in a Postmodern World(포스트모던 세상의 그리스도, 땅 위의 모든 권력 위에서)』라는 책을 쓴 웰스David F. Wells는 포스트모더니즘의 정서로 인하여 문화적 허무주의가 발생한다고 했다.

포스트모더니즘의 정서로 인하여 자라게 된 문화적 허무주의는 철학적이기보다는 심리학적으로 더욱 우리 사회에 자리를 잡고 있다. 우리가 기본적으로 경험하는 바깥세상의 경험이 무엇이든지 간에 세

---

20) 거대담론은 거시담론이라고도 한다. 사회문제나 역사문제를 주제로 삼아 이야기를 나누는 것을 뜻하며 미세담론 혹은 미시담론은 개인문제나 인간의 내적인 문제를 주제로 삼는 것을 말한다.

상 그 자체는 공허하게 보이고 인간들은 아무런 의미를 갖지 못하고 있으며 궁극적으로는 방향 없이 표류하고 있는 것 같이 보인다 (2005:188).[21]

포스트모더니즘의 사고에 의하면 복음주의는 근본적으로 이질적인 신앙사상이 될 것이다. 복음주의는 종교적 다원주의를 반대하고 예수 그리스도의 유일성을 믿기 때문이다. 아프리카에서도 새 시대의 복음주의자들은 시대적인 몰이해의 불이익을 받을 수 있다. 그러므로 우리에게 필요한 것은 노아와 같은 철저한 성경적 일관성이다.

노아의 방주가 그 시대에는 아무도 이해할 수 없는 일이었지만 노아는 하나님의 말씀이기 때문에 오랜 세월 끈기 있게 산에서 배를 완성하는 일을 진행했다. 이제는 복음주의자들이 급진적radical이라는 말을 들어야 할 때가 이른 것 같다.

존 스토트는 그의 마지막 책을 저술하면서 급진적인 제자the radical disciple의 변함없는 핵심 자질에 대하여 언급하였다. 우리는 이 시대에 아프리카의 기독교 엘리트들이 급진주의자라는 말을 들으면서 그의 신앙과 사명감을 확인하며 살아가는 것을 기대한다.

---

21)   Dr David Wells is the Andrew Mutch Distinguished professor of Historical and Systematic Theology of Gordon-Conwell Seminary. 그는 짐바브웨에서 태어났다. 케이프타운 대학교에서 공부할 때 신앙을 가지게 되었고 또 사역자로 부르심을 받았다. 그는 여러 해 동안 세계복음화를 위한 로잔위원회의 신학분과의 일원으로 일하였다.

2.3.2. 세속주의

세속주의는 무종교주의를 말한다. 세속주의에 빠진다고 말을 할 때, 이것은 어떤 사람이 탈종교의 믿음으로 들어가는 것을 뜻한다. 그러므로 세속화는 모든 종교가 가장 경계하는 사상이다.[22]

'세속화'라는 말이 "종교를 모든 사람이 가까이할 수 있는 것으로 만들어야 한다"는 의미에서 사용되기도 한다. 이러한 의미의 세속화는 여기에서 말하는 세속주의와는 구별되는 말이다.

교회는 세상에 있어야 하지만 교회는 세상에 속한 것이 아니다. 교회가 세상에 속하여 교회와 세상의 구별이 없어지고 세상처럼 되는 것이 옳다고 생각하는 것을 세속주의라고 부른다. 이 대회에 참석한 사람들의 설문조사에 의하면 세계복음주의 지도자들은 기독교에 대한 가장 큰 위협을 세속주의로 생각하고 있는 것으로 나타났다.

지난해 10월 남아프리카공화국에서 개최된 제3차 로잔세계복음화대회에 참석했던 190여 개 국가의 4천여 복음주의지도자들 중 절반가량인 2,196명의 지도자들이 참여한 설문조사 결과로, 이들 지도자 중 70% 이상이 세속주의가 오늘날 기독교의 존립을 위태롭게 하는 가

---

22) 최근 미국에서 다섯 명의 목회자가 『세속주의를 경계하라』는 책을 내었다 그들의 경험을 중심으로 신자들이 세상에서 살아가면서 세상의 유혹에 대하여 어떻게 대처할 것인가에 대하여 쓴 책이다. 세속주의는 secularism이나 worldliness의 개념을 가질 수 있다. 이것이 오늘날 목회자들의 가장 중요한 관심사일 수밖에 없다. 왜냐하면 그리스도인의 정체성은 하나님과의 교제(the communion with God) 즉 거룩을 추구하는 삶 가운데서 나타나기 때문이다. 그것은 하나님의 영광을 기뻐하며 사는 것, 죄를 죽이는(mortification of sin)는 생활을 의미한다.

장 큰 세력이라고 답했다.

이와 같은 답은 남반구 지도자들보다(59%) 북반구 지도자들에게서 (86%) 더 많이 나왔으며, 특히 북미 지역(90%)과 그중에서도 미국 지도자들이(92%) 세속주의의 위협을 더 강하게 느끼고 있었다.

반면 중동과 북아프리카 지도자들은 전체의 3분의 1 정도만이 세속주의를 위협적으로 보고 있어, 지역별로 이 문제에 대한 심각성이 다르게 인식되고 있음을 보여 줬다.

한편 예상과 달리 이슬람을 기독교에 대한 가장 큰 위협으로 꼽은 지도자들은 그렇게 많지 않았다.

이슬람과 기독교 문명 간의 충돌이 복음주의 진영에서 자주 토론되는 주제임에도 불구하고, 이슬람은 세속주의, 물질만능주의, 대중문화의 폭력성과 선정성에 이어 네 번째로 기독교에 위협적인 요소로 꼽혔다.[23]

로잔 언약은 세속주의의 흔적이라도 교회에 들어오는 것을 경계하고 있다.

우리는 우리가 세속주의에 빠지는 것, 즉 우리의 행위와 사상이 세상화 되는 것으로부터 우리는 면역되어 있지 않다는 것을 인정합니다. 예를 들면, 교회의 숫자적인 성장과 영적인 성장이 모두 옳고 가치 있는 일임에도 불구하고 때로는 우리가 이것을 무시하고 숫자적인 성

---

23) 손현정,「로잔 지도자들이 꼽은 가장 큰 위협, '세속주의'」크리스천투데이(2011.6.24.).

장만 강조하는 때가 있는 것입니다.

때로는 복음에 대한 좋은 반응을 너무 기대해서 우리는 우리의 메시지를 타협하기도 하고 강압적인 방법으로 청중을 현혹하기도 합니다. 통계 숫자를 사용할 때 선입관을 가지거나 거짓으로 사용할 수도 있습니다. 이 모든 것이 세속적인입니다. 교회는 세상에 있어야 하지만 세상이 교회 안에 있어서는 안 됩니다.[24]

2.3.3. 근본주의

지금 아프리카에는 그들의 영혼을 빼앗기 위하여 기독교, 모슬렘, 아프리카 전통종교, 세속주의가 서로 각축을 벌이고 있다. 한때는 공산주의까지 포함하여 다섯 사상의 전쟁터였다. 이제 공산주의는 뿌리를 잃은 채 시들어 가는 중이다. 위의 네 가지 사상은 모두 근본주의자들을 가지고 있다.

이 근본주의자들의 사상이 사회를 극단적인 보수주의로 끌고 가기도 하고 때로는 급진적인 행동으로 나타난다. 복음주의 세계복음화운동은 이 여러 종교의 근본주의자들과 항상 만날 수 있는 상황 가운데 있다. 전쟁이 일어나거나 광신자가 발생하는 것은 적지 않은 경우 이 근본주의자들 때문이다.

로잔 언약이 채택되던 1970년대는 기독교, 모슬렘, 유대교의 근본주의 신앙이 행동을 위한 준비를 마친 때였다. 근본주의의 연구를 전문적으로 하는 암스트롱Karen Armstrong은 이렇게 말을 한다.

---

24) 참조:12 Spiritual Conflict의 후반부, 『FLWL』 p.48.

현대 사회는 물질적으로 윤리적으로 많은 것을 이루었다. 그래서 현대주의자들은 그들이 옳다고 주장할 수 있는 이유를 가지고 있다. 유럽, 미국에서는 민주주의, 자유, 관용의 정신의 물결 속에 살아가고 있었다. 그러나 근본주의자들은 다른 시각을 가지고 있었다. 그것은 그들이 외고집으로 뒤틀어져 있어서 그런 것이 아니다.

그보다는 현대주의가 그들의 가장 신성한 가치관을 위협할 뿐 아니라 그들의 생존을 위험하게 하는 공격인 것을 경험했기 때문이다. 1970년대 후반기에는 유대교, 기독교, 모슬렘의 근본주의자들이 모두 현대주의에 대하여 반격할 자세를 취했다(2000:277).

수천만의 신자가 있는 것으로 추정되는 '아프리카의 독립교회'는 아프리카 근본주의적 사고의 틀을 가지고 있다. 아프리카 전통에 집착하는 응집력과 배타성이 특징이다.

2.3.4. 빈곤, 질병, 무지, 부패, 타락, 무지의 혼란에서 오는 절망감

아프리카에는 10억에 이르는 인구가 57개의 나라에 2,500종족이 살고 있다. 유엔 통계에 의하면 세계에서 가장 가난한 나라 33개국 중 32개국이 아프리카에 있다. HIV/AIDS 감염자의 수는 사하라 이남에 2천3백만에 이른다. 지역에 따라서는 성인인구의 1/3이 감염된 곳도 있다. 1천4백20만의 에이즈 고아가 있다.[25]

---

25) Operation World(2010) 참조.

긴 세월 끝없이 이어지는 아프리카의 빈곤, 질병, 무지, 부패, 타락의 혼란은 절망이라는 짐을 아프리카 교회의 어깨에 얹어 놓았다.

이렇게 절망이라고 하는 고통을 당하며 살아가는 무수한 이웃이 있는 세상에서 복음주의자들은 어떻게 살아야 하는가? 로잔 운동이 발견한 대답은 단순한 생활simple life-style이다.

우리가 아무리 많은 것을 가지고 있어도 먹고, 입고, 거주하는 우리의 생활은 단순한 것이어야 한다는 생활지침이다. 바울은 나누어 줄 것이 있도록 하기 위하여 남다른 수고를 하였다고 한다. 주는 자가 받는 자보다 복되다는 주님의 말씀을 기억했다.

2.3.5. 새로운 문명과 생각하지 않는 사람들

오늘날은 정보 공유의 시대가 되었다. 현대인들은 검색 문화 가운데 살아간다. 인터넷을 통하여 검색을 해 보면 내가 원하는 정보를 쉽게 얻게 된다. 그러나 이러한 편리함이 갖고 있는 함정이 있다. 그것은 사람의 사고력이 감퇴할 수 있다는 것이다.

사람들은 깊이 생각해서 자기의 생각을 갖추는 능력을 점점 더 잃어가고 있다. 이것이 새로운 문명의 부작용 중의 하나라고 생각한다.

현재 아프리카인들의 절반이 20대와 그 이하의 청소년, 어린이들이다. 이 새로운 세대는 새로운 문명을 더욱 적극적으로 흡수하도록 이 아프리카 사회가 변화해 가고 있다. 운동하지 않는 사람들이 근력을 잃어버리는 것처럼 아프리카의 젊은이들은 스스로 깊이 생각할 수 있는 능력을 잃어

가고 있다.

생각 없이 살아가는 사람이 많아지는 것이다. 어떤 이들은 이러한 사람들을 감성적이라고 표현하기도 한다. 음악을 항상 크게 틀어 놓으려는 사람들 혹은 귀에 리시버를 꽂고 다녀야 하는 사람들이 늘어나는 것을 본다.

상상력과 사고력은 우리를 하나님 앞으로 더 가까이 나아가게 하는 수단이 될 수 있다. "시편의 시가 입술에 있는 사람은 그 마음에 그리스도가 있다"는 말이 있다. 본문을 알고 있으면 상상력과 사고력을 통하여 우리는 하나님을 더욱 깊이 알게 되고 더 깊이 감사, 찬양, 회개, 예배하는 자리에 나아가게 된다.

성도들에게 성경을 많이 암송하도록 권유하는 것은 말씀을 주야로 묵상할 수 있도록 해주기 위함이다. 이 말씀을 사고하는 능력을 통하여 우리는 묵상의 아름다운 세계에서 살 수 있다. 지나치게 검색에 의존해 가는 새로운 시대에도 하나님의 말씀을 항상 읽는 성도들은 남다른 사고력을 유지할 수 있을 것이다.

새 시대를 이끌어가는 원천적인 자질을 잃지 않을 것이다. 계시된 말씀을 생각하는 힘은 사람이 하나님의 형상을 회복하는 길이다. 하나님은 우리에게 생각을 주셨다. 기독교의 복음은 사람에게 바르게 생각하는 길을 가르친다.

많은 것이 부족하고 결핍된 아프리카인들은 상대적으로 다른 대륙의 사람들보다 더 많은 자기 시간을 가지고 있다. 시간에 쫓기지 않는다. 그들에게 하나님의 말씀을 묵상할 수 있게 해주어야 한다. 그들이 하나님의 형상으로 변화될 것이다. 다행히 아프리카인들이 찬송을 많이 부르고 춤을 추는 것은 이들의 영성을 유지하는 데 많은 도움이 될 것이다. 그들은 노래하며 기도하고 있다.

이렇게 포스트모더니즘 사상, 세속주의, 근본주의, 절망감, 사고력의 빈곤, 이런 것들이 전반적으로 보아서 오늘날 아프리카의 영혼을 물들이는 색깔들이 될 것이다.

세계복음화는 기독교 지성의 회복을 뜻한다. 사람들의 생각이 위의 것으로 가득할 때, 위에 계신 그리스도로 가득할 때, 모든 생각을 그리스도에게 굴복시킬 때 그에게 회복된 하나님 형상의 모습이 환하게 나타날 것이다. 세계복음화는 인간이 근본적으로 새롭게 되는 대부흥운동이며 대각성운동이다.

2.4. 복음전도자가 기본적으로 갖추어야 할 것들

케이프타운 문서는 두 부분으로 나누어져 있다. 첫째는 우리의 신앙 고백이며 둘째는 사역을 위한 부르심이다.

신앙고백은 우리가 사랑하는 하나님을 열 가지로 나누어 우리가 어떻게 믿고 따르는가를 서술한다. 이것을 세부적으로 나누어 보면 첫째, 우리는 하나님이 우리를 먼저 사랑하셨기 때문에 하나님을 사랑한다. 둘째, 우리는 살아 계신 하나님을 사랑한다.

셋째, 우리는 성부 하나님을 사랑한다. 넷째, 우리는 성자 하나님을 사랑한다. 다섯째, 우리는 성령 하나님을 사랑한다. 여섯째, 우리는 하나님의 말씀을 사랑한다. 일곱째, 우리는 하나님의 세계를 사랑한다. 여덟째, 우리는 하나님의 복음을 사랑한다. 아홉째, 우리는 하나님의 백성을 사랑한다. 열째, 우리는 하나님의 선교를 사랑한다.

두 번째 우리의 사역이다. 첫째, 다원주의 지구촌에서 그리스도의 진리를 증거한다. 둘째, 나누어지고 깨어진 세상에서 그리스도의 평화를 이루어 간다. 셋째, 다른 신앙을 가진 사람들 가운데서 그리스도의 사랑을 실천한다.

넷째, 세계복음화를 위하여 그리스도의 뜻을 분별한다. 다섯째, 그리스도의 교회가 겸손하고, 정결하고, 단순하도록 노력한다. 여섯째, 선교의 통일성을 위하여 그리스도의 몸 안에서 함께 협력한다.

우리는 선교사로 이 헌신에 참여한다. 이 일의 일꾼이 된 우리에게는 그리스도의 생명이 필요하고 사람을 바로 섬길 수 있도록 지혜가 필요하다. 이 사역을 위하여 생명의 힘과 지성에 관하여 생각을 정리하는 것이 필요할 것이다. 우리의 지성은 마음의 변화를 위하여 사용되고 복음을 그 수단으로 한다.

2.4.1. 생명의 힘

복음화는 영혼을 그리스도에게로 돌아오게 하는 일이다. 그것은 죽음에 이르는 병을 가진 사람에게 영원한 생명을 가지게 하는 일이다. 사람들이 땅에서 그리스도의 생명을 누리게 하는 일이다. 이 생명은 내가 그리스도를 위하여 나의 십자가를 지는 생활을 통하여 타인에게 나타나기 때문에 바울은 "사망은 우리 안에서 역사하고 생명은 너희 안에서 하느니라"(고후

4:12)라고 하였다.

이러한 일은 "우리가 우리를 전파하는 것이 아니라 오직 그리스도 예수의 주되신 것과 또 예수를 위하여 우리가 너희의 종 된 것을 전파"(고후4:5)하는 일이다. 선교사들은 사람들이 그리스도의 생명을 가지는 일을 위하여 부르심을 받은 사람들이다.

우리가 이곳에서 하는 일은 아프리카인들이 그리스도의 생명을 누리는 것을 보는 것이며 이 일을 위하여 우리가 십자가를 지고 또 그들의 종으로 섬기는 원리를 알 수 있다.

이렇게 신자는 그리스도의 생명을 소유한 사람들이다. 신자는 하나님께 대하여 살아 있는 사람이다. 의와 거룩에 대하여 살아 있는 사람이다.

살아 있는 그들에게는 영적인 생활에 대한 원리가 있다; 생명이 있는 곳에는 그에 상응하는 힘이 있고 그 목적이 있다. 존 오웬은 이것을 영적인 빛을 받은 지성이라고 표현한다.

이 지성의 힘은 영적인 빛에 있으며 영적인 것을 영적인 방법으로 분별하는 능력이다. 성령은 영적인 삶을 우리에게 처음으로 주실 때 우리의 마음을 비춰주시고 예수 그리스도 안에 있는 하나님의 지식을 주신다.

그렇다. 구원의 빛에 의한 지성의 강화는 우리의 성화를 위하여 가장 뚜렷한 하나님의 일이다. 이것이 없으면 베일에 싸이게 되고 두려움과 속박 가운데 우리는 영적인 것을 볼 수 없게 된다.

그러나 주의 영이 그의 성화의 은혜로 우리에게 다가오실 때 자유가 있고, 그것에 의하여 우리는 모두 "수건을 벗은 얼굴로 거울을 보는 것 같이 주의 영광을 보매 그와 같은 형상으로 변화하여 영광에서 영광에 이르니 곧 주의 영으로 말미암음이니라"(고후 3:18; 참조 엡1:17-18)(2007:318).

이러한 사람의 삶의 모습을 우리는 다윗의 생애에서 볼 수 있다. 하나님은 그를 "내 마음에 합한 자"라고 하셨다. 그리고 그가 "하나님의 뜻을 다 이루도록 하실 것"이라 했다(행 13:22). 하나님 앞에서 살아 있고 영적 분별력이 있어서 평생토록 하나님의 뜻을 이루어 드리는 사고 판단과 순종의 능력을 갖춘 사람이 된다는 것이다.

이러한 다윗은 또한 "내가 항상 내 앞에 계신 주를 뵈었사오며 나로 요동하지 않기 위하여 그가 내 우편에 계시도다"(시 16:8-11)라고 노래했다. 여기서 우리는 그리스도 안에서 살아 있는 사람의 모습을 자세히 보게 된다. 마음에 영적인 분별력이 있고 또 그 마음의 시선을 항상 주께 향하여 고정하고 있는 사람이다.

복음화된 사람은 그리스도 안에서 살아 있는 사람이다. 그래서 하나님 앞에서 살아가는 사람이다. 그의 마음에는 항상 예수 그리스도를 바라보는 황홀함이 있다. 그러기에 그는 요동치 않는다.

고난 가운데서도, 가난 가운데서도 그는 하나님의 영광을 바라고 즐거워하는 삶을 살아간다. 그에게는 사람에게 가장 즐거운 일이 무엇이라는 것을 알게 되는 축복이 있다. 그리스도를 닮아 가는 것이다.

우리는 아프리카에서 이러한 신자들이 일어날 것을 기대하고 이곳에서 일하고 있다. 이것이 우리가 이곳에서 세계복음화에 참여하는 방법이다.

2.4.2. 마음을 움직이는 봉사

복음화는 사람의 마음을 그리스도에게 빼앗기게 하는 것이다. 복음을 전하는 자는 하나님의 찢어진 마음을 이해하고 있는 사람이며 그의 마음이 찢어져 있으며 마음을 항상 성령의 인도하심에 맡기는 사람이다.

이 마음을 정의하기는 쉽지 않다. 구약은 사물의 중심을 말할 때 이 단어를 사용하여 그 사물의 핵심이라는 뜻을 나타낸다. 또한 객관적이고 과학적인 관찰에 의한 것보다는 주관적인 경험과 관련하여 이 단어를 많이 사용한다.

사람에 대하여 사용될 때 이 마음은 무엇보다도 전인全人,a whole man을 말한다. 그의 정신적, 육체적, 지적인 모든 태도와 자세를 주관하는 중심으로 이해한다. 마태복음 5:8, "마음이 청결한 자"를 주석하면서 『주해자의 헬라어 성경』The Expositor's Greek Testament)은 사상과 욕망과 동기의 좌소座所인 마음이라고 했다.

빌리 그래함이 설교 가운데 마음을 정의한 것이 적절한 표현이 될 것이다.

성경에서 마음heart은 육체의 기관보다 훨씬 더 복잡한 어떤 것으로 생각된다. 이것은 감정emotion의 좌소이다. 공포, 사랑, 용기, 분노, 기쁨, 슬픔 그리고 증오가 마음에서 나온다. 이것은 또한 한 인간의 윤리, 영성, 지성의 중심이다. 마음은 사람의 의식과 생활의 좌소이다

(1995:259).

그러나 사람의 마음은 부패해 있다. 성경에는 "만물보다 거짓되고 심히 부패한 것은 마음이라"(렘17:9)고 했다. 그래서 칼뱅은 우리의 마음을 "우상으로 만들어 내는 공장"이라고 하였다. 우리는 무엇보다도 마음을 찢어야 한다.

"너희는 옷을 찢지 말고 마음을 찢고 너희 하나님 여호와께로 돌아올지어다. 그는 은혜로우시며 자비로우시며 노하기를 더디 하시며 인애가 크시사 뜻을 돌이켜 재앙을 내리지 아니하시나니"(요엘 2:13)

그렇다. 상하고 통회하는 심정이 하나님께서 기뻐 받으시는 제사이다.

사람과 언약을 맺으시고 피로써 신실하게 그 언약을 이행하시는 하나님은 우리에게 상하고 찢어진 하나님의 마음을 보여주신다. 그리스도의 오심과 죽으심은 우리에게 구체적으로 현실적으로 찢어진 하나님의 마음을 보여 주신 것이다. 그분의 마음이 얼마나 아팠을까?

로잔의 문서들은 이렇게 상하고 통회하는 마음을 먼저 말하고 있다. 이 모든 문서에 나타나는 신앙고백들은 후회와 회개에서 시작되고 있다. 로잔 운동에 참여하는 사람들은 이 회개에 먼저 함께 참여하는 사람들이다. 찢겨진 마음으로 온 세상을 바라보는 사람들이다.

하나님의 약속은 우리에게 새로운 마음을 주신다는 것이다. 돌같이 단단한 마음을 제하여 버리고 살같이 부드러운 마음(겔36:26)을 주신다. 이것이 구속함을 받은 성도의 마음Christian Mind이다.

그리스도의 구속은 사람에게 타락으로 왜곡된 하나님의 형상을 새롭게

338

한다. 이것은 마음을 포함한다. 마음heart의 변화는 생각mind의 변화에서 오는 것이며 또한 생각의 변화는 마음의 변화를 일으킨다.

"새 사람을 입었으니 이는 자기를 창조하신 이의 형상을 따라 지식에까지 새롭게 하심을 받은 자니라"(골3:10)

또한 "오직 너희의 심령이 새롭게 되어"(엡4:23)라고 말씀한다.

한 걸음 더 나아가 영적인 생활을 하게 된다. 이러한 생활은 성령이 사람 속에 내주하고 다스려서 영적인 분별력으로 사는 생활 이다. 이러한 사람은 그리스도의 마음을 가진 자라는 말을 듣게 된다.

"신령한 자는 모든 것을 판단하나 자기는 아무에게도 판단을 받지 아니하느니라. 누가 주의 마음을 알아서 주를 가르치겠느냐 그러나 우리가 그리스도의 마음을 가졌느니라"(고전 2:15-16)

그리스도인들이 새로운 마음을 가지고 있다는 확신 때문에 바울은 자기의 독자들에게 지혜 있는 자들이라고 표현한다.

"나는 지혜 있는 자들에게 말함과 같이 하노니 너희는 내가 이르는 말을 스스로 판단하라"(고전 10:15)

사람에게 주어진 가장 첫째 되는 계명은 마음을 다하여 하나님과 그리스도를 사랑하는 것이다. 이것은 복음서마다 조금씩 다르게 표현하고 있다.

이것을 살펴보면 1) 마음, 목숨, 뜻(마22:37), 2) 마음, 목숨, 뜻, 힘(막 12:30), 3) 마음, 지혜, 힘(막12:33), 4) 마음, 목숨, 힘, 뜻(눅10:27)을 다하라고 기록되어 있다. 이 모든 말씀이 공통적으로 포함하고 있는 것은 마음이다.

이것은 예수님이 "너는 마음을 다하고 뜻을 다하고 힘을 다하여 네 하나님 여호와를 사랑하라"(신 6:5)를 인용한 것이다. 이것은 크고, 가장 크고 첫째 되는 계명으로서 우리가 최선의 헌신적 사랑을 하나님께 드릴 것을 가르친다.

여기에 마음과 영혼과 뜻이라고 언급한 것은 집합적인 표현을 함으로써 최고 정도의 사랑보다 더 큰 사랑을 나타내는 것이며 그것은 내 속에 있는 모든 것을 말한다(시103:1).[26]

그러므로 마음과 생각이 중요하다. 그리스도의 제자들은 흐트러지는 마음을 늘 그리스도에게로 향하도록 하는 습관을 지니도록 훈련되어야 한다. 이것은 의지적인 노력을 통하여 습관에 이를 수 있는 것이다. 이렇게 주야로 기쁨으로 하나님의 말씀을 묵상할 수 있는 사람은 복된 사람이다 (시1:).

세계복음화의 비전을 가지고 있는 사람들은 새로운 마음, 그리스도의 마음을 가진 사람들이 온 세상에서 일어나는 것을 바라보는 사람들이다.

2.4.3. 지성의 사용

우리는 기록된 계시에 의하여 우리를 구원하시는 하나님을 알게 된다. 하나님을 사색하는 우리의 생각은 계시에 의존한다. 하나님이 당신을 인간에게 계시하신다는 것 자체가 우리 생각의 중요성을 나타낸다.

우리에게 생각하는 마음이 없다면 하나님의 계시는 무의미할 것이다. 하나님의 계시는 이성적인 계시이다. 자연을 통하여 나타나는 하나님의

---

26)   The expositor's Greek Testament: 277 참조.

일반계시나 성경과 그리스도 안에서 계시된 하나님의 특별계시는 모두 이성적 계시이다.

> 인간 지성의 가장 고귀하고 고상한 기능은 하나님의 말씀을 듣는 것이다. 그리하여 자연과 성경에서 하나님의 마음을 읽고 하나님을 따라서 하나님의 사상을 생각하는 것이다(Stott,1972:31).

복음의 전파는 말로써 우리의 생각을 다른 사람의 생각에 전달하는 것이다. 그러므로 복음의 전달자는 정확하고 적절하게 전해야 할 책임이 있다. 롬10:13,14,17에 의하면, "누구든지 주의 이름을 부르는 자는 구원을 받으리라. 그런즉 그들이 믿지 아니하는 이를 어찌 부르리요 듣지도 못한 이를 어찌 믿으리요 전파하는 자가 없이 어찌 들으리요. 그러므로 믿음은 들음에서 나며 들음은 그리스도의 말씀으로 말미암았느니라"라고 기록되어 있다.

"믿음은 들음에서 나며"라는 말씀은 우리가 그리스도를 전하는 복음전파에는 확실한 내용이 있다는 것을 전제로 한다. 그래서 신성과 인성을 가진 예수 그리스도와 그의 구원 사역을 충분히 설명해서 이 전파된 그리스도를 통하여 하나님께서 듣는 이의 마음에 믿음이 일어나게 하는 것은 우리의 책임이다.

존 스토트의 경고는 적절하다.

> 이러한 복음적 설교는 설교를 만화처럼 풍자하는 것과는 아주 다르

다. 이러한 설교의 풍자는 오늘날 너무나 많이 성행하고 있다. 그들은 감정에 호소하고 반지성적이며, 청중들이 왜 결단을 해야 하는지 어떤 결단을 해야 하는지도 판단할 수 없는 상태에서 '결단'을 요구하는 것이다(1972:66).

바울은 우리에게 구원 받은 우리의 모습을 계속 생각하도록 권유한다. "나는 너희들이 알기를 원한다."

그는 기록했다.

"나는 너희들이 모르기를 원치 않는다."

그는 로마서와 고린도서에서 수십 번이나 의구심을 가지고 이 질문을 하고 있다.

"너희들은 알지 못하느냐?"

이러한 유형의 질문은 그의 서신에서 반복하여 나타난다. 예를 들면 그리스도 안에서 세례를 받은 것은 그의 죽음 안에서 세례를 받은 것을 알지 못하느냐? 너희는 너희가 복종하여 너희 자신을 드린 그 사람에게 종이 되는 것을 알지 못하느냐? 너희들은 하나님의 전이며 하나님의 영이 너희 속에 거하는 것을 알지 못하느냐? 불의한 자는 하나님의 나라를 유업으로 얻지 못하는 것을 너희는 알지 못하느냐? 너희가 그리스도의 몸인 것을 알지 못하느냐?가 반복해서 나타난다.

이런 일련의 질문을 사도가 하는 것은 그가 우리의 무지를 부끄럽게 하려고 하는 것이 아니다. 그보다는 우리에게 연관된 이 위대한 진리를 회상시켜서 우리를 설득하려고 하는 것이다. 사실은 우리가 잘 알고 있는 것이지만 이러한 진리가 우리의 생각을 사로잡고 우리의 인격을 형성하도록 우리에게 계속하여 말을 하는 것이다.

이것은 노만 빈센트 필Norman Vincent Peale이 말하는 자기 신뢰를 위한 낙관주의가 아니다. '적극적인 사고'를 주장하는 필의 방법은 우리가 아닌 다른 우리를 가정하도록 만드는 것이다. 바울의 방법은 우리가 참으로 누구인가를 상기시키는 것이다. 하나님께서 그리스도 안에서 우리를 그렇게 만드셨다.

그리스도인의 지성Christian Mind은 세계관의 변화에서 시작하여 거룩의 길을 걷게 하며 그것은 전인의 변화를 이루어 간다. 교회는 사람에게 이러한 변화가 일어나는 것을 기대하고 함께 기도하는 곳이다.

따라서 목회자는 그리스도 안에서 원천적으로 새로운 사람이 된 사람들에게 이 세상에서도 거기에 맞도록 살아가는 것을 시간을 두고 가르치는 것이 필요하다. 그리스도의 장성한 분량에 이르도록 나아가는 길은 완전을 향하여 나아가는 길이며 그것은 평생토록 성장해 가는 길이다.

교회가 초대 교회 시절부터 가지고 있던 주님이 가르친 기도, 신조, 신앙고백 등은 깊이 공부할수록 그리스도인의 지성을 더욱 빛나게 한다. 한국 교회는 초기부터 교회에 부흥회, 사경회를 통하여 성도들의 지성이 개발되도록 했다.

한국 교회는 성경을 깊이, 그리고 많이 읽은 사람들을 전설적으로 기억한다. 해방 후 새 나라에서 한국 교회를 다시 말씀 위에 세우기를 원했던 지도자 중에는 신학교의 학생들에게 의무적으로 로마서를 100독 하도록 가르친 분도 있다. 그가 공부시킨 이 졸업생들은 23분이면 로마서를 다 읽

을 수 있었고 그들의 설교에서 로마서는 자유자재로 인용할 수 있게 되었다.[27]

성령을 통하여 밝아진 마음은 더 많은 것을 알기를 원한다. 하나님을 더 알고 싶은 열망이 있고 다른 사람을 섬기기 위하여 이들을 도와줄 방법을 찾고자 하는 열망이 있다. 더 기도하고 더 말씀을 읽고 더 공부하게 된다.

필자는 이 글을 쓰면서 존 스토트 목사님이 세상을 떠났다는 말을 들었다. 그분은 참으로 복되게 세상을 사신 분이다. 자기의 시대를 아름답게 감당하신 분이다. 그분은 세상에 하고 싶은 마지막 말을 다 하시고 조용히 사람들과 함께 지내시다가 주님의 영접을 받았다. 그분은 기독교 지성의 모범으로 사신 분이다. 1972년에 저술한 책 『당신의 지성이 중요합니다』Your Mind Matters에는 이런 말이 있는 것이 발견된다.

나는 빌리 그래함 박사가 말씀하시는 것을 듣고 그에게 감사하는 마음이 생겼다. 그것은 1970년 그가 런던에서 600여 명의 목사들에게 한 말이다.

"만일 내가 나의 사역을 처음부터 다시 시작할 수 있다면 나는 과거에 내가 했던 것보다 세 배는 더 공부하고 시작하기를 원한다. 나는 설교는 너무 많이 했고 공부는 너무 적게 했다."

그리고 그 다음날은 도날드 번하우스 Donald Barnhouse의 말을 다음과 같이 청중들에게 전해 주었다. "내가 이제 3년만 더 주님을 섬길 수

---

27) 1946년부터 1960년까지 고려신학교에서 교수로 봉직했던 박윤선 박사는 학생들이 로마서를 100독 하도록 가르쳤다.

있게 된다면 나는 그중에 2년을 공부하고 준비하겠습니다"(1972:77).

윌리엄 틴데일William Tyndale 생애의 마지막 모습은 영원한 사역자의 모습이다. 그는 1494-1536년 동안 42세를 살았던 사람이다. 영어로 성경을 번역하기 위하여 추방자의 생활을 했다. 성경이 영어로 번역되는 것을 국왕 헨리 8세Henry VIII와 당시의 실권자 토마스 모어Thomas More 등이 반대했기 때문이다.

이 성경 번역 작업 때문에 그는 외국에서 체포되어 18개월을 감옥생활을 한다. 겨울을 맞이하면서 그는 감옥의 책임자에게 이렇게 편지를 썼다.

나에게 나의 겉옷을, 머리에 쓸 수 있는 모자를 돌려주시기를 간청합니다. 이곳은 나에게는 너무 추운 곳입니다. 그리고 등불을, 히브리어 성경을, 히브리어 문법책을, 히브리어 사전을 돌려주시기를 바랍니다.[28]

---

28) 재인용-Piper, J. 〈Filling up the affection of Christ〉. p50. Crossway Books:Wheaton, 2009. From p202,William Tyndale, 『The Obedience of a Christain man』, edited with an introduction by Davi Daniel. Penguin Books:London. 2000.

2.4.4. 전도의 본질에 충실

〈로잔 운동이 말하는 전도의 본질〉

전도는 말로써 사람의 마음에 이르는 것이다.

"하나님의 지혜에 있어서는 이 세상이 자기 지혜로 하나님을 알지 못하므로 하나님께서 전도의 미련한 것으로 믿는 자들을 구원하시기를 기뻐하셨도다"(고전 1:21)

하나님은 예수 그리스도의 죽으심과 부활을 통하여 구속redemption을 성취하셨다. 그의 아들을 통하여 성취한 이 구속을 이제 그는 그의 종들인, 사람들을 통하여 알린다. 로잔 문서는 전도의 핵심을 다음과 같이 설명한다.

그 첫째 요소는 예수의 죽음과 부활이다. 사도들은 그의 탄생과 생활, 그의 말씀과 하신 일, 그의 통치와 재림에 대하여도 말을 하고 있지만 그들은 예수 그리스도가 우리 죄를 위하여 죽었다는 것과 죽은 자들 가운데서 살아났다는 복음에 집중하고 있다. 그의 죽음과 부활은 사도들에게는 실제의 역사적 사건들이다.

그리스도의 죽음과 부활은 너무도 중요한 의미를 가지는 사건이다. 왜냐하면 그리스도는 우리의 죄를 위하여 죽었고 죄의 저주를 받았으며 우리의 의를 이루셨고 그의 부활로 말미암아 그의 희생이 받아들여졌다는 것과 그가 헛되이 죽지 않았다는 것이 증명되었기 때문이다(롬4:25; 고전 15:17-19).

두 번째 요소는 이 사건들의 증인들과 관련 된다: 구약의 선지자들과 신약의 사도들이다. 사도들은 계속하여 구약을 인용하였고 '우리가 이 일의

346

증인이라'고 거듭 말을 한다. 요약하면, 그들은 성경을 따라서 예수 그리스도의 죽음과 부활을 전했다(고전 15:3,4). 우리 시대에 유행하는 그리스도의 오해가 무엇이라고 해도 우리는 신구약에 제시된 확실한 성경적, 역사적 예수에 대하여 신실해야 한다.

세 번째 요소는, 복음은 그리스도의 죽음과 부활뿐만 아니라 그가 현재 우리에게 제시하는 것과 관련되어 있다. 왜냐하면 그는 하나님 우편에 좌정하시고 그 천상천하 유아독존의 권위를 가지고 죄의 용서와 성령의 은사에 대하여 약속하신다.

죄의 용서란 우리의 첫값을 없이 하시고 은혜를 입게 하시며 하나님의 가족이 되게 하시는 것이다. 그리스도에게 나아가는 모든 사람에게 성령이 주어진다. 성령은 우리를 자유케 하셔서 자아에 묶여 있지 않게 하시고 하나님과 남을 위하여 살게 하신다.

네 번째 요소는 이러한 자유로운 은사를 받기 위하여 우리는 회개하고 믿어야 하며, 죄, 거짓, 우상으로부터 돌아서서 오직 유일하신 구주인 그리스도를 신뢰하여야 한다. 이 둘은 함께 연합되어 있는 것이다.

왜냐하면 회개가 없는 믿음은 구원받은 믿음이 아니며 믿음을 가장한 것이다. 여기에 더 덧붙일 것이 있다면 사도들이 말하는 바와 같이 세례일 것이다(행2:38). 이 예식은 '예수 그리스도의 이름으로' 행하는 것이기 때문에 그것은 공적으로 마음을 바꾸는 것, 뉘우치는 가운데 주 예수를 믿는 것을 뜻한다.

이것이 더 이상은 줄일 수 없는 최소한의 사도적인 복음이다. 우리는 결코 이 사건들과 그 증인들을 잃고 방황하거나 이 사건을 기초하여 주시는 것을 놓치거나 주시는 것의 조건들을 오해하지 말아야 할 것이다.

2.5. 세계복음화를 위하여 복음주의교회가 먼저 갖추어야 할 것들

〈한국 교회의 선교를 위한 방향 제시〉

운동경기를 하는 사람들은 경기에서 이기기 위하여 몸을 단련한다. 특수한 일을 위하여 특별한 몸이 필요하기 때문이다. 사람이 2시간대에 40km를 달리는 마라톤을 하기 위하여 마라톤을 할 수 있는 몸을 만들어야 한다.

필요한 근육을 발달시키고 심폐 기능을 높이고 지구력을 길러야 하는 것이다. 이러한 것들이 기본적으로 갖추어져 있어야 한다. 마음만으로 시작한다고 해서 그 먼 거리를 만족할 만한 시간 내에 달릴 수 없다.

세계복음화라는 하나님의 사명을 감당하기 위하여서 교회는 기본적인 것들이 갖추어져 있어야 한다. 이것은 날마다 하나님의 인도하심을 따라 살아갈 때 교회가 갖게 되는 특별한 은혜의 세계이다.

기도로 이루어진 영적인 생활은 영적으로 근육질의 신앙인이 되게 한다. 매일 오랜 시간 기도하는 중에 이루어진 신앙생활은 거룩의 의미를 깊이 발견하게 되고 특별한 영의 힘을 가지게 된다.

21세기의 한국 교회가 세계복음화라는 로잔 운동을 성공적으로 완성하기 위하여 기본적으로 필요한 기본 요건들은 어떤 것들인가? 그 대답은 다음과 같을 것이다.

1. 신학적으로 교회는 하나님의 영광을 위한 신학이라는 바탕 위에 있

어야 한다.

2. 교회는 교회론은 선교적 교회론을 가져야 한다.

3. 각 성도는 하나님 나라의 체험적(말씀-묵상-기도)인 신앙을 가지고 있어야 한다.

2.5.1. 하나님의 영광을 위한 신학

우리의 신학적 사색은 계시 의존적이다. 우리는 기록된 계시에 의하여 하나님의 속성을 배운다. 그리고 우리가 신학적으로 추구하는 연구의 목적을 발견한다. 그것은 하나님의 영광을 위한 신학이다. 왜냐하면 하나님께서는 당신의 영광을 나타내기 위하여 우리를 창조하셨기 때문이다(롬 8:29,30).

> 신학의 진수는 무엇인가? 그것은 하나님을 아는 것, 그의 뜻을 분별하는 것, 우리가 어떻게 살아야 하며 또 증거해야 하는지 인도를 받는 것이다. 그것은 추구하고 이해하는 신앙이다(Hendricks, 2007:24).[29]

오늘날 복음주의자들의 신학이 비판을 받는 것은 이 신학이 인간에게서 출발하는 경향을 가지고 있기 때문이다. 우리의 필요를 채워주기 위하여 필요한 하나님을 먼저 생각하는 것 때문이다.

---

29) Hendricks는 Stellenbosch 대학교의 실천신학 교수이다. 그는 Anselm을 인용하여 그렇게 정의했다.

칼뱅은 신학대전Summa Theologiae을 쓰지 않고 경건의 대전Summa Pietatis을 썼다. 그가 『기독교 강요』를 처음으로 출판할 때(1536) 그 책의 제목에 이것을 명시하였다. 그가 강요를 기록한 목적 중의 하나는 사람들에게 참된 경건을 가르치려고 한 것이다.

> 나의 의도는 어떤 기본적인 원리들을 전해서 기독교에 대하여 열정을 가진 사람들이 참된 경건을 체득하기를 바란 것이다(Simpson, 1984:190).

우리가 신학을 하는 것은 하나님을 바로 알아서 하나님 앞에서 옳게 살아가기 위함이다. 하나님을 바로 알기 위하여 우리의 계시 의존적 사색은 사람에게서 출발하는 것보다는 하나님의 영광에서 출발해야 한다.

참으로 그리스도인이 된 사람은 주께 순종하고 싶은 순수한 열망을 가지게 된다.

> 순종을 원하는 순수한 열망 없다면 참으로 개종했다고 할 수 없을 것이다(John Owen,2004:240).

> 성화는 신자의 영혼에 행해지는 하나님의 영의 즉각적인 사역이다. 죄의 오염과 충만으로부터 그들의 본질을 순수하게 하고, 그들에게 하나님의 형상을 회복시킨다. 그리하여 그들이 은혜의 영적이고 지속적인 원리를 따라 하나님께 순종하게 된다.

새로운 언약의 방침을 따라서 예수 그리스도의 죽으심과 부활하심의 공로로, 더욱 간단히 말하면 이것은 성령에 의하여 예수 그리스도를 통하여, 우리 본질이 전반적으로 회복되어서 하나님의 형상으로 바뀌는 것을 을 말한다. 그래서 사도는 '그리스도 예수 안에 있는 자는 새로운 피조물'(고후 5:17)이라고 했다(John Owen,2004:257).

세계복음화는 인위적인 노력이나 물량적인 투자로 이루어지는 것이 아니다. 세계복음화는 그리스도 안에서 하나님의 사랑을 발견하고 깊은 통회와 한없는 희열을 느끼는 사람들 사이에서 이루어진다.

이 일을 위하여 특별히 준비된 추수할 일군이 필요하고 성령의 인도하심에 대한 한없는 순종이 요구된다. 그러므로 세계복음화를 위한 신학은 하나님 영광을 먼저 추구하는 신학이어야 한다.

2.5.2. 선교적 교회론

교회의 본질은 무엇인가? 이 대답은 교회의 사명, 교회의 존재 이유, 교회와 하나님의 나라와의 관계, 교회와 세상과의 관계에서 설명할 수 있을 것이다. 교회는 성장을 통하여 이 모든 설명을 구체적으로 하게 된다. 교회는 본질적으로 그리스도의 몸의 장성한 분량에 이르도록 자라는 것이다.

이 자람은 교회와 하나님의 관계에 의하여 이루어지며, 자람에 의하여 세상에서의 사명을 더 분명하게 감당할 수 있다. 자라가는 교회는 스스로 더 분명한 교회의 존재 이유를 표백한다.

세월이 갈수록 더욱 경건하게 살아가는 사람들이 점점 더 많아지는 자람은 교회가 무엇이라는 것을 더욱 분명히 나타낸다. 이러한 자람은 그 자체가 교회가 선교적 사명을 다하는 것이다.

그 결과 하나님의 나라가 교회가 속한 세상에 더욱 확장되고 세상이 빛 가운데로 방향을 가질 수 있게 된다. 그 가운데 하나님의 영광이 나타난다. 이것이 교회의 존재 이유이다. 이렇게 교회는 성장을 통하여 자신을 더욱 분명히 나타내기 때문에 교회는 선교적이라고 부른다.

이렇게 선교적 사명을 다한다는 것은 성도가 개인적으로 혹은 교회가 집단의 의지로 자신의 정체성을 충실히 나타내는 것을 말한다. 성숙한 교회는 불신자에 대하여 혹은 외부 세계에 대하여 그리스도의 모습을 충실히 드러내게 된다.

이 선교적 사명은 모든 신자에게 주어졌다. 이것은 마닐라선언The Manila Menifesto 12에서도 확인된다.[30]

선교는 교회가 가지고 있는 여러 가지 프로그램 가운데 하나인가? 아니면 교회는 본질적으로 선교적인가? 이것이 세계복음화를 시작하는 우리가 먼저 대답해야 할 일차적인 문제이다.

선교란 교회의 프로그램 중의 하나가 아니라는 것을 우리가 깨닫는 데는 수십 년이 걸렸다. 이 깨달음은 교회를 '하나님으로부터 파송 받은 사람들'로 정의하는 것으로 분명해진다. 우리가 우리 자신을 선교

---

30) We affirm that God has committed to the whole church and every member of it the task of making Christ known throughout the world; we long to see all lay and ordained persons mobilized and trained for this task.

에 의하여 이해하여야 하는가. 혹은 우리가 복음의 영역을 축소하고 교회가 받은 명령을 줄일 것인가, 둘 중의 하나를 선택하는 문제이다. 우리 교회는 선교를 하는 교회인가? 혹은 선교적 교회인가 이것이 오늘날 우리가 직면한 도전이다(Guder,1998:6).

방동섭 교수는 『선교 없이 교회 없습니다』이란 책에서 이렇게 지적한다.

교회는 한마디로 선교 공동체라고 할 수 있다. 교회는 세워지는 그날부터 선교 사명을 위해 존재하였다. 그러기에 우리는 '선교는 교회의 본질에 속한다'고 확신한다.
또한 선교는 교회가 존재하는 방식이다. 교회는 선교를 통해 존재해 왔으며, 선교하므로 존재하고, 선교를 통해 미래를 향해 나아갈 것이다. 그러므로 교회는 선교를 피할 수 없으며 선교 없이는 그 존재의 진정한 의미를 상실해 버린다(2010:67).

엔겐Engen은 선교의 본질에서 성도들의 위치를 이렇게 설명한다.

개 교회는 우주적 교회의 한 부분이기 때문에 선교 사역 중이며 이 선교의 본질을 실천하고 있기 때문에 개 교회의 성도들은 그들이 교회로 나타나는 것을 발견한다(1991:33).

종종 많은 사람이 교회가 부흥하려면 선교해야 한다고 주장한다. 그러나 그것은 사실이 아니다. 교회는 부흥하려고 선교하는 것이 아니라 진정한 교회되기 위하여 선교 한다. 선교 없이 교회는 더 이상 교회일 수 없다.

이러한 사상이 가지는 선교 신학적 의미는 한국 교회가 세계 교회에 기여하고 세계의 기독교를 이끌고 갈 수 있는 기틀을 제공하는 신학적인 사고라고 할 수 있을 것이다.

한국 선교사들은 아프리카에서 어떤 교회를 세우고자 하는가? 우리를 파송한 한국 교회와 같은 교회를 아프리카에 세우고자 하는가? 하나님으로부터 보내심을 받은 사람들의 모임 즉 선교적 교회를 세우고자 하는가?

2010년 『세계를 위한 기도 사역』Operation World에 의하면 아프리카에는 10억의 인구가 살고 있으며 그중에 48%가 기독교인이라고 한다. 그 가운데 복음주의자들이 1억 8천만이다. 아프리카 교회의 가장 큰 문제는 제자훈련의 부족이라고 했다.

경이적인 숫자의 증가가 있지만 후속적인 양육이 없어서 비기독교적인 세계관, 습관이 만연하고 혼합종교 현상이 심각한 문제가 되고 있다. 이러한 사람들을 양산하는 것이 우리가 원하는 세계복음화인가? 그럴 수는 없다. 복음을 전하는 이들의 교회론이 선교적 교회론이 되어야 할 것이다.

따라서 우리는 교회의 성장과 관련한 선교적 교회론을 이렇게 말할 수 있다. 개 교회의 성장은 그 교회에 속한 개인의 성장총화이다. 지역 교회의 교인들의 숫자가 증가하지 않는다고 하더라도 성도들의 신앙이 성숙해 지면 그 교회는 성장하는 교회라고 할 수 있다. 반대로 아무리 숫자가 많이 모인다고 하더라도 성도들의 개인적인 성숙이 없다면 그 교회는 성장하는 교회가 아니다.

개인의 성숙은 그가 속한 사회와 밀접한 관계를 가진다. 그가 빛으로, 소금으로, 그리스도의 증인으로 나타나야 하기 때문이다. 이것이 개인이 담당하는 선교적인 역량이다. 얼마나 하나님의 은혜의 사람인 것이 나타나는가 하는 것이 중요하다.

그리스도를 믿는 믿음을 통하여 정직, 사랑, 근면, 검소, 열심, 충성, 기쁨, 화평, 인내, 온유, 친절, 지혜, 이런 것들이 시간이 갈수록 더욱 깊어지고 많아지는 것이 나타난다면 그는 그의 주변의 사람들에게 더욱 성숙한 사람으로 나타날 것이고 그는 이미 선교사명을 감당하고 있다.

교회는 어느 특정한 장소에 어느 특정한 시간에 모이는 사람들을 말하는 것은 아니다. 교회는 이러한 사람들의 총회이다. 직장에 있든지, 학교에 있든지, 가정에 있든지 그 교회에 속한 사람들의 총화이다.

사람들마다 성숙의 과정에 있기 때문에 교회는 항상 변하는 모습으로 나타난다. 어린아이가 일정한 모습을 가지지 않고 시간이 흐름에 따라 자라는 모습을 나타내는 것처럼 교회의 모습은 일정할 수가 없다.

성도가 성장하는 과정에는 개인이 미치는 주변에 대한 영향력뿐만 아니라 집단적으로 복음을 전하려는 노력에 참여하는 것을 포함한다. 그것은 가서 내 증인이 되라고 하신 말씀에 대한 응답이다.

스스로 복음을 알지 못하는 사람들을 위하여 가든지 혹은 가는 사명을 가진 사람들을 후원하는 것이다. 그리스도의 교회는 새로운 교회를 만들어가는 것을 기쁨으로 알고 있다. 이렇게 교회는 선교적이다.

이렇게 성도는 개인적으로 삶의 주변에 그리스도의 향기를 나타내는 선교적인 삶을 살아가며 집단적으로 함께 선교에 참여하는 삶을 살아간다.

따라서 교회는 선교하는 개인의 총화로 이루어져 있고 집단적으로 선교하는 사명을 가지고 있다.

개인이 주변의 같은 문화 가운데서 살아가는 사람들에게 복음을 전한다는 의미에서 전도하는 삶을 산다고 할 수 있으며, 주변의 사람들에게 전혀 다른 삶의 모습을 보여 준다는 의미에서 선교의 삶을 사는 것이다.

이렇게 선교와 교회 성장은 불가분리의 관계이다. 선교는 교회 성장의 과정인 것이다. 이렇게 성장하며 선교하는 개인이나 교회는 항상 하나님과 깊은 교제를 하는 가운데 이루어지는 것이다. 이것은 하나님의 은혜이며 성령의 힘으로 가능하게 된다. 이것은 날마다 성화되어 가는 삶을 뜻하는 것이다.

이러한 성령의 능력에 대하여 로잔 언약의 14장에 이렇게 기록하고 있다:

> 우리는 성령의 능력을 믿는다. 성부는 그의 아들 성자를 증거하기 위하여 성령을 보내셨다. 이 성령의 증거가 없으면 우리의 증거는 아무런 소용이 없다. 죄에 대한 자각, 그리스도를 믿는 것, 중생, 성도의 성장이 모두 그의 일이다. 한 걸음 더 나아가, 성령은 선교의 영이다. 그래서 복음 전도는 자발적으로 성령 충만한 교회에서부터 일어나야 한다. 선교적 교회가 아닌 교회는 그 자체가 모순이며 성령을 소멸하는 일이다A Church that is not a missionary Church is contradicting itself and quenching the Spirit).
>
> 성령께서 진리와 지혜와 믿음과 거룩과 사랑과 능력으로 교회를 새

롭게 하실 때에 비로소 세계복음화는 실제로 가능한 일이 될 것이다. 그러므로 우리는 모든 신자가 기도하여 이렇게 전능하신 하나님의 영이 오셔서 그의 모든 열매가 그의 모든 백성에게 나타나도록 그리고 그의 모든 은사가 그리스도의 몸을 풍성하게 되도록 요청한다.

복음이 세상에 나타나는 양식을 설명하면서 뉴우비긴Newbegin은 교회의 성도들을 복음의 해석으로 이해했다.

복음이 믿을 만한 가치가 있다는 것, 인간 사회에 궁극적인 대답이 될 수 있는 것이 십자가에 달린 그분의 힘이라는 것을 사람들에게 납득시키는 것이 어떻게 가능할 수 있는가? 여기에 대한 유일한 대답이라고 내가 생각할 수 있는 것은, 복음의 유일한 해석이 그 복음을 믿고 복음에 의하여 살아가는 남녀 성도들이라는 것이다(1989:232).

2.5.3. 하나님 나라의 체험적 신앙생활

복음주의는 항상 '하나님 지식'을 추상적인 어떤 것으로 이해하는 것을 거부해 왔다. 그보다는 강하게 실험적이고, 개인적이며 마음과 생각을 바꿀 수 있는 어떤 것으로 인정해 왔다. 그래서 복음주의는 하나의 신학적인 체계라고 보기보다는 경건한 신앙생활의 내용이다 (Alister. McGrath, 1995:57.58).

세계복음화는 땅 위의 모든 족속에게 복음을 전하여 사람을 구원하고자 하는 노력이다. 땅 위에는 부유한 자들보다는 내일을 생각하고 걱정하며 사는 사람들이 훨씬 많다. 고난 가운데 있는 사람들이 무수히 존재한다.

날마다 일용할 양식을 위하여 기도해야 하는 사람들이 먹는 것을 걱정하지 않는 사람보다 훨씬 많다. 먹을 것이 없어서 굶어 죽는 사람들이 얼마든지 있다. 이것이 우리가 살아가는 세상의 환경이다.

이러한 고난 가운데 살아가는 사람들이 예수 그리스도를 영접하고 구원을 받을 때 그들이 당장 생활이 나아지는 것은 아니다. 그러나 그들은 지금의 상태에서 출발하여 확실하게 달라지는 그 첫걸음을 걷게 되는 것이다. 그들은 앞으로 떡 문제를 깨끗이 해결할 뿐 아니라 엄청나게 많이 남에게 나누어 주는 사람들이 될 것이다.

이렇게 예수 그리스도를 영접한 사람은 지금 당장 그들은 어떻게 살아가야 하는지를 알게 되고 어떻게 기도해야 하는지를 알게 되고 어떻게 묵상해야 할지 알게 된다. 그들이 하늘에 계신 그들의 아버지를 알게 되기 때문이다.

의식주 문제의 해결이 다급한 사람들에게도 예수님은 이렇게 기도하라고 가르친다.

"너희는 먼저 그의 나라와 그의 의를 구하라. 그리하면 이 모든 것을 너희에게 더하시리라"(마6:33)

그리스도는 기도의 순서를 가르쳤다. 이방 종교나 우상을 섬기는 것과 다른 것이 무엇인지를 가르쳤다. 그것은 하나님의 나라와 하나님의 의를 먼저 구하는 것이다. 그리고 어떻게 살 것인가 하는 문제는 하나님의 문제라고 하셨다.

하나님께 맡기고 살아갈 때 하나님이 어떻게 하시는지 보는 것이 우리의 일이 되었다. 아버지가 베푸시는 은혜를 체험하면 되는 것이다. 우리 아버지 하나님의 나라와 우리 아버지 하나님의 의를 힘을 다하여 구하는 것이 우리의 일이 되었다.

하나님을 아버지로 믿는 우리는 이 기도에 응답하시는 하나님을 날마다 체험해야 할 것이다. 배고픈 나의 형편을 확실하게 바꾸어 놓는 길이 어디에 있음을 가르쳐 준다. 신앙인의 삶은 이 실험이다.

내가 그의 나라와 그의 의를 구할 때 아버지 하나님께서 하시는 일을 경험하는 것이다. 너무 배가 고파서 떡에만 정신이 다 팔려 있는 사람은 '그에게 나라를 송두리째 다 주고자 하시는 하나님의 마음'을 이해하기가 쉽지 않을 것이다.

이것을 깊이 그리고 철저히 경험한 성도는 말한다.

"여호와는 나의 목자시니 내가 부족함이 없으리로다"(시23:1)

우리 선교사들은 날마다 극단적인 궁핍 가운데 있는 사람들을 만나지만 우리는 그들에게 해줄 말이 있어서 기쁘다.

"우리 아버지 되신 하나님을 의지하고 바르게 살아갑시다."

칼뱅은 우리가 하나님이 우리의 아버지라는 지식을 갖지 못한다면 우리가 가진 하나님 지식은 아무 의미가 없는 것이라고 했다(Mc Neil,1960:341).

하늘에 계신 아버지의 나라, 아버지의 의를 먼저 구하며 살아가는 것은 어떤 생활인가? 그 대답은 고아로 살다가 아버지를 만난 사람을 생각해 보면 알 수 있을 것이다. 날마다 하나님 아버지 생각으로 가득한 생활이 될 것이다. 아버지 하나님의 말씀을 항상 듣고 싶어 하는 생활이 될 것이다. 아버지 하나님께 항상 기도하는 생활이 될 것이다.

이것은 이 시대에 명징한 제자Radical Disciple가 되는 것을 뜻한다. 종말론적 삶을 살아가는 신앙생활을 뜻한다. 성령으로 충만한 생활을 말한다. 머릿속에 항상 그리스도의 생각으로 가득 찬 사람이 되는 것이다. 이 사람은 고아로 있을 때와 지금을 비교할 수 있는 사람이다. 그가 주님처럼 변화하여 아버지 하나님 앞에 갈 날을 예비하고 준비하는 사람이다. 그는 날마다 하나님의 은혜를 체험하며 살아간다.

하나님의 은혜가 없으면 그리스도를 닮아 가는 생활이 불가능한 것을 알고 있는 사람이다. 그에게 과거와 두드러지게 달라진 것이 있다면 그것은 그의 생각이다. 미래에 대한 불안과 걱정 속에 살아가던 사람이 항상 하나님을 묵상하는 사람이 된 것이다.

이러한 성도의 묵상에 대하여 패커J.I Packer는 이렇게 말을 한다.

묵상은 사람이 하나님의 일, 방법, 목적, 약속에 관한 여러 가지 일들을 상기하고, 거듭 생각하고, 그 생각에 잠겨서 자신을 적용하는 것이다. 그것은 하나님 앞에서, 하나님의 눈 아래서, 하나님의 도움으로, 하나님과 교제의 수단으로 의식적으로 행하는 거룩한 사색의 일이다. 그것의 목적은 사람이 가진 하나님에 관한 정신적 영적 비전을 분명히 하고 하나님의 진리가 사람의 정신과 마음에 충분히 그리고 정확히 충격을 주게 하는 것이다.

이것은 하나님과 자신에 관하여 스스로에게 말하는 것이다; 그것은

끊임없이 스스로 논쟁하는 문제이며 의심과 불신앙의 기분에서 하나
님의 능력과 은혜를 분명히 이해하도록 스스로 설명해 내는 것이다.
그 결과는 우리가 하나님의 위대하심과 영광을 그리고 우리 자신의
미미함과 죄성을 깊이 생각하게 하고, 우리를 겸손하게 하고, 우리가
주 예수 그리스도 안에 나타난 측량 못 할 하나님의 자비하심의 풍성
함을 생각할 때 우리를 격려하고 우리에게 확신을 준다(1984:22,23).

아프리카 사람들은 너무 오랜 세월 동안 남으로부터 받는 일에 익숙해
있다. 그래서 그들은 스스로 일어서기가 더 어려워진다. 가난의 의미와 그
리스도 안에서 가난을 벗어나는 방법을 배워야 한다. 이것은 말씀을 깊이
묵상하여 '하나님의 나라The Kingdom of God의 백성'으로 살아가는 중에
가능하다.

우리는 우리가 개척하는 교회의 성도들이 하나님의 능력과 은혜를 깊이
깨닫고 그들이 비록 가난하고 어려워도 더 고통 중에 있는 사람과 나누고
자 하는 마음이 일어나기를 바란다. 복음을 전하지 않고는 견딜 수 없는 사
람들이 나타나기를 기다린다.

남에게 나누어 줄 것이 없어서 통곡하는 사람이 그리워진다. 그때가 아
프리카가 회복될 수 있는 시작이 될 것이다. 가난으로부터도 확실하게 벗
어날 길이 보일 것이다.

3. 로잔 운동과 한국 교회

3.1 한국 교회는 잉태한 아이를 해산할 힘을 가지고 있는가?

고대 이스라엘 민족의 왕국은 갈등 속에서 분열되고 해체되는 수백 년의 역사를 가지고 있었다. BC 1070년 사울이 시작한 나라는 BC 587년 예루살렘이 멸망된 이후 역사에서 사라진다. 전체적으로 보아서 그들이 팔레스타인에 살았지만 젖과 꿀이 흐르는 곳에 살았다고 말할 수는 없다.

대체로 우상 숭배가 만연했다. 국민들은 땅 위의 어느 군주 국가나 마찬가지로 영욕이 반복되는 삶을 살았다. 하나님은 그것을 원치 않았지만 그들은 나일강과 유브라데스강 사이의 여러 약소민족 중 하나로 있다가 없어졌다.

그러나 그 가운데도 본연의 모습을 드러내는 빛나는 시절이 있었다. 나일강의 문명과 메소포타미아의 문명을 압도하는 하나님 문화를 나타내 보이던 시절이다. 다윗이 통치하고 솔로몬이 통치하던 얼마간의 기간이다. 그때 그들이 살던 땅은 젖과 꿀이 강처럼 흐르는 땅이었다. 모세가 그렇게 힘을 다해 가르치던 일이 성취된 시절이다.

그 외의 시절들은 모두 "여인이 아이를 가졌으나 순산할 힘이 없는 것"과 같은 모습이었다. 그들은 하나님이 그들에게 약속하신 축복을 누릴 힘이 없었던 것이다. 그들이 하나님을 떠났기 때문이다. 히스기야 왕의 고뇌가 선지자 이사야의 귀에 들린다.

"오늘은 환난과 책벌과 능욕의 날이라 아이를 낳으려 하나 해산할 힘이

없음 같도다"(사37:3)

인류가 땅 위에서 얼마나 오랫동안 살았는지 우리는 정확하게 알지 못한다. 그러나 주께서 이 땅에 오신 것을 기점으로 하여 보아도 지금은 이미 2000년이 지났다. 사람들이 주님 오신 때로부터 2000년을 산 이후 지금 온 세상은 한국 교회가 세계 선교를 하고 있다고 말을 한다.

한국 교회는 지금 세계에서 두 번째로 많은 숫자의 선교사를 내보내고 있다. 이제 한국 교회는 아이를 잉태한 여인과 같다. 우리는 온 세상에 탄생시켜서 세상을 바꾸어 갈 수 있는 생명체를 가지고 있다.

이 해산은 두 가지 의미를 가진다. 하나는 옥동자를 건강하게 출산하는 것이고 또 하나는 여인이 아이에게 젖을 먹일 수 있도록 건강하게 아이를 낳는 것이다.

한국 교회는 옥동자를 낳아야 하고 한국 교회는 건강한 가운데 예수님 다시 오실 때까지 이 세상에서 하나님의 나라를 보여주는 일을 해야 한다. 어떻게 하면 한국 교회는 역사의 마지막까지 선교하는 교회가 될 수 있는가?

교회가 세상과 다르다는 것을 피를 흘리며 증거할 수 있을 것인가? 교회를 통하여 대한민국을 아름답게 가꾸어가고 이 교회를 통하여 온 세상에 소망을 줄 수 있을 것인가? 어떻게 하면 한국 교회는 잉태한 아이를 순산할 힘을 가지는가?

여기에 대한 대답은 어렵지 않다고 생각한다. 성경이 그 대답을 가르쳐 주기 때문이다. 그 대답은 한국 교회가 오로지 하나님의 영광을 바라고 즐거워하는 사람들이 되면 되는 것이다.

"여호와께서 가라사대 내가 아이를 갖도록 하였은즉 해산하지 아니하겠느냐 네 하나님이 이르시되 나는 해산하게 하는 이인즉 어찌 태를 닫겠느냐 하시니라"(사66:9)

1945년 세계제2차대전이 끝났을 때 이념으로 분단된 나라는 세 나라였다. 독일, 월남, 그리고 한국이다. 1974년 로잔 언약이 만들어지던 해에는 아직도 이 세 나라 중 한 나라도 통일되지 않았다. 한국은 휴전 중이었고 독일은 베를린 장벽이 더욱 굳어지고 있었으며 월남은 오랜 전쟁 이후 이제 공산화되기 직전에 있었다.

이 해(1974년)에 빌리 그래함 박사는 서울 여의도에서 대부흥집회를 인도했다. 매일 1백만이 넘는 성도들이 운집하여 세상을 놀라게 하였다. 이때 한국은 스스로 일어서는 힘을 온 세상에 보이기 시작했다. 한국 교회는 세계에 유례가 없는 성장을 거듭하고 있었다.

한국 사람들이 온 세상을 향하여 나아갈 수 있는 준비를 하는 분위기가 성숙되고 있었다. 빌리 그래함, 존 스토트 같은 지도자들이 복음주의교회의 선교 운동을 일으킬 때 한국 교회는 세계로 뛰쳐나가기 위하여 숨 고르기를 하고 있었다.

3.2 한국 교회의 선교와 로잔 문서 작성의 시대적인 의미

월리엄 캐리William Carey는 선교의 위대한 세기를 연 근대 선교의 아버지라고 한다. 그때 세계 기독교 인구의 90% 이상은 백인들이었다. 그 이후 이 백인들이 중심이 된 선교는 배를 타고 해안과 항구를 따라 진행이 되었다. 1856년에는 드디어 허드슨 테일러J. Hudson Taylor를 필두로 하여 해안 선교에서 내지 선교로 세계 선교는 새로운 영역을 만들어 갔다.

그리고 1910년 '오늘 예수 그리스도를 증거하라'는 주제를 가지고 에딘 버러에서 세계선교사대회가 열렸다. 이 대회에 참석한 1,234명의 대표들은 대부분 백인이었다. 이렇게 20세기는 백인들이 선교를 주도하는 가운데 시작되었다.

그들은 이 세기 안에 세계 선교를 완성하겠다는 열망과 자신감을 가지고 20세기를 시작했다. 그 당시 서구 선교사들은 19세기를 "위대한 선교의 세기로 만들었던 것처럼, 20세기에는 세계 선교를 완성할 것이라는 낙관적인 꿈을 가지고 있었다. 그래서 영국과 미국 중심의 선교사들은 자신들이 계속해서 세계 선교의 주도적인 역할을 감당할 것으로 믿고 있었다"(선언문2010, 한국대회:4).

그러나 세계는 20세기 전반부에 두 번의 세계대전(1914-1919, 1939-1945)을 겪게 된다. 이 전쟁은 대부분 기독교 국가의 전쟁이었다. 미국, 영국, 프랑스, 독일, 이탈리아의 젊은이들이 서로 찬송을 부르며 기도를 하고 서로를 죽이는 전쟁에 참여했다.

이 참혹한 전쟁의 결과 인류의 지성은 역사 앞에서 자신감을 상실했고 기독교 신자들의 좌절은 더욱 참담한 것이었다. 그리하여 허무주의, 무신론, 자유주의신학이 사람들의 영혼을 시들게 했다.

1960년대 이후 오순절운동이 일어나며 온 세계적으로 기독교는 새로운 활력을 찾기 시작했다. 기록된 계시에 대한 거룩한 사색보다는 체험과 감정을 중요시하는 오순절운동은 교회가 영적인 감각을 회복하는 데 크게 기여하였다.

그러면서도 이 오순절운동의 신학은 사람에게서 출발하여 사람의 부족을 채워 주는 하나님을 강조하는 경향을 가지게 되었다. 자연스럽게 기복적인 신앙의 요소가 발생하기 시작하는 바탕을 제공하게 되었다.

3.2.1. 1974년 로잔 대회

이러한 시대적인 배경 가운데 세계의 복음주의 지성들이 복음주의 전통을 가지고 세계 교회의 균형을 잡아보려고 노력한 것이 바로 세계복음주의운동이며 그 결과로 나타난 것이 로잔 언약이다. 따라서 이 언약의 작성은 세계 선교의 축이 흔들리고 기독교의 본질이 오해되는 상황에서 복음주의교회가 새로워지는 계기가 되었다.

이런 점에서 윌리엄 캐리William Carey의 "선교의 수단에 대한 질문Enquiry"에 비견되는 기독교의 대사건이라고 볼 수 있다. 이 문서는 이 시대에 복음주의교회가 이 시대를 어떻게 이해하고 복음을 어떻게 전해야 할 것인가를 제시한 시대적인 신앙 고백과 결의인 것이다.

1974년의 시점에서 한국 교회의 신앙적 경향을 보면 한국 교회는 교단과 교회가 거듭하여 분열하는 아픔을 가지고 있었으나 전반적인 신앙의 전통은 개혁주의를 포함한 복음주의 신앙과 신학이었다. 사도신경을 포함한 정통교리를 믿고, 기도를 열심히 하며, 힘써 전도하는 중에 교세는 양적으로 해마다 증가하고 있었다.

종교 사회적으로 볼 때 1974년의 한국 교회는 가난한 사람들의 사회에 속한 교회였다. 구체적인 상황을 살펴보면 신학교의 건물을 짓기 위하여 학장이 외국 교회에서 헌금을 모금하던 시절이었다.

독일 교회의 성도들이 보내 주는 헌금으로 신학생들의 급식에 도움을 받던 시절이었다. 신학생들이 교과서를 사기 위하여 금식을 하며 돈을 모아야 했다. 한국은 왕성한 복음주의교회와 성도들이 있었으나 아직은 너무 가난하여 선교를 제대로 할 수 없는 상황에 있었다.

이때 세계복음주의운동의 핵심 인물이었던 대부흥사 빌리 그래함은 서울에 와서 여의도에서 집회를 열었고 백만 명 이상의 사람이 한자리에 모이는 기적을 이루어 낼 수 있었던 것이 한국복음주의교회의 역량이었다.

3.2.2. 마닐라 로잔 대회

1989년 제2차 로잔 대회가 마닐라에서 열렸다. 1차 로잔 대회 이후 15년 만에 모인 모임이었다. 지난 15년 동안 한국과 세계는 엄청나게 변하였다. 그동안 세계적으로 복음주의교회는 꾸준한 성장을 경험했다.

이제는 세계 선교가 백인들만의 책임이라는 생각이 없어지게 되었다. 그보다는 온 세상의 모든 민족에게 온전한 복음이 전해져야 한다는 생각이 중요하게 자리를 잡았다. 미전도 종족의 선교가 새로운 과업으로 떠올랐다.

이 시기는 서구사회가 새로운 사상 세계로 진입하고 있는 때였다. 편의상 1789년부터 1989년까지를 근대사회라고 부른다. 1789년은 프랑스 혁명이 시작되어 바스티유 감옥이 무너지던 해이다.

그리고 1989년은 공산주의 철의 장막의 상징이었던 베를린 장벽이 무너지던 해이다. 이 시대는 근대주의modernism 사상이 지배하는 시대인 것이다. 이성의 판단이 중요하고 합리적인 생활이 자연스럽고 편하게 받아들여지는 시대이다.

이제 인류는 이 시대를 버리고 이성보다는 감성을, 절대적 규범보다는 상대적인 원리를, 그리고 근원적인 법칙보다는 다원주의를 따르는 시대에 들어가게 된다.

이러한 사상의 변화 대열에서 한국은 가장 많이 변하는 나라의 자리에 들어가게 되었다. 한국은 급격한 산업적 경제적 발전에 따라서 사회적 사상적으로도 빠른 속도로 변화하는 나라가 되었다. 1988년 서울에서 올림픽을 열게 되었다.

경제적으로 개발도상국이라는 꼬리표를 버리게 되었다. 한국인들은 온 세계의 어느 곳이든지 마음껏 자유롭게 여행을 할 수 있는 국민이 되었다. 대한민국 수천 년 역사 가운데 처음으로 누리는 특권이다.

한국 교회는 얼마든지 선교할 수 있는 국가적 여건을 갖게 되었다. 때를 놓치지 않고 한국 교회는 온 세상에 선교사를 파송하기 시작했다. 외국에 가서 사는 한국인들 가운데 디아스포라 교회가 생기기 시작하고, 교회는 인적으로 물적으로 선교 활동에 가담하는 교회로 나타나기 시작했다. 어느덧 한국 교회는 부유한 사회에 속한 교회가 된 것을 스스로 발견하기 시작했다.

한국 교회는 양적인 면에서 세계 교회의 기록을 만들어가고 있었다. 세계에서 가장 많은 사람이 모이는 교회가 한국에 있었다. 세계에서 가장 큰 장로교회가 한국에 있었다. 세계에서 가장 큰 감리교회가 한국에 있고, 세계에서 가장 큰 신학교들이 한국에 있었다. 세계 어느 곳이든지 신학교가 있다면 그 학교의 학생 중 20%는 한국 학생들이었다.

1988년 시카고에서 한인선교사대회가 열렸다. 미국에 있는 한인 교회들이 선교사들을 초청하여 열린 모임이었다. 미국에 있는 한국인 교회들이 선교에 깊이 참여할 수 있도록 동기를 부여하려는 목적을 가지고 있었다.

이 모임은 교단을 초월한 모임이었다. 한국인 선교사들이면 누구나 참석할 수 있는 모임이었다. 모여 보니 그것은 복음주의교회의 성격으로 나타났다. 그리고 한인 선교에 대한 열망을 촉진하는 결과를 얻었다.

3.2.3. 제3차 로잔 대회

2010년 케이프타운에서 제3차 로잔 대회가 열렸다. 제2차 마닐라대회이후 21년 만에 모인 것이다. 그 사이 세계의 인구는 두 배로 증가하였다. 대부분의 인구는 농촌보다는 도시에 살게 되었다. 세상은 지구촌이라는 개념을 가지게 되었다. 미국은 세계의 절대 강국이 되었지만 그 핵심부에 모슬렘 테러리스트의 공격을 받게 되었다.

한국 교회는 숫자상으로 보아 성장 속도가 둔화되었다. 사람들은 더욱 좋은 옷을 입고 좋은 차를 타고 쾌적한 예배당에서 예배를 드린다. 한국 교회에는 어린아이가 없는 성인이 다수를 차지하는 교회가 되었다. 대한민국은 다민족국가로 변화하고 있다. 교회에는 말씀묵상운동, 제자훈련 등의 프로그램이 발전하고 있다. 교회에 따라서는 가정교회운동(셀)을 통하여 교회의 순수성을 유지하려는 노력하고 있다.

그러나 불신자가 전도되어 개종하는 희열은 찾기 어렵다. 일부 대형 교회의 시도자들 중에는 거룩을 유지하려는 열정보다는 명예와 부를 위한 열정이 더 강하게 나타나서 사회적인 문제가 되기도 한다.

한국 교회의 갱신 운동은 불가능한 것인가? 한국 교회가 환골탈태하여 선교적 교회로 성장하고 로잔 운동에 적극적이며 창의적으로 참여할 수는 없는 것인가?

로잔 운동은 세계복음화운동이며 이것은 온 세계적으로 일어나는 부흥 운동을 기대하는 것이다. 그것은 개인의 회심, 신자의 회개운동, 교회의 갱신운동 그리고 교회의 성장을 포함하는 세계 교회의 성장에 대한 소망이며 열정이다.

이제 21세기 10년을 보내며 한국 선교는 새로운 도전과 가능성 앞에 섰다. 세계 선교의 입장에서 한국 교회가 가지는 책임과 새로운 선교의 참여를 모색하고 준비해야 할 것이다.

한국 교회가 세계 선교를 위하여 준비하고 해결해야 할 것 중에는 영적인 동력Spiritual vitality 유지, 선교사역의 전문화, 외국 선교사들과의 협력, 선교 능력의 신장, 지도력 이양과 같은 문제들이다. 이런 점들을 보완하고 심화하기 위하여 로잔 정신과 운동은 한국 교회의 선교를 위하여 하나님께서 주신 선물이 될 수 있다.

영적인 동력은 선교를 이끌어 가는 기본적인 힘이다. 그리스도로부터 보냄을 받은 일군의 사명감을 말한다. 보냄을 받은 곳에서 말할 수 없는 희열을 가지고 그리스도의 고난에 참여하는 것을 기뻐하며 일을 할 수 있는 힘을 영적인 동력이라고 할 것이다.

회개에서 출발하여 결단으로 나아가는 로잔의 정신은 영적인 힘을 유지하는데 적지 않은 도전이 될 것이다.

우리가 살아가는 이 시대의 급격한 기술 문명의 발전과 정보의 홍수 사태는 전문화된 일터에서 살아가는 사람들을 만나서 그들의 언어로 복음 전하고 말씀으로 양육해야 할 세상으로 바뀌고 있다.

로잔의 문서들은 온전한 복음을 모든 사람에게 전하기 위하여 만들어진 것이다. 선교의 전문화를 위하여 깊은 관심을 나타내고 있다.

한국 교회의 선교가 반드시 이루어내야 할 과제는 외국 선교사들과의 협력 선교의 분야에서 모범을 보이고 방향을 제시하는 문제이다. 지금까지 한국 선교사들은 한국인끼리 만나서 논의하는 면에서는 남다른 열심을 보이고 있다. 1988년부터 4년마다 시카고에서 모이는 한인선교사대회가 그 대표적인 예가 될 것이다.

교단을 초월하여 쉽게 모여서 복음주의적 선교를 위하여 방향을 찾고 협력을 이루어 간다. 그러나 한국인 선교사들이 외국인 선교사들과 구체적으로 협력하는 일에는 아직도 생소하고 소극적이다. 이 문제를 해결할 수 있다면 한국인선교는 세계 선교에 더욱 적극적인 기여를 할 수 있을 것이다.

한국인 선교사들이 백인 선교사들과 함께 일할 수 있을 것인가? 한국인 선교사들이 다른 동양의 선교사들과 함께 일할 수 있을 것인가? 그리고 한국인 선교사들이 아프리카, 오세아니아, 남미의 선교사들과 함께 일할 수 있을 것인가? 한국인 선교사들이 현지 교회의 지도자들과 함께 일할 수 있는가? 한국인 선교사들이 현지인 교회의 지도력을 존중하고 순종하여 사역을 진행해 갈 수 있는가?

이것이 새 시대에 한국 교회의 선교에 주어진 과제이다. 이 과제를 완수하기 위하여 로산 운동과 로잔 정신은 우리에게 말할 수 없는 통찰력을 준다. 우리는 이 문서들에서 그 방법과 방향을 찾아가는 실마리를 볼 수 있기 때문이다.

4. 로잔 운동을 어떻게 확산할 것인가?

로잔 운동이 시도하는 세계복음화운동은 온 세계적으로 일어나는 대각성운동Awakening과 대부흥운동Revival을 뜻한다. 부흥운동 혹은 대각성운동 그리고 경건운동은 이것을 일으키는 사람들이 있었고 이것을 이루어 가는 사람들이 있었다.

예를 들어 18세기 초에 대서양 양쪽에서 일어난 대각성 운동을 일으킨 사람들은 조나단 에드워즈Jonathan Edwards, 조지 휫필드George Whitefield, 존 웨슬레John Wesley, 찰스 웨슬레Charles Wesley, 진젠도르프Zinzedorf 같은 사람들이었다.

그리고 대각성운동을 이루어간 사람들은 북미 대륙, 영국, 독일 등지에서 출발하여 온 세계적으로 이 지도자들에게 영향을 받아 성령의 감동으로 삶을 바꾸어 간 사람들이다. 이 운동의 영향은 온 세계적으로 확산되었고 시간이 흐름에 따라 그 영향이 다음 세대에도 미쳤다.

북미대륙의 대각성운동은 미국이 하나의 나라가 되어 영국으로부터 독립할 수 있는 기틀을 제공하였다. 북미에 사는 사람들은 대각성운동이 있을 때 그들이 새 대륙에 이주하여 살아온 이후 처음으로 공동체 의식을 갖게 된 것이다.

영국의 대각성운동은 영국이 근대 사회로 넘어가면서도 프랑스처럼 유혈의 혁명을 거치지 않아도 될 사회적 역량을 갖게 했다. 대각성운동이 자극되어 시민의식이 성숙했고, 사회의식의 자리를 잡았기 때문이다.

독일의 경건운동은 성도들이 교단과 교파를 초월하여 세계 선교에 참여할 수 있는 모델을 제공했다. 이렇게 부흥운동은 다음 세대에 밝고 진취적인 역사를 만들어 가도록 기여했다. 이 운동을 이루어 가는 사람들은 새 시대의 교회를 이루는 풀뿌리들이다.

2010년 10월 아프리카의 가장 남단, 대서양과 인도양이 만나는 곳에 있는 도시 케이프타운에서 열린 제3차 로잔 대회는 세계복음화운동을 일으키기를 소원하여 모인 사람들과 이러한 운동에 관심을 가진 사람들의 모임이다.

이들은 앞으로 이 운동을 온 세상에서 확산해 갈 사람들을 염두에 두고 함께 모여 기도하고 계획하고 일하는 사람들이다. 점점 더 어두워가는 세상을 보고 하나님 앞에서 새로운 결단을 하고자 하는 사람들의 모임이다.

이 제3차 로잔 대회에는 4,200명의 대표자가 198개국을 대표하여 참석했다. 이 모임에서 통역된 언어는 28개 언어였다. 주제를 '그리스도 안에서 세상을 자기와 화목하게 하신 하나님'(고후 5:19, God in Christ, reconcilating the world to himself)으로 정했다.

여기서 다룬 토론의 주제들은 2년 동안 여러 지역 대회를 통하여 준비된 것으로 진리truth, 화해Reconciliation, 세상의 여러 종교들World faiths, 먼저 해야 할 일의 순서Priority, 정결한 인격Integrity, 협력 선교Partnership 등 여섯 가지를 다루었다.

이 모임의 구성을 살펴보면 과거에 모인 두 번의 대회에 비하여 여성의 참여가 높아졌으며(27%) 평균 연령이 젊어졌고(35%가 40세 이하), 비서구 non-Western에서 온 대표가 전체의 2/3(68%)를 차지하였다.

저녁집회에 세계의 여러 곳에서 일어나는 기독교 상황을 간증하는 일들이 있었는데 그중에 한 북한 여성의 간증과 아프가니스탄에서 남편을 잃은 어느 미망인의 간증을 많은 사람이 인상적으로 기억하고 있었다.

이 집회를 통하여 사람들이 공감하는 마음의 표현은 이 시대의 교회에 그리고 신앙생활에 근본적인 변화가 있어야 한다는 것이었다. 그것은 영어로 래디칼Radical이라고 표현하는 변화를 바라는 것이다.

이 말Radical은 "근본적으로 그리고 철저히" 달라지는 어떤 변화를 뜻하는 것이다. 그리고 그 의미는 더욱 순수해지고 강렬해지는 변화의 성격을 가진다. 급진적, 근원적, 철저한, 온전한 등의 뜻이 포함될 것이다.

남아공화국 세계복음주의연합WENSA[31]에서 이 모임의 총무인 타란탈 Tarantal의 보고서에 따르면 "회의 중(성경 공부 시간, 주제 강의 시간, 단체 토론 시간 등)에 발언하는 사람들의 목소리를 통하여 꾸준히 나타나는 두 가지 주제는: 철저하게radical 순종하는 제자의 길의 필요성과 철저한 radical 십자가 중심의 화해를 통한 연합의 필요성"[32]이라고 밝히고 있다.

---

31) World Evangelcal, Network of South Africa.

32) Through the many voices of Bible exposition, plenary addresses and group discussions, two repeated themes were heard: The need for radical obedient discipleship, and the need for radical cross centered reconciliation, leading to unity.

이러한 세계적으로 모인 선각자들의 문제 파악과 방향 설정이 어떻게 온 세계의 풀뿌리 신자들에게 영향을 미쳐서 이 시대의 세계복음화운동에 영향을 미치고 박차를 가하는가 하는 것이 중요하다.

한국에서는 120여 명의 교회지도자가 이 모임에 참석하였다. 이들이 모두 한국 교회의 모든 영역에서 대표성을 가진 이들이 아니지만, 그들은 자신들의 사역을 중심으로 영향력을 가진 사람들이다.

이 운동을 한국의 각 교회에서 소화하고 확산하기 위하여 노력할 것이다. 이들의 목소리가 세계복음화의 개념을 세계적인 부흥운동에 초점을 맞춘다면 모든 교회적 선교 노력과 더불어 깊이 동참하는 의미를 발견할 것이다.

한국의 많은 교회는 로잔 문서와 무관하게 세계복음화를 위하여 이미 기도하고 있었다. 로잔 운동이 일어나기 이전에 복음으로 세계를 섬겨야 할 성경적 사명을 깨닫고 이를 위하여 노력하고 있었다. 이러한 본래의 선교적 사명감과 열망이 이러한 세계적으로 시작된 운동과 협력이 될 것인가?

이 운동이 풀뿌리 신자들에게 그들이 이 시대에 살아야 할 이유로 확인되고 내면에서부터 새 생명력으로 충만하여 그 결과 세계복음화운동이 탄력적 동력으로 확산되기 위하여 교회 지도자(히13:17)들의 사명감 있는 동참이 절실히 필요하다.

4.1. 목회자를 통하여

먼저 목회자들이 철저하게 세계복음화운동에 공감하고 함께 기도하는 자리에 들어가야 한다. 세계복음화운동이 신자들의 기본적인 사명이며 이것은 신자 개인의 삶의 주변에서부터 일어나야 한다는 것을 철저히 가르쳐야 한다. 이것이 교회 성장의 방향인 것을 목회자들이 확인해야 할 것이다.[33]

4.2. 선교사들을 통하여

선교사들은 선교지에 파송되기 전에 이미 로잔 운동과 그 문서들에 대하여 상당한 이해를 하고 오는 사람들일 것이다. 그들이 받은 선교훈련 과정에서 혹은 개인적으로 연구를 통하여 사전 지식을 가지고 있을 것이다. 이러한 지식이 선교지에 온 이후에도 충분히 연구되어서 전문지식으로 되는 것이 바람직하다.

이제는 어떤 세계적인 선교 노력도 한국 교회가 적극적으로 창의적으로 참여하지 않으면 충분한 성공을 거둘 수 없는 형편이 되었다. 이것이 세계 교회에 대하여 한국 교회가 차지하는 현실적인 비중이다.

한국 교회와 한국 선교사들은 이미 커진 몸집 때문에 감당해야 할 책임 의식을 가지고 있어야 한다. 이 세계복음화운동도 이제는 우리가 나서서 이것이 구체적인 열매를 맺도록 도와야 한다.

로잔 운동에 대한 창의적 협력은 본문에 정통하는 것에서 출발한다. 로잔 운동의 본문은 로잔 문서의 기초가 되는 성경 말씀이다. 이 문서들의 근

---

33) 한국에서는 "모든 민족 교회" "열방 교회" "만민교회"등등 교회의 이름에서부터 이 사상을 가지고 시작하는 교회들이 있다. 세상의 빛으로 살아가는 성도들의 모든 생활이 세계복음화운동이라는 것을 뜻하는 것이라는 의미로 교회의 이름을 그렇게 지었을 것이다.

거를 이루는 성경의 본문들이 그들의 마음을 움직여야 한다. 이 세계복음화운동의 동력, 방향, 정신이 한국 선교사들의 선교 사역에 크게 도움이 될 것이다.

구체적으로 어떤 선교사들에게는 이 문서들은 가르치는 사역에 교육과정이 될 수도 있고, 한 학기의 강좌를 차지하거나 제자훈련의 교재로 활용될 수 있을 것이다. 선교지에서 이 문서들만 정통하면 다른 신학 훈련은 필요치 않다는 말이 아니다. 현지에서는 신학교육을 받지 못하고 목회를 하는 사람들을 많이 만나게 된다.

이러한 사람들에게는 로잔 언약은 신학훈련에서 필요한 핵심적 진리의 기본을 정의해 주는 역할을 할 것이다. 그리고 케이프타운헌신의 전반에 기록되어 있는 "우리가 사랑하는 하나님"은 기독교의 신앙을 우리의 삶과 관련하여 이해할 수 있는 지식을 제공할 것이다.

4.3. 교육 기관을 통하여

세상에서 가속하는 기술문명의 발달로 인하여 교회지도자들의 교육기간은 더욱 길어지고 있다. 이 사회는 우리가 살아가기 위하여 또는 지도자로 살아가기 위하여 배워야 할 것이 점점 더 많아지고 있기 때문이다. 학교를 떠난 사람도 계속하여 연장 교육을 위하여 연수 기관에서 배우고 있다. 신학교를 포함하여 모든 기독교 교육 기관의 교육 이념은 세계복음화의 이념을 포함하고 있어야 할 것이다.

사람을 양육한다는 것은 하나님을 위하여 세상을 유익하게 하는 사람을 양육하는 것이기 때문이다. 하나님의 영광을 즐거워하며 살아가는 사람들을 탄생시킨다는 것은 세상의 모든 피조물이 합창하는 소원이다(롬8:19).

케이프타운선언Cape Town Commitment에 의하면 모든 아이가 위험에 처해 있다.[34] 이것이 우리가 살아가는 시대이다. 세계복음화운동은 이제 우리의 선택사항이 아니다. 이 지구촌에서 우리와 우리의 후손을 위하여 지금 우리가 힘쓰고 애써야 할 삶의 방식이 되었다.

지구촌이 형성되는 오늘날은 세계복음화운동World Evangelization이 더욱 사람들 가까이에서 더욱 줄기차게 전개되어야 한다.

그래서 이 운동은 모든 사람에게 자신의 삶을 돌아보게 하는 충격이 되어야 한다. 이 운동이 복음주의자들의 삶이 되어야 이러한 충격이 가능할 것이다. 세계복음화운동이 우리의 삶의 모습lifestyle이 되어야 한다는 자각과 인식이 일반화될 때까지 전개되어야 한다.

결론

세계복음화운동은 우리가 기대하는 그 결과를 중심으로 표현하면 기독교가 마지막 때에 온 세계적으로 시도하는 대각성운동 혹은 대부흥운동이다. 교회가 새로운 시대를 만들어 낼 것을 기대하고 있는 힘을 다 쏟는 것이므로 여인이 아이를 낳는 것과 같을 것이다.

---

34) All children are at risk. There are about two billion children in our world, and half of them are at risk from poverty. Millions are at risk from prosperity. Children of the wealthy and secure have everything to live with, but nothing to live for(Cape Town Commitment IID,5).

여인이 아이를 낳는다는 것은 죽을 것 같은 두려움과 고통의 시간을 통과하지만 대부분의 여성이 성공적으로 이루어 내는 일이다. 순산할 힘이 없어서 아이를 낳다가 죽는 사람들이 없는 것은 아니지만 대부분의 임산부는 아이를 낳고 아이의 어미가 된다.

바울이 사울이라는 이름을 가지고 있을 때 그는 그리스도인을 없애고 기독교를 말살하기 위하여 무서운 박해를 가했다. 이때에 박해를 피하여 많은 사람이 온 세상으로 흩어졌다. 그중에 로마에 간 유대인 그리스도인들이 거기서 신앙생활을 하던 중 몇 개의 신앙 공동체가 생긴 것으로 보인다.

이들 중에는 많은 사람이 노예의 신분을 가지고 있었다. 이 공동체는 빛나는 소망을 가지고 현실을 살아가는 사람들이었다. 그들은 하나님의 영광을 바라고 즐거워한 사람들이었다.

1세기 로마에 있는 교회는 아이를 낳을 힘을 가지고 있었다.

그들은 기독교와는 전혀 다른 사회에서, 그리고 로마 황제의 박해 가운데서도, 믿음을 지키고 오래 참음으로 드디어 기독교가 로마의 종교가 되도록 하는 일을 이룩한 사람들이다. 박해가 너무 심하여 땅 속에 굴을 파고 평생을 살아야 하는 카타콤의 환경 가운데서도 그들은 "하나님의 영광을 바라고 즐거워하였다"(롬5:2).

한국 교회가 잉태한 아이를 낳을 힘이 있는가? 선교를 통하여 온 세상에서 사람들이 회복되는 변화를 일으켜 갈 수 있는가? 이 문제는 우리가 정상적이고 바른 신앙생활을 하는가의 문제이다. 한국의 성도들이 하나님의 영광을 바라고 즐거워한다면 옛날 로마의 성도들처럼 세상을 바꾸는 일을 해낼 것이다.

세계복음화운동은 과정을 말한다. 모든 사람이 하나님의 형상을 회복하는 것을 기대하고 즐거워하며 점점 더 예수님처럼 변해가는 세상을 만들어 가는 것이 세계복음화이다. 이 일은 어떤 사람에서는 아주 빨리 진행될 수도 있고 또 다른 사람들에게는 아주 느리게 진행이 될 수 있다.

십 년이 지나도 별 차이가 보이지 않는 느린 경우의 변화라고 해도 그 사람의 마음속에 하나님의 영광을 바라고 즐거워하는 마음이 있으면 그는 복음화의 길을 걷고 있는 것이다.

세계복음화를 위하여 기도하고 계획하고 함께 일하는 온 세상의 형제들과 더불어 우리는 땅의 모든 사람이 하나님의 영광을 바라고 즐거워하며 살기를 바란다. 그것은 그리스도인들이 예수님처럼 되기를 소원하며 바라고 풍성하게 살아가는 것을 뜻한다.

이것은 말씀을 따라 항상 새로워지는 교회 안에서 가능할 것이다Semper Reformanda. 항상 새롭게 주의 말씀을 순종해 갈 수 있는 교회는 세계복음화의 아름다운 사역을 감당하게 될 것이다.

Soli Deo Gloria.

BIBLIOGRAPHY

Armes, S.B. (2011), The Cost of True Worship, Busan:Institute for Study of Korean Church and History

Armstrong, K. (2000), The battle for God a history of Fundamentalism, The Random House Publishing Group/New York.

Carson, D.A. (1992), A Call to Spiritual Reformation Priorities from Paul and His Epistles, England:IVP.

Engen, C.V. (1991), God's Missionary People, Rethinking the Purpose of the Local Church, Grand Rapids:Baker.

Graham, W. (1995), Billy Graham, The Inspirational Writings, Nashville: Inspirational Press.

Guder, D.L. (1998), Missional Church, A vision for the Sending of the Church in North America (ed.), Grand Rapids:Eerdmans.

Hendricks, H.J. (2007), Studying Congregation in Africa, NetAct:SA.

Lovelace, R.F. (1979), Dynamics of Spiritual Life, Downers Grove:IVP.

Mandryk, J. (2010), Operation World The definitive Prayer Guide to Every one, 7th edition. USA:Biblica Publishing.

McGrath, A. (1995), Evangelicalism & the Future of Christianitu, Downers Grove:IVP.

McNeil, J.T. (1600), Calvin:Institutes of the Christian Religion 1 (ed.), Philadelphia: The Westminster Press.

Mechen, G. (2009), Christianity and Libralism, Grand Rapids:Eerdmans

Newbegin, J.E. (1989), The Gospel in a Pluralist Society, Grand Rapids:Eerdmans,

Owen, J. (2004), The Holy Spirit, His gifts and Power, UK:Christian Heritage.

Packer, J.I. (1984), Knowing God, London:Hodder & Stoughton.

Robetson, O.P. (1999), Covenants, God's way with his people, Great Commission Publication:USA.

Simpson, H.W. (1984), Pietas in the Institutes of Calvin, in Reformational Tradition, A rich Heritage and lasting vocation, Potchefstroom: IRS.

Stott, J. (2010), For the Lord We Love.

  - (1972), Your Mind Matters, Downers Grove:IVP.

Torrey, R.A. (1856-1928), How to Pray, Chicago:Moody Press.

Walker, W. (1997), A history of the Christian Church,, Edinburgh:T.&T. Clark Ltd.

Wells, D.F. (1993), No Place for Truth, Trand Rapide:Eerdmans

  - (1994), God in the Waste Land, Leister:IVP.

  - (1998), Losing our Virtue, Leicester:IVP.

  - (2005), Above all Earthly Pow'rs, Christianity in a Postmodern World, Leicester:IVP.

성역 50주년 기념문집 간행위원회, 『새벽이슬 같은 은총의 날들』, 현대출판인쇄사,

2001.

김영재,『한국 교회사』, 개혁주의신행협회, 1992.

방동섭,『선교 없이 교회 없습니다』(No Church without Mission), 생명의 말씀사, 2010.

오병세, 로잔 대회에 다녀와서, 고려신학보

존스토트, 김명희 역,『제자도』, 한국기독학생회출판부, 2010.

한국연합선교회(KAM), 2010년 한국대회『선언문』, 한국연합선교회(KAM), 2010.

우리가 십자가를 바라볼 때

논문 「하나님의 영광을 바라고 즐거워하는 사람들」을 통해 나의 모습을 그리려고 했다. 하나님의 거룩을 보고 감격하여 큰 기쁨으로 떨고 있는 한 영혼을 그리고 싶었다.

사명을 받을 때 이사야의 모습은 그림 같다. 그는 성전에서 거룩하신 하나님을 보았고 그 거룩을 찬양하는 천사들을 보았다. 우리는 이사야보다 더 가까운 거리에서 더 선명하게 하나님의 거룩을 본다. 십자가에 달리신 주님의 모습에서 하나님의 거룩을 본다.

한 소녀가 나에게 말했다.

"십자가의 주님의 모습은 너무 참혹합니다."

그녀는 십자가에 달리신 주님의 그림을 보고 있었다. 가녀린 처녀의 마음에 기독교의 상징이 너무 참혹한 것으로 비친 것이다. 누구에게나 같은 모습으로 보일 것이다.

그래서 우리는 날마다 십자가를 다시 생각하고 또 묵상한다. 그분의 삶을 생각한다. 그리고 우리 자신을 생각한다. 저 일은 오직 한 분이 하실 수 있는 일이다.

온전하신 분, 완전히 깨끗하신 분, 세상에 있는 모든 자기 백성들의 희생이 될 수 있는 분, 하나님이시며 또 동시에 완전한 사람이신 분이 하실 수 있는 일이다.

그 일은 당신이 천지를 창조하시는 일보다 더 힘든 일이었을 것이다. 그곳에 저주와 사망이 있고 그곳에 하나님의 영광이 있는 것을 본다. 천사들도 숨을 죽이고 그 진행을 지켜보아야 할 엄숙한 사건이다. 그것이 시간 세계에서 일어났다. 그래서 역사적이다. 그분이 부활하셨다. 그분이 통치하신다. 이것이 현실이다.

천사들은 밤낮, 스물네 시간, 하루도 쉬지 않고 하나님을 찬양한다. 그들이 시간마다 하나님의 거룩을 새롭게 발견하기 때문에 발하게 되는 탄성이며 흠모이다. 이 천사들의 찬양은 녹음기를 틀어 놓고 반복하여 꼭 같은 노래를 듣는 것과는 다를 것이다.

그들은 모든 상황에서 항상 감격하여 하나님을 향하여 감사의 메시지를 전달하는 것이다. 이 천사들의 말을 그대로 기록했다고 해도 사람들이 알아들을 수 없다. 그래서 성경 기자가 말할 수 있는 것은 "그들이 밤낮 쉬지 않고 이르기를 거룩하다 거룩하다 거룩하다 주 하나님 곧 전능하신 이여 전에도 계셨고, 이제고 계시고 장차 오실 자라(계 4:8)" 이렇게 기록했을 뿐이다.

우리에게 영적인 감각이 완전히 회복이 될 때 우리도 그렇게 될 것이다. 우리가 하늘나라에 가서 누리게 될 기쁨은 마음에 숨겨 놓을 수 없을 만큼 크고 또 항상 일어나는 일일 것이다. 이 때문에 우리는 주님에게 큰 감사의 말씀을 한껏 표현할 것이다. 그리고 이 기쁨은 끝없이 계속될 것이다. 완전한 사람의 완전한 생활이다.

이러한 생활이 이미 지금 이 땅 위에서 시작된다. 그분이 지금 우리를 인도하고 계시기 때문이다. 우리가 비참한 십자가를 바라볼 때 우리는 이제 거기에 달리셨던 그분과 함께 그 장면을 보고 있다. 그분의 손을 잡고 우리의 십자가를 보고 있다.

이것은 오직 그리스도 안에 있는 사람이 발견하는 숨은 진실이다. 신앙의 비밀이다. 성도는 이것을 증거하는 사람이다. 영원한 생명이 이미 이곳에서 시작이 되었다는 것에 대한 증인들이다. 세상 끝날까지 함께하시는 주님과 동거하는 삶의 증인이다. 이렇게 우리는 날마다 회개하고 시간마다 새롭게 주님을 의지하는 사람들이다.

나는 여러 해를 같은 제목으로 기도하고 있다. 그것은 '한국 교회의 개혁과 아프리카의 회복'이다. 참으로 그렇게 되었으면 좋겠고 그렇게 되어야 한다. 그래서 나는 이 책의 마지막에 한글을 읽을 수 있는 사람들에게 질문한다.

"한국 교회는 잉태한 아이를 낳을 힘이 있는가?"

이것이 나의 문제이고 우리들의 문제이다.

"하나님, 우리에게 이 시대를 감당할 수 있는 믿음을 주시옵소서."

김형규

1943년	제2차세계대전이 한창인 때 어머니 고향인 경상남도 진영에서 태어나다. 초등학교 시절 부산에서 한국전쟁을 맞이하여 2학년부터 5학년까지 가교사를 옮겨 다니며 수업하다.
1961년	부산에서 고등학교를 졸업하고 건국대학교 영문학과에 입학하다.
1968년	대학 졸업반 때 아내 노영녀와 결혼하고 3년간 직장생활을 하다.
1972년	고려신학교(고신대학교 신학대학원 전신)에 입학하여 신학 공부를 하면서, 김해 대중교회에서 봉사하고, 서울 서문교회에서 봉사하였다.
1976년	고신대학교에서 신학생을 가르치기 시작하다.
1977년	목사로 장립되다 (대한 예수교 장로회 (고신) 경기노회).
1978년	울산 대전도집회 때 주강사(미국 남 침례교회 JO 박사)의 설교 통역을 하고 그 다음 해 남침례교회의 초청을 받아 미국을 방문하고 돌아오는 길에 성지를 둘러보는 여행을 하다.
	서귀포시 제남교회, 그리고 울진 북면교회의 개척에 가담하다.
	고려신학교가 고신대학교로 발전하면서 대학의 신학과장과 사무처장을 하다.
1982년부터 1983년까지	미국 파사데나에 있는 풀러신학교에서 1년간 선교학을 공부하다.
1984년	1월 모친을 잃고 2월 아내를 잃다. 이미 네 아이가 있었다. 3년간 내면적으로 혼란스러운 세월을 보내다.

1987년 8월 재혼하여 필리핀 선교사로 부르심을 받다.

마닐라장로교신학교 부교수, 세부 성경대학교 설립에 참여, 세부 한인교회 시작, 필리핀 선교부(고신교단) 조직 초대 선교부장, 비사이야스 지방 교역자 훈련 및 교회 개척, 마리벨레스 교회 개척, 필리핀 장로교 총노회장을 역임하다.

1993년에서 1994년까지 옥스퍼드 위클리프 홀에서 바울 신학을 연구하다.

1997년 남아공화국에 도착하다(김영애, 김진원, 김진현).

1998년 스탤른보쉬 대학교에서 신학박사 학위를 취득하다

2001년 남부아프리카 선교부 조직하다.

2002년 바이블 인스티튜티 이스턴 케이프(Bible Institute Eastern Cape)에서 강의를 시작하다.

2003년 중남부 아프리카 한인 선교사회 회장을 역임하다.

2004년 케이프 타운에서 카이로까지 아프리카 종단 여행을 하다.

2004년 12월 신장암을 발견하다. 수술하고 회복되어 아프리카 선교를 계속하다.

2010년 아프리카 회복 운동을 시작하다

2013년 10월 15일 목사 은퇴(대한예수교장로회 충청노회)하다.

하나님께서 말씀하시기를

ⓒ김형규

초판 1쇄 인쇄 | 2013년 11월 30일
초판 1쇄 발행 | 2013년 12월 15일

지은이 | 김형규
발행인 | 강영란

책임편집 | 양봉식
편집 | 문혜진
디자인 | 노영현
마케팅 및 경영지원 | 이진호

펴낸곳 | 도서출판 샘솟는기쁨
주소 | 서울시 충무로 3가 59-9 예림빌딩 402호
전화 | 경영지원부 (02)517-2045   편집부(직통) 070-8119-3896
팩스 | (02)517-5125(주문)
이메일 | atfeel@hanmail.net

출판등록 | 2012년 6월 18일

ISBN 978-89-98003-07-4 (03230)